Enrico Malizia
Liebestrank und Zaubersalbe

ENRICO MALIZIA

Liebestrank
und
Zaubersalbe

GESAMMELTE REZEPTUREN
AUS ALTEN HEXENBÜCHERN

ORBIS VERLAG

Die italienische Originalausgabe erschien 1992 unter dem Titel
»Ricettario delle Streghe« bei Edizioni Mediterranee, Rom.

Die hier beschriebenen Rezepte sind zum Teil giftig und gesundheitsschädlich
und nicht zur eigenen Anwendung empfohlen. Autor und Verlag übernehmen
keinerlei Haftung für Schäden irgendeiner Art, die sich direkt oder indirekt
aus dem Gebrauch der hier vorgestellten Anwendungen ergeben.

ISBN 3-572-01309-7

Sonderausgabe 2002 by Orbis Verlag in der Verlagsgruppe FALKEN/Mosaik,
einem Unternehmen der Verlagsgruppe Random House GmbH, 81673 München
© der Originalausgabe 1992 by Edizioni Mediterranee, Rom

Redaktion: Claudia Alt
Satz: Uhl + Massopust, Aalen
Druck: GGP Media, Pößneck

142/215380100X

817 2635 4453 6271

05 04 03 02

Inhalt

Für ihre wertvollen Informationen möchte ich
Dr. Licia Piccioni und
Professor Piero Lorenzoni
sehr herzlich danken.

Einführung

Mein Interesse an der Welt der Magie und im besonderen an Hexen wurde geweckt, als ich vor etwa fünfundzwanzig Jahren für mein Buch über die Symbolik in den Bildern des Hieronymus Bosch historische Daten zusammentrug.

Das Thema faszinierte mich von Anfang an. Je intensiver ich das Werk des großen flämischen Malers studierte und das geistige Umfeld, in dem es entstanden war, desto stärker wuchs meine Materialsammlung über Alchemie und Hexerei. Und kaum hatte ich mein erstes Buch über den flämischen Meister vollendet (»Il viaggio fantastico di Geronimo Bosch«), begann ich, mich intensiver den Studien über Hexerei zuzuwenden.

Diese Materialsammlung hat mich und Teodora Economo (wir hatten gemeinsam bereits einen Aufsatz zum Thema »Hexensabbat und Hexensalben« geschrieben) zu dem hier vorliegenden kurzen Abriß der Geschichte der Hexerei inspiriert.

Dabei haben wir versucht, nicht nur beim bloßen Sammeln von Informationen stehenzubleiben, sondern in die tiefer liegende Bedeutung dieses Phänomens einzudringen, das zu allen Zeiten und in allen Kulturen auftritt. Denn die Suche nach dem großen Geheimnis des Übernatürlichen hat im Lauf der Geschichte nicht nur Dr. Faustus, sondern die ganze Menschheit bewegt.

In meiner Bibliothek stapelten sich während dieser Zeit zahlreiche alte Werke über Magie, Pharmakologie und Toxikologie, in denen sich eine schier unermeßliche Zahl an exotischen Hexen- und Zauberrezepturen fand.

Ich muß gestehen, daß ich diese anfangs mit einer gewissen

Herablassung betrachtete, quasi als Sammelsurium sinn- und nutzloser Absonderlichkeiten. Ich sah die einzelnen Rezepte vom Standpunkt des Akademikers, dessen Urteil – gerade im Hinblick auf Gifte – darüber hinaus von einer streng wissenschaftlichen Ausbildung geprägt war. In meiner Funktion als Toxikologe hatte ich in den Jahren davor mehrere wissenschaftliche und populärwissenschaftliche Arbeiten über Drogen und Gifte veröffentlicht.

Mit der Zeit änderte ich meine Einstellung, da ich zum einen feststellen konnte, daß diese Rezepturen den Menschen über die Jahrhunderte hinweg, ja bis zum heutigen Tag, Vertrauen und Hoffnung gaben. Zum anderen fand ich heraus, daß viele der einzelnen Zutaten tatsächlich zu den gewünschten Ergebnissen führen, so daß bestimmte Rezepte auch nach heutigem Erkenntnisstand nichts von ihrer Bedeutung verloren haben.

Aus diesem Grund (und auf Wunsch vieler Freunde) beschloß ich, das bis dato gesammelte Material in Buchform herauszugeben. Mein Freund und Verleger Giovanni Canonico und die Journalistin Hilde Ponti unterstützten mich bei diesem Vorhaben.

Ich traf also eine Auswahl unter den einzelnen Rezepten und ordnete sie nach den Problemen, für die sie Abhilfe versprachen. Dabei habe ich mit Bedacht solche Rezepturen ausgesucht, die aus unserer heutigen Weltsicht seltsam erscheinen, für die damalige Zeit aber absolut charakteristisch waren. Gleichzeitig mußten sie jedoch sehr detaillierte Angaben über ihre Zusammensetzung enthalten, da ich sowohl auf ihre medizinische Wirksamkeit als auch auf die historischen Hintergründe genauer eingehen wollte.

Bei diesem Unterfangen war mir die kritische Mitwirkung von Hilde Ponti sehr von Nutzen. Sie stand mir bei dieser Reise in die Wissenschaft der magischen Heilmittelkunde stets hilfreich zur Seite.

Herausgekommen ist nun dieses Buch, von dem ich hoffe, daß es diese geheimnisvolle Welt ein Stück erhellt. Denn die eigentliche Kraft der Hexen gründet schließlich und endlich auf diesen Rezepturen: In ihnen liegt die Macht zu heilen, also glücklich zu machen, ebenso wie die Macht zu vernichten.

Vorwort

Der Zauber der Hexen und ihrer Rezepturen

Selbstliebe als Schutzschild gegen die Böswilligkeiten der Mitmenschen – dieses ebenso einfache wie wirksame Rezept sollte gegen die Übergriffe, denen der Mensch in unserer modernen Wettbewerbs- und Konsumgesellschaft ständig ausgesetzt ist, eigentlich ausreichend Schutz bieten.

Aber nicht immer hat es der Mensch in der Hand, sich entsprechend zu wehren. Manchmal übersteigt es einfach seine Kräfte, zu kämpfen und den Unbilden des Lebens zu trotzen. In solchen Augenblicken versucht er, das Schicksal zu umgehen, es zu betrügen. Dazu braucht es aber eine Methode, welche die Wirkungskräfte der Welt erschließt und sich gleichzeitig allen individuellen Bedürfnissen anpaßt, eine Art »Trick«. Die Suche nach diesem Universalschlüssel scheint für so manchen wichtiger zu werden als die Luft zum Atmen.

Und nicht zuletzt liegt in den gesellschaftlichen Normen, die einzelne Bevölkerungsgruppen vom Genuß bestimmter materieller und geistiger Güter ausschließen, die Ursache für das, was wir als »Hexerei« kennen.

Was ist Hexerei heute? – Diese Frage stellte ich mir in den vergangenen Monaten häufig. Und die Antwort war: Eine Realität! Eine nicht genau umrissene, kaum faßbare Tatsache, die den Menschen seit Tausenden von Jahren hilft, mit den Anforderungen des täglichen Lebens besser fertig zu werden und zu sich selbst zu finden – in der inneren ebenso wie in der äußeren Welt.

Schon seit Urzeiten bedient sich der Mensch der magischen Künste von Hexen. Schon im alten Ägypten gab es nachweislich Hexen, und die griechische und römische Antike kennt sie als *lamia* beziehungsweise *strix*. Horaz erwähnt sie beispielsweise als solche in seiner *Epistola ad Pisonem*.

Im Lauf der Jahrhunderte schrieb ihnen der Volksglaube immer phantastischere Eigenschaften zu, was sich letztlich wohl aus den uneingestandenen Wünschen erklärt, die jeder von uns heimlich in sich hegt.

Zu ihrem Hauptmerkmal, der Kunst zu fliegen, erfand die menschliche Vorstellungskraft immer weitere Fähigkeiten und Kräfte, die sich gegen den Gott richteten, der Adam und Eva – und somit die gesamte Menschheit – verflucht hatte, indem er sie aus dem Paradies vertrieb. So sollten Hexen über wirksame Mittel gegen den Schmerz, vor allem bei der Geburt, verfügen, Krankheiten heilen und die Zukunft vorhersagen können. Vor allem aber die Kunst der Verführung, welche die Menschheit schon seit jeher zu den wildesten Tagträumen verleitet, wurde mehr und mehr zum Hexenwerk.

So vermischten sich die nächtlichen Tänze Dianas, der Göttin der Jagd und der Straßen, mit ihren schönen Gefährtinnen, den Nymphen, wie selbstverständlich mit dem biblischen Tanz der sieben Schleier, den Salome tanzte, um sich Herodes gefügig zu machen, so daß sie am Ende den Kopf Johannes des Täufers als Preis für ihre Schönheit bekam.

Diese Mythen berichten uns vom ewig Weiblichen. Daher spiegeln sie auch die Ränke wider, derer die Nachfahrinnen Evas sich seit Anbeginn aller Zeit bedienen mußten, um in diesem unausgewogenen Machtverhältnis zwischen Mann und Frau das Gleichgewicht zu ihren Gunsten zu verschieben.

Geschichten – mündliche Überlieferungen, die der Volksmund neu formulierte, sobald die Komödie unserer menschlichen Existenz dies verlangte.

Doch um Phantasien lebendig werden zu lassen, bedarf es stärkerer Kräfte als der Begierde oder der Angst. Und so wurden diese Geschichten Stück für Stück umgeformt, weitererzählt, überarbeitet, wie Diamanten behutsam und doch unnachgiebig geschliffen, bis sie schließlich genau die richtige Facettierung aufwiesen und genau das aussagten, was in den entsprechenden Vorkommnissen gesehen wurde – ob sie nun tatsächlich oder nur in der Phantasie geschehen waren.

Und so wurden aus den Hexenfesten und -tänzen, welche die konfuse Vorstellungskraft der einfachen Leute bevölkert hatten, mit der Zeit plötzlich regelrechte Rituale.

Und von diesem Zeitpunkt an schrieb der Mensch, wie um die ewigen Mächte noch mehr herauszufordern, den Hexen plötzlich übernatürliche Kräfte zu, die sie durch die Vereinigung mit dem uralten Widersacher Gottes erlangen sollten: dem Teufel.

Ein Wesen, von Gott geschaffen, damit es seine Allmacht bezeugen sollte, das aber nach seiner Rebellion zum Genius des Bösen geworden war, der nun unumschränkter Herrscher über die Hölle war, den Ort, der den Sündern vorbehalten war.

Weshalb hat das menschliche Vorstellungsvermögen als Partner der Hexen nun ausgerechnet den Teufel gewählt, den gewitzten Verführer des Menschengeschlechts, der es mit allerlei Ränken dazu brachte, die himmlischen Gesetze zu übertreten?

Vielleicht versuchte man so, den Teufel mit dem Beelzebub auszutreiben: Aus Angst vor dem ewigen Höllenfeuer, zu dem der Mensch verdammt werden konnte, erfand man eine Art diabolisches Feuer der Leidenschaft, von dem man bereits in diesem Leben erfaßt werden konnte. Damit wurden nun die beiden unsterblichen Wesen zu Widerstreitern: Gott und der Teufel kämpften um die Seele des Menschen.

Auch dies ist ein Weg, sich der Sphäre des Unendlichen zu nähern: Seine Geheimnisse entschlüsseln, indem man es auf die Erde versetzt. Ein Traum, in dem der Mensch die Wahl hat zwischen Gut und Böse, zwei Extremen, die sich in dem Moment begegnen, wo in der menschlichen Phantasie die Hexe auf den Teufel trifft. Und während des trauten Stelldicheins kann der vom Thron der Engel verstoßene Verursacher alles Bösen sich wenigstens für kurze Zeit wieder wie ein Gott fühlen.

Denn die Hexe muß sich, um ihrem Herrn Verehrung zu bezeugen und den Allmächtigen noch mehr herauszufordern, ein Loch in die Erde graben, um der Hölle näher zu sein. Sie kniet nieder, legt die Stirn an die Höhlung und flüstert Liebesworte, stammelt Seufzer, die den Schwarzen Engel beschwören.

Liebende sind fortwährend der Qual ausgesetzt. Was sie erdulden, ist jenseits alles Beschreibbaren, denn die Liebe ist und war immer ein Glücksspiel. Doch die Beziehung zwischen Hexe und Teufel, so sehr sie letztlich auch auf Unterwerfung ausgerichtet sein mochte, erwies sich immer als verläßliches Band.

Und da der Aberglaube sich im Volk gewöhnlich ausbreitet wie ein Steppenbrand, der sich stärker und immer stärker in die Seelen brennt, werden die Anhängerinnen des Herrn der Dunkelheit schließlich immer mehr. Sie begeben sich unter den Schutz ihrer geheimen Leidenschaft, um den Unbilden des Lebens zu entgehen, und bilden Hunderte von Zirkeln in ganz Europa.

Häufig wird unser Gefühlsleben von ganz bestimmten Vorstellungen zutiefst geprägt. Ein empfundener Mangel an Liebe etwa stellt eine fast nicht mehr zu heilende Wunde dar: Wir wagen nicht, unsere Persönlichkeit ganz auszuleben, und die daraus entstehende Störung im Gefühlsleben führt zu einer von tiefer Einsamkeit und starkem Schmerz geprägten Weltsicht. Diesem Gefühl kann man nur durch eine Art innerer Umprogrammierung entrinnen, welche die emotionale Realität zu leugnen versucht. In diesem Versuch belügen wir zunächst nur uns selbst, nach und nach aber auch alle anderen.

Die vom Volksglauben idealisierten Hexen besuchen also aller Gefahr zum Trotz geheime Zusammenkünfte, wo sie ihrer

Einsamkeit entrinnen sowie Liebe und Sexualität leben können. Elf Frauen, die sich einmal da, einmal dort treffen, um ihr Schicksal zu teilen: ihren gemeinsamen Herrn anzubeten und sich ihm zu unterwerfen.

Hörige Frauen also, die sich einem Gefühl ausliefern, das sie seelisch zwar befriedigen mag, das ihnen auf der körperlichen Seite jedoch mitunter einiges abverlangt?

Denn »des teuffls gemecht«, von dem in so vielen okkulten Werken des Mittelalters und der Renaissance die Rede ist, ist nichts anderes als ein Metallinstrument, das während der rituellen Zusammenkünfte eingesetzt wird, damit der Teufel beziehungsweise die Person, die den Hexensabbat anführt und dergestalt als Hohepriester fungiert, sie im biblischen Sinne »besitzen« kann.

Doch was hatten der Haß der Menschen und diese quasierotischen Beziehungen, welche die Identität der Frauen vollkommen zunichte machten, mit der Realität der Hexen zu tun?

Waren sie nichts als Sklavinnen einer Liebe, die von allen zutiefst verabscheut wurde? Wo liegt die Wahrheit der Hexen? Nun, sie schufen ein absonderliches Universum aus Analogien, die heute niemand mehr versteht. Sie verschanzten sich in einer Welt der Geheimnisse und der empirischen Forschung, zu der anderen der Zugang verwehrt blieb. Und in ihrer Sprache vermischte sich über Jahrhunderte weitergegebenes Wissen untrennbar mit völlig unverständlicher Symbolik.

Doch auf diese Weise hat das Wissen der Hexen die Jahrhunderte überdauert, verschlossen in unzähligen düsteren Wissensmonopolen, Heimlichkeiten und Ränkespielen, welche aus ihrer gottlosen und unmenschlichen Leidenschaft etwas machen sollten, wofür es sich zu leben und zu sterben lohnte.

Die schwierige Liebesbeziehung zu ihrem Tyrannen inspirierte sie zu Tausenden und Abertausenden von Zaubermittelchen, welche der Menschheit die Kunst der Verführung verfügbar machen sollten. Die Rezepte der Hexen enthoben den Menschen der Bindung an die Materie, aus der er besteht.

Magie und Geheimrezepte, um sich Träume zu erfüllen und der Bedrängnis des Alltags zu entgehen. Hexenkünste, die nur von Mund zu Mund überliefert wurden, damit sie nicht untergingen in den Zeiten der Verfolgung und nicht zusammen mit den Frauen auf dem Scheiterhaufen verbrannten.

Also tatsächlich Dienerinnen der Liebe, auch wenn sie nur dem schrecklichen Feind der Menschheit gehorchten. Was uns von ihnen bleibt, ist durch und durch von ihrem Geist geprägt.

Es war ihnen gleichgültig, ob sie wohl lächerlich erscheinen mochten. Ohne die geringsten Gewissensbisse fanden sie sich wieder in ihrer Schande und gefielen sich darin, an den Rand der Gesellschaft verbannt zu sein. Sie verurteilten niemanden, obwohl sie sicherlich über das entscheidende Element für diese Art von Urteil verfügten: das Wissen.

Ganz im Gegenteil: Um die Bitterkeit ihres einsamen Lebens leichter zu gestalten, wappneten sie sich mit einer gewissen Leidenschaft. Vielleicht wurden sie ja gerade deshalb zu Illusionskünstlerinnen, um so ihr höchstes Gut besser wirken lassen zu können.

Denn trotz der vielfältigen Diskriminierungen, denen sie ausgesetzt waren, hörten sie doch niemals auf, das Leben ihrer Mitmenschen, das genauso unbedeutend war wie ihr eigenes, genauestens zu beobachten. Nicht um es nachzuahmen, sondern um zu verstehen, was die Menschheit bewegt. Ausgeschlossen vom Leben der anderen, blieb dies ihr einzig wirkliches Privileg.

Gewisse verschwommene Kenntnisse hatten sie sogar. Doch diese reichten bei weitem nicht aus.

Also beschließen sie, alles zu untersuchen, was einen bestimmten Menschentyp prägt. Sie sind auf der Jagd nach den feinsten Verästelungen der Leidenschaften, Eindrücke und See-

lenbewegungen, auf deren Grundlage Urteile gefällt und Rän-
kespiele ausgeheckt werden. Noch immer weit entfernt von
dem, was ihre Vorfahrinnen früher einmal wußten, und alles
andere als überzeugt, machen sich die Hexen daran, den Menschen genauestens zu erforschen. Und so gelangen sie nach unzähligen Versuchen zu dem Schluß, daß die beiden Dinge, welche die Welt tatsächlich bewegen, keineswegs – wie bisher
angenommen – Liebe und Haß sind, sondern Geld und Sex, die
beiden wesentlichen Elemente auf dem Weg zur Macht. Und gerade auf diese beiden Faktoren, die zusammen oder für sich das
Leben der Menschheit prägen, bauen die Hexen ihr Universum
auf, um ihre Wahrheit, ihren Triumph, ihre Rache zu finden.

Ganz im stillen, mit einer Bescheidenheit, über die nur Menschen verfügen, die ganz genau wissen, was sie wollen, entwickeln die Kräuterhexen ihre geheimnisvollen Tränke, deren
Hauptbestandteil Heilkräuter sind, deren Wirkungsweise jahrhundertelang studiert wurden. Um diesen Rezepturen noch
mehr Wirksamkeit zu verleihen, sehen sie den Magiern über die
Schulter. Sie spitzen die Ohren in den Laboratorien der Alchemisten und errechnen mit verblüffender Geschicklichkeit Dosierungen. Sie trennen und vermischen, kochen und filtern – sie
stellen alles mögliche mit den Zutaten an. Und fangen wieder
von vorn an, wenn das Ergebnis nicht befriedigt.

Sie suchen mit der Energie der Verzweiflung.

Sie wühlen die Erde auf, um in dieser gigantischen Haut, die
sie vom Reich ihres Geliebten trennt, vielleicht doch noch etwas
zu finden. So nah wie möglich an seinem Wirkungsbereich
suchen sie nach Kräutern und Blumen, die von den Ausdün-
stungen der Hölle genährt wurden, und verarbeiten sie zu uner-
hörten magischen Pulvern, weil sie sicher sind, daß sie früher
oder später alle Hindernisse niederreißen werden, die sie von
ihren Mitmenschen trennen.

Um ihre Rezepturen noch wirksamer zu machen, erforschen

sie die mystische Welt der Zahlen und der Astrologie und setzen ihre Erkenntnisse beim Brauen ihrer Zaubermittel ein. Sie achten auf die Zahl der Zutaten, damit der Trank nicht schadet, wo er nützen soll, und sammeln ihre Kräuter zu dem Zeitpunkt, an dem sie über den höchsten Wirkstoffgehalt verfügen.

Auf diese Weise entdecken die Kräuterhexen – zunächst unabsichtlich – die Gifte wieder, über welche die antike Welt bereits bestens Bescheid wußte. Ebenso spüren sie die Einflüsse des Mondes auf Menschen- und Pflanzenwelt auf.

Aber nach unablässigen Versuchen und einigen Momenten tiefer Einsicht müssen sie erkennen, daß sie auf der Suche nach den Geheimnissen der Natur zu eingleisig vorgegangen sind.

Wenn nun eine von ihnen auf eine andere trifft und ihr ein Handzeichen gibt, um sich als Angehörige des Zirkels zu offenbaren, ergeht ein Flüstern: »Die Welt besteht nicht nur aus Wurzeln, Blüten und Blättern. Es gibt noch viel, viel mehr.« Und ihre Gefährtin nickt wissend.

Zwei Dinge waren zu jener Zeit nämlich allen Hexen gemein: zum einen ein bestimmter Geruch und zum anderen die Tatsache, daß man die eigenen Kenntnisse allmählich als unzureichend empfand. Der Geruch war natürlich der des dämonischen Schwefels, der sich allerdings bei genauerer Betrachtung meist als wenig diabolisch erwies: Die vielen Besuche in alchemistischen Laboratorien waren verantwortlich für den »Höllengestank«. Was den zweiten gemeinsamen Punkt anging, so wandte man sich allmählich dem Tier- und dem Mineralreich zu.

»Wir müssen weitersuchen« ist die Parole, welche in den Hexenzirkeln kursiert. Beobachten, verstehen und die gewonnenen Erkenntnisse vorsichtig anwenden. Und falls etwas nicht klappen sollte, fängt man hartnäckig wieder von vorn an. Das bedeutet harte Arbeit – Tag und Nacht ohne Pause –, bevor man endlich zu einer Rezeptur gelangt, die tatsächlich hilft.

Doch jede Geheimwissenschaft zeichnet sich per Definition eben dadurch aus, daß sie geheim ist. Die Kräuterhexe ist also gezwungen, das Schicksal herauszufordern und zunächst alles an sich selbst auszuprobieren. Sie muß still leiden, da keiner wissen darf, was sie da tut – auch der Ehemann und die Kinder nicht. Um nicht auf die Früchte ihrer Arbeit verzichten zu müssen, tut sie so, als wüßte sie von nichts.

Und wenn die Rezeptur nicht wirkt, dann gilt es einfach, wieder von vorn zu beginnen, sich von neuem auf die eigene Intuition zu stützen, diesen oder jenen Kunstgriff auszuprobieren, auf Beobachtungen zurückzugreifen, die man bisher beiseite gelassen hat.

Und wenn das Wunder nach wie vor ausbleibt, dann helfen nur Geduld und Schweigen: Dann werden Stück für Stück, wie bei einem Puzzle, die Elemente neu kombiniert, vielleicht hier etwas hinzugefügt und dort etwas weggenommen, bis die Dosierung zu stimmen scheint. Und am Ende steht wieder der Selbstversuch, bis das Mittel endlich wie gewünscht wirkt.

Für diese Art Forschung ist eine spezielle Art von bizarrem Denken nötig, die nur die wirklich Furchtlosen besitzen, da niemand die Angst besser kennt als sie. Die Kräuterhexen können sich mit niemandem austauschen. Die Disziplin, der sie sich freiwillig geweiht haben, jagt ihnen selbst Angst ein. Nur dem Satan können sie sich anvertrauen und müssen auf den guten Stern hoffen, der jede Geheimwissenschaft begleitet.

Heimlich fragen sie ihren Herrn um Rat, vielleicht nur während einer Halluzination, die ihnen eine bestimmte gelbliche Salbe beschert, die nach Sumpf- und Waldkräutern duftet. Trägt man sie auf Stirn, Wangen und den Unterbauch auf, so schenkt sie einen kurzen Schauer des Vergnügens, einen ungreifbaren, aber wunderbaren Moment der Lust, der durch den Körper läuft, während gleichzeitig die Suche weitergeht. Und jeder Augenblick stärkt sie weiter in ihrem Bestreben, bis schließlich eine Art stolzen Wissen-Wollens daraus wird, eine Form der Manie, die es erst noch zu erforschen gilt.

Um den Menschen zu verzaubern, arbeitet die Hexe immer neue alchemistische Rezepte aus. Zu den Heilkräutern gesellen sich nach und nach die unglaublichsten Zutaten: das Horn des Ziegenbocks, die Klauen des Wolfs, die Sexualorgane verschiedenster Tiere ebenso wie Smaragdpulver, Amethyst und andere Edelsteine.

In diesem unablässigen Forschen kommen allmählich zwei neue Prinzipien zum Tragen: Das ist zum einen die Kraft der *Verwünschung,* die aktiviert wird, indem man dem Teufel oder anderen heidnischen Heiligen huldigt, zum anderen die Kraft der *Analogie,* nach der die neuen Ingredienzen ausgewählt werden und die Weisheit, Macht, Fruchtbarkeit etc. garantiert.

So erringen die Hexen erste Erfolge, die sie aber nicht von ihrem Ziel abbringen, sondern sie nur dazu anregen, mit verfeinerter Methodik und Zielsetzung weiterzuarbeiten.

Mittlerweile ist aus dem bescheidenen, demütigen Wissen der Kräuterhexe eine wahre Kunst des Okkulten geworden, wie die Alchemie selbst es ist. Die Eingeweihten des Hexenordens rauben mit Blick auf den greifbar nahen Erfolg den Adepten der »Sanat-Al-Kimiya« das Geheimnis, wie man aus fünfzehn unedlen Metallen Gold und Silber herstellt.

Die Hexen, die Jahr um Jahr in der alchemistischen Küche verbracht und ihrerseits entsprechende Studien durchgeführt haben, sind nun selbst in der Lage, das *Magnum Opus* der Alchemisten auszuführen: die Verwandlung eines gewöhnlichen Menschen in eine edle Seele voller spiritueller und magischer Kräfte.

In ihren Verstecken fahren sie unerschrocken fort, auf ihren höchsten Traum hinzuarbeiten. Sie kochen Metalle mit anderen Elementen, die sie erst seit kurzem kennen. Sie sprechen von philosophischen Prinzipien und diskutieren die Feinheiten der Prozeduren, die es auszuführen gilt.

»Wenn die vereinten Elemente – männliches und weibliches – sich teilen und ihr Produkt durch Fäulnis den Tod findet«, so schreiben sie, »findet die Schwärzung statt, die *nigedro* der Alchemisten. Führt man hingegen Waschungen durch, so daß die befreite Seele sich wieder mit dem Körper vereinigen kann, so ist dieser Vorgang als Weißung, *albedo,* zu bezeichnen. Das Wirken der reinigenden Flamme findet dagegen in zwei Phasen statt: der gelben, *xantosi,* und der roten, *rubedo.* Das Rot steht dabei für das Feuer an sich, das Gelb für das Gold. Beides zusammen bezeichnet im philosophischen Sinne das Ende des *Magnum Opus.*«

Mit diesem auch von Paracelsus und anderen großen Gelehrten geteilten Wissen glauben die Hexen nun endlich den Schlüssel zur Beherrschung der materiellen Welt gefunden zu haben. Reich und mächtig wollen sie werden. Und so machen sie weiter, suchen weiterhin nach »unterirdischen« Wissensquellen, die sie bisher noch nicht erschlossen haben. Sie bilden neue Adepten aus, um diejenigen zu ersetzen, die auf dem Scheiterhaufen oder in der Folterkammer ihr Leben lassen mußten, wo sie alles ertrugen, nur um die Geheimnisse nicht preiszugeben, welche den Hexen erst ihre Identität schenkten.

Der Volksglauben stattet sie derweil mit den unvorstellbarsten Eigenschaften aus. Denn die Menschen brauchen magische Hilfe, um sich gegenseitig zu bekämpfen oder zu verführen. Obwohl man nicht darüber spricht, bedienen sich viele Menschen magischer Hilfsmittel. Und obwohl zuerst etwas mißtrauisch, sind sie meist schnell überzeugt. Die Menschen glauben nämlich an übernatürliche Kräfte und geben den Hexen Geld dafür (häufig mehr, als sie haben), daß sie ihnen diese Wundermittelchen überlassen, seien sie nun göttlichen oder teuflischen Ursprungs.

Und auch wenn sie vor den »bösen Weibern« ihren ganzen infantilen Egoismus und ihre Boshaftigkeit offenbaren müssen, ihre ganze Gier, die das Unmögliche möglich machen soll, so nehmen sie das gern in Kauf. Schließlich genügt ja schon ein magischer Trunk, um sie für alle sichtbar zu Heroen zu machen, die über alle Schätze der Welt verfügen.

Man darf diese übernatürlichen Schätze nicht warten lassen. Ganz im Gegenteil: Es gilt, die Gelegenheit beim Schopf zu packen und so viel Vorteil als irgend möglich daraus zu ziehen.

Doch das Verbotene ruft auch in den hochmütigsten Wesen einen leisen Schauer hervor. Und was man über diese Frauen erzählt, die sich erotischen Spielen mit wechselnden Partnern hingeben, die von den sexuellen Zusammenkünften mit dem Dämon erschöpft in die Kissen sinken und über eine gewisse bisexuelle Komponente verfügen, ruft in den Kunden gleichzeitig Faszination und Furcht hervor. Denn diese Frauen haben trotz all ihrer Laster und Verstöße gegen die Normen ihrer Zeit eine Schule der Wunder geschaffen, auf die man nicht verzichten will.

Und so schaffen Zauberei und Furcht gemeinsam dieses magische Feld, das die Hexen umgibt. Denn obwohl in den Grenzen ihrer Vorurteile befangen, so beginnen die Menschen allmählich, den Hexen ein gewisses Interesse entgegenzubringen.

Offiziell als Schandfleck gebrandmarkt und entsprechend in die Isolation gedrängt, werden sie bei jeder sich bietenden Gelegenheit aufgesucht. Man schlägt ihnen in schweigendem Einverständnis eine Art Kuhhandel vor: Zaubertränke und -formeln, magische Mittelchen jeglicher Couleur gegen ein bißchen Toleranz. Ein paar Konsumgüter gegen ein wenig Geduldetwerden. Und jeder spielt dieses Spielchen mit, weil schließlich alle davon profitieren können.

Gewöhnlich wird unsere Spontaneität durch soziale Tabus blockiert. Das Individuum hingegen kann tun und lassen, was es will, auch wenn es dabei Normen verletzt beziehungsweise sich ins Reich des Verbotenen begibt. Also war es jedem Men-

schen, der sich Wohlstand und Macht wünschte, möglich, sich
den Hexen zu nähern, die nun ihrerseits begannen, zu sehr nach
irdischen Reichtümern zu schielen.

Die Menschen sind es, welche die Rezepturen der Hexen anwenden und dabei auch nicht vor den schwarzmagischen Techniken zurückschrecken, welche die Geister des Bösen zu Hilfe
rufen. Doch die Schwarze Magie steht für die Kunst der Verführung, die seit jeher angewandt wurde, auch wenn die mora-
lische und ethische Autorität der Religion sie vorbehaltlos verdammte.

Jene, die von den Rezepturen der Hexen profitierten, hatten
jedenfalls keinerlei Skrupel. Und sie fürchteten sich nicht vor
den drakonischen Strafen, mit denen die Gesellschaft jene belegt, die es wagen, ihre Grenzen zu überschreiten (was letztendlich jede Hexe tut): Einsamkeit, grausamste Folterungen
und Tod.

Denn trotz alledem wurden die Hexen überall und zu jeder
Zeit aus der menschlichen Gemeinschaft ausgestoßen. Wer mit
Zaubersprüchen Sehnsüchte und Rachegefühle gleichermaßen
zu befriedigen weiß, gehört nicht dazu.

Und so hat die Geschichte der Hexerei sich eigentlich kaum
verändert, ebenso wie die Geschichte der Sexualität und des
Geldes, die auch heute noch als wichtigste Triebfedern in den
Seelen der Menschen wohnen. Diese beiden in unserer modernen Gesellschaft lebenswichtigen Elemente finden Eingang in
magische Riten, die von den Hexen ausgeführt werden, auch
wenn diese sie vielleicht nicht persönlich in Szene setzen. Und
aus den verfolgten Hexen von einst werden höhere Wesen, Na-
turkräfte, welche das Schicksal der menschlichen Gemeinschaft
steuern können.

Obwohl ihre esoterischen Heilmittel gute Erfolge aufwiesen,
die einerseits wohl auf die gute Dosierung und Mischung, andererseits aber sicher auch auf ihre Suggestivkraft zurückzufüh-

ren sind, wurden mit Beginn der Aufklärung Theorien, Studien und Rezepturen der Hexen immer mehr der Lächerlichkeit preisgegeben. Dafür verantwortlich zeichnet vor allem die männlich geprägte Wissenschaft. Mediziner, Biologen und Chemiker versuchten, die positiven Ergebnisse der hexischen Forschung zu verschleiern, indem sie diese als banal darstellten. Gleichermaßen behaupteten sie, daß esoterische Forschungswege zu nichts führen könnten, also nur von Betrug und Geldmacherei inspiriert seien.

Und trotzdem schafften es die Hexen, auch das Zeitalter des Positivismus zu überleben. Sie entwickelten sich weiter, vervollkommneten bereits bekannte Heilmittel und erfanden neue dazu.

Der Fortschritt brachte es mit sich, daß die Bestandteile der alten Rezepte allmählich durch neue ersetzt wurden. In manchen Fällen nahmen die Hexen sogar die Errungenschaften unserer Zeit vorweg.

So ist zum Beispiel der alte Traum der Hexen, einen neuen Menschen zu schaffen, mittlerweile wahr geworden. Die Gentechnik ist in der Lage, die Genome des Menschen zu verändern. Auf diese Weise wird man früher oder später Menschen schaffen, die bestimmten, vorher festgelegten Kriterien gehorchen.

Doch nur die Hexen glaubten wirklich an ihre Arbeit und verteidigten sie auch im Notfall. So war ihnen beispielsweise von Anfang an klar, daß die Sexualität einer der wichtigsten Aspekte im Leben jedes menschlichen Wesens ist. Aus diesem Grund widmeten sie diesen Dingen einen großen Teil ihrer Aufmerksamkeit, wie die vielen einschlägigen Rezepte belegen. Wunderdrogen für den Mann (später auch für die Frau) versprachen nicht nur, daß das männliche Glied niemals seine Stärke verlieren und so für immer intensivere sexuelle Erfahrungen sorgen würde, sie garantierten auch ein enormes quantitatives Wachstum.

Der Rationalismus tat diese Versprechen meist als reine Phantasterei ab, doch vieles von dem, was die Hexen einst versprachen, ist heute Wirklichkeit geworden.

Kehren wir beispielsweise zurück zu den Männerträumen. Heute wird all das, was man damals durch Zaubertränke und -sprüche zu erreichen versuchte, durch eine einfache Injektion in die Penisarterie geleistet: Wenn man dort eine bestimmte Substanz einspritzt, werden die Schwellkörper stärker mit Blut gefüllt, was zur Folge hat, daß das männliche Glied steifer und größer wird. Derselbe Effekt läßt sich auch mit Hormonbehandlungen erzielen.

Und wieviel Mühe mußten Hexen darauf verwenden, um herauszufinden, wie man die Jungfernschaft eines Mädchens zweifelsfrei feststellen und im Fall des Falles wiederherstellen kann? Heute geschieht dies zwar im Operationssaal, der Vorgang ist aber in etwa der gleiche.

Die Kämpfe, die sie ausfechten mußten, um ihre Methoden zur Beeinflussung des Monatszyklus bekannt zu machen, führten fälschlicherweise dazu, daß man sie bis heute für Feministinnen *ante litteram* hält. Doch dieses Hexenthema wurde später zu einem wissenschaftlichen: Heute wird die Menstruation hormonell unter Kontrolle gebracht.

Hexen setzten sich rückhaltlos für eine andere, eine bessere Zukunft ein. Ihre Eingebungen wirkten auf Zeitgenossen manchmal phantastisch. Doch eine ihrer stärksten Sehnsüchte, nämlich die, zum Sabbat zu fliegen, sich blitzschnell von einem Ort zum anderen begeben zu können (vielleicht um möglichen Feinden zu entfliehen), ist für uns heute eine Selbstverständlichkeit, die sich jeder leisten kann. In den letzten fünfzig Jahren stellte sich das Fliegen sogar immer mehr als Notwendigkeit heraus, da es unerläßlich wurde, die Distanzen zwischen den Orten zu verkürzen.

Die Hexen waren ihrer Zeit also voraus, und das nicht nur

einmal. Einen großen Teil ihrer Forschungsarbeit widmeten sie zum Beispiel den Problemen der Unfruchtbarkeit beziehungsweise der Frigidität, die sie als heilbar betrachteten. Und der Fortschritt gibt ihnen – wenn auch unfreiwillig – recht.

Heutzutage verabreicht man Hormone, wenn Störungen wie Frigidität und Impotenz physisch bedingt sind. Liegt die Ursache hingegen in der Psyche der Betroffenen, so versucht man, das Problem mit entsprechenden Therapien zu lösen.

Und auch bei Unfruchtbarkeit hat die moderne Medizin eine Reihe von Behandlungsmethoden entwickelt, die von hormonellen Gaben bis hin zu künstlicher Befruchtung reichen.

Moderne Zeiten, moderne (und wissenschaftliche) Behandlungsmethoden. Und trotzdem empfinden wir eine unstillbare Sehnsucht nach unserer phantastischen, verlorenen Vergangenheit. Hexen, ihre Geschichte und der reiche Schatz ihrer Rezepturen und Behandlungsweisen interessieren uns wieder. Die Vergangenheit mit ihren verschiedenen Aspekten, seien sie nun paranormaler oder realer Natur, übt auf uns einen wachsenden Einfluß aus.

In einer Zeit, in der der Rhythmus unseres Lebens immer schneller und schneller wird, keine verbindlichen Werte mehr existieren und von allen Seiten immer neue Anforderungen auf uns einstürmen, suchen wir, um uns zu schützen, nach einer neuen Dimension, die frei von Konkurrenzdenken und weniger chaotisch ist als unsere Alltagswelt.

Auf der Suche nach seinem Selbst strebt der Mensch nach neuen Verführungen, neuen Bindungen, da selbst das Begehren von Trägheit gelähmt ist. Er dreht sich um und schaut zurück – nun, da die Gefahr, zur Salzsäule zu erstarren, nicht mehr gegeben ist. Und er entdeckt dabei die Phantasie wieder, die mütterliche Wärme und den Zauber des Geheimnisvollen.

Die moderne Welt unter diesem Gesichtspunkt zu betrachten ist nicht leicht. Tatsächlich gilt es, die vom unvermeidlichen

Chaos und dem ständig vorwärts strebenden Fortschritt produzierten chemischen und biologischen Krisen dieser Welt zu lösen.

Enrico Malizia gehört zu einer Spezies Gelehrter, von denen es heutzutage leider nicht mehr viele gibt. Als Toxikologe hat er es seit jeher verstanden, über die Grenzen seines Fachbereichs hinauszublicken und sein Wissen auf weitere Gebiete auszudehnen. In jahrelanger Arbeit hat er sich dem Studium alter Hexenmanuale gewidmet, in denen magische Rezepturen aufgezeichnet sind.

Und so legt er uns hier das Ergebnis seiner jahrelangen wissenschaftlichen Beschäftigung mit diesem Thema vor, indem er sich auf bestimmte Sektoren der magischen Heilkunde beschränkt: auf allgemeine Zaubermittel, Sexualität, Fruchtbarkeit, Liebestränke, Gifte und ihre Gegengifte.

Den Einstieg in dieses Thema erleichtert er uns durch ein ausführliches Kapitel über die Geschichte der Hexerei in all ihren Aspekten, das den eigentlichen Rezepten vorangestellt ist.

Die Rezepturen präsentiert er in all ihrer Kuriosität wie kleine Erzählungen, voller Verständnis, aber auch voller Ironie, was die Lektüre dieses Buches zu einem wahren Vergnügen macht, ohne den Informationsreichtum zu schmälern.

Er erläutert uns, inwiefern jedes einzelne Rezept den Glaubensvorstellungen seiner Zeit entsprach, um es sodann mit dem Wissensstand des modernen Toxikologen auf seine Wirksamkeit hin zu untersuchen.

Auf diese Weise gelangt er zu einer gründlichen Studie über die Wirksamkeit beziehungsweise Unwirksamkeit der in den Rezepten verwendeten Bestandteile und ihrer verschiedenen Verwendungsmöglichkeiten.

Bei den Giften hingegen überrascht uns die meist sehr genaue Kenntnis ihrer Wirkung, die man in diesen alten Texten findet und die mit modernen Erkenntnissen durchweg übereinstimmt.

Jüngeren Datums hingegen sind die Forschungsergebnisse zum Thema Gegengifte, mit denen man heutzutage den klassischen Hexengiften entgegenwirken kann.

Die jüngere Forschung identifizierte die aktiven Komponenten der Giftpflanzen und ihre biochemischen Wirkungsweisen. Auch darüber informiert uns Enrico Malizia so eingehend wie möglich.

Das vorliegende Werk beschränkt sich also keineswegs auf den trockenen Forschungsgegenstand. Es liefert uns neben den in amüsanter, lesenswerter Form präsentierten Informationen auch historische Daten, Legenden und Interpretationen, die das Lesen zum Vergnügen machen und uns Einblick in eine Welt verschaffen, die auch heute noch tabu ist.

Ich empfehle Ihnen also, dieses Buch nicht nur als Informationsquelle zu betrachten, sondern es quasi zum Meditationsgegenstand zu erheben und sich so auch den nicht ganz so offensichtlichen Zusammenhängen zu nähern.

Hilde Ponti

Kurze Geschichte
der Hexerei

Was es über Hexen zu sagen gibt

Es gibt eine Menge Bücher über Hexerei. Einige davon sind gut, andere weniger.

Viele hervorragende Autoren haben sich um die Klärung dieses Phänomens bemüht, doch an einer umfassenden Darstellung der Thematik fehlt es bis heute. In dem vorliegenden kurzen Abriß über das Hexenwesen werden wir versuchen, eine möglichst klare und einfache Antwort auf jene Fragen zu finden, die sich auftun, wenn man anfängt, sich mit dieser Materie näher auseinanderzusetzen: Wer eigentlich waren die Hexen? Was war ein Hexensabbat? Was geschah während dieser Zeremonie? Welche Rolle spielte der Teufel dabei?

Zur Klärung dieser und weiterer Punkte werden wir unser Hauptaugenmerk auf einen ganz bestimmten historischen Zeitraum richten, da dieser bei weitem am aussagekräftigsten ist.

Es handelt sich dabei um die Zeitspanne zwischen der Mitte des 15. bis hin zur Mitte des 17. Jahrhunderts. Während dieser zweihundert Jahre bringt die offizielle Kultur des Abendlandes, das heißt vor allem die christlich geprägte Kultur, den Hexen und ihren Ritualen ein ausgesprochen lebhaftes, um nicht zu sagen obsessives Interesse entgegen. Zu dieser Zeit wurden in ganz Europa Hexen verfolgt. Auch aus diesem Grund haben wir uns auf den europäischen Kulturkreis beschränkt. Denn nirgendwo sonst auf der Welt wurde die Hexenverfolgung so systematisch und gut organisiert betrieben.

Unsere kleine Studie verarbeitet in erster Linie historische Quellen, wobei wir hier natürlich einer enormen Einschränkung unterliegen: Der Großteil der Informationen, auf die wir uns hier stützen, ist Material aus den Hexenprozessen, es stammt also von den Anklägern der Hexen. Da die Hexen selbst keine schriftlichen Überlieferungen hinterließen, stehen uns nur diese stark parteilichen Aussagen zur Verfügung.

Enrico Malizia und Teodora Economo

Die Hexerei

Die Anfänge des Hexenwesens

Hexerei ist ein universelles kulturelles Phänomen, das je nach Land und Region ganz unterschiedliche Formen annehmen kann. Da der Begriff so weit gefaßt ist, wird er heute für die unterschiedlichsten Erscheinungsformen des Okkulten benutzt. Als Folge davon ist er mittlerweile ungenau und abgegriffen.

Wenn Sie das Lexikon von Zingarelli, eines der renommiertesten Lexika der italienischen Sprache, unter dem Stichwort »Hexerei« (stregoneria) aufschlagen, finden Sie folgenden Eintrag: »die Aktivität des Hexers, Hexenwerk, heimliche Tat, die auf Böses abzielt.«

Diesem Lexikon zufolge geht der Begriff »Hexerei« also auf den »Hexer« (stregone) zurück und weniger auf die (weibliche) Hexe.

Unter dem Stichwort »Hexe« (strega) hingegen lesen wir: »abartiges, böses Weib, von dem man einst glaubte, es würde Kinder entführen, um sie zu toten und zu essen.« (Zingarelli) Etymologisch geht das italienische Wort »strega« (Hexe) auf das lateinische »strix« zurück, das übersetzt »Uhu« beziehungsweise »Schleiereule« heißt und Nachtvögel bezeichnet, von denen der Volksglaube ebenfalls annahm, sie würden Babys aus der Wiege rauben, um sich von ihrem Blut zu ernähren wie die legendären Vampire. Eine weitere Gemeinsamkeit liegt darin, daß sowohl Hexen als auch Eulen ihrem Tun und Treiben nur im Schutz der Nacht nachgehen können. Der deutsche Begriff »Hexe« hingegen leitet sich vom altnordischen »hagazussa« ab, was soviel bedeutet wie »Zaunreiterin«. (Duden, Herkunftswörterbuch)

Doch die Etymologie liefert uns natürlich nur teilweise verwertbare Anhaltspunkte. Wenn wir verstehen wollen, was Hexen wirklich sind, müssen wir weiter zurückgehen und uns bis in die Vorgeschichte der Menschheit bemühen. Zu dieser Zeit nahmen Frauen eine zentrale Stellung innerhalb der Gesellschaft ein: Sie galten als heilig, da der »primitive« Mensch sich das Wunder der Fortpflanzung nicht erklären konnte. Außerdem war es die Frau, die sich um die Beziehung zu den Naturgottheiten kümmerte, da der Mann viel zu sehr damit beschäftigt war, zu jagen und zu fischen. So war die Frau das Bindeglied zwischen dem Menschen und den von ihm angebeteten Kräften der Natur. Ihr oblag der Versuch, sich diese Kräfte geneigt zu machen, damit den männlichen Aktivitäten, die das tägliche Brot für die Familie sicherten, ein gutes Gelingen beschieden sein sollte.

So wurde die prähistorische Frau zur Hohepriesterin verschiedener Kulte. Sie sorgte für das Gedeihen der Familie und des Viehs, sie war es, die in Dürrezeiten um Regen bat. Tagsüber kümmerte sie sich um die Kinder, und nachts suchte sie Antworten auf die großen Rätsel der Menschheit: Was ist der Tod? Und welches Geheimnis birgt das Leben für uns?

Allmählich entwickelte sie sich zur Vertrauten der Naturgottheiten, zur Wächterin und Priesterin dieser einfach strukturierten Religion. Sie war es, die aus den simplen Naturgewalten Götter gemacht hatte, denen sie opfern konnte, um ihr Wohlwollen zu erlangen. Denken wir nur an alles, was uns schaden kann, wie ein Sturm, ein Gewitter, ein Brand oder Krankheiten. Vor diesen Schicksalsschlägen fürchteten sich alle Menschen. Und nur der Frau wurde die Macht zugeschrieben, diese negativen Kräfte bändigen zu können. So entstand aus diesen ersten Überlegungen zum Thema »Gut« und »Böse«

eine Art einfache Religion. Damals war der Glaube noch eng mit der Magie verknüpft. Die heutige Trennung zwischen diesen beiden Welten vollzog sich erst sehr viel später.

Unter den Gottheiten besaß die Figur der Großen Mutter einen zentralen Rang. Sie war die Göttin der Fruchtbarkeit.

Eine Unzahl von Mythen erzählen uns von dieser Göttin. In Gesellschaften, die hauptsächlich vom Ackerbau leben, nimmt die Große Mutter noch heute einen wichtigen Platz ein. Sie hütet die Fruchtbarkeit der Menschen, der Erde und der Tiere. Häufig taucht sie zusammen mit einem höheren himmlischen Wesen auf, das Himmelsvater genannt wird. Er macht mit seinen Regenfällen die Mutter-Erde erst fruchtbar.*

Die Große Mutter, auch Mutter Natur genannt, wird symbolisch durch den Mond in seinen drei Erscheinungsformen dargestellt: Der Vollmond steht für die Mutter, der Neumond für die Tochter und der abnehmende Mond für die Frau im Alter.

Der Kult zu Ehren der Fruchtbarkeitsgöttin sah eine Reihe von Festen vor, an deren Ende Männer und Frauen sich gewöhnlich rituell paarten. Dieser Sexualritus sollte das Fortbestehen des Menschengeschlechts sichern.

Doch mit der Zeit wurde der Großen Mutter ein männlicher Gott zur Seite gestellt, der Gott der Jagd, der über das Reich der Tiere herrschte. Dieser Gott konnte reiche Jagdbeute schenken. Er konnte das jagdbare Wild aber auch verstecken oder ganz verweigern. Für den prähistorischen Menschen war die Jagdbeute im Hinblick auf sein Überleben von ganz besonderer Bedeutung, da sie ihm erlaubte, seinen Hunger zu stillen. Vom Gott der Jagd glaubte man, daß er mit den Tieren im Wald lebe. Dementsprechend wurde er meist mit Hörnern dargestellt. Spä-

---

*Die Vorstellung von einem männlichen Schöpfergott, der Himmel und Erde geschaffen hat, taucht erst sehr viel später auf.

ter sollte daraus der griechische Pan werden, ein Gott mit den Hörnern eines Widders, dem Bart einer Ziege, einem struppigen Fell und Bocksfüßen, der selbst auf die Jagd ging. Die Angst, die sein Aussehen denen einflößte, die ihm begegneten, findet sich noch heute wieder in unserem Begriff für überwältigende Furcht: Panik.

Hier zeichnet sich bereits diejenige mythologische Figur ab, die uns später in den Darstellungen des Hexensabbats als Teufel begegnen wird. Doch dazu später. Für den Moment sei nur gesagt, daß dieser neue Gott in seiner anmaßenden Überheblichkeit die Große Mutter vom Thron stieß. Ihr war hinfort nur noch ein Platz in der zweiten Reihe beschieden.

Gleichzeitig verlor auch die Frau ihre Rolle als Priesterin der Gemeinschaft. Diese Funktion übte, zumindest bei den wichtigsten Zeremonien, künftig der Mann aus.

Und an diesem Punkt nimmt jener Prozeß seinen Lauf, der letztlich dazu führt, daß die Frau sich mit ihrer Magie in die Sphären des Geheimen zurückzieht, auch wenn dies insgesamt Jahrhunderte dauern sollte. Denn tatsächlich pflegten Frauen noch über lange Zeit hinweg den Kult der Großen Mutter und übten ihre Rolle als Heilerin aus. Denn nur sie kannten ja die Macht der Kräuter und deren Wirkungen.

Während also die Große Mutter und mit ihr die Frau im allgemeinen langsam ihren vorherrschenden Einfluß auf das Stammesleben verloren, gewannen der Gott der Jagd und der Tiere, Herr über Leben und Tod, und sein Hohepriester, der Mann, immer mehr an Macht und Ansehen. Sie entwickeln die Vorstellung vom Tod als vorübergehender Phase. Sie sind es, die dem Geist die Möglichkeit zuschreiben, mit einem anderen Körper wieder auf die Erde zurückkehren zu können. Das philosophische Denken wurde von da an zur Domäne des Mannes.

Der Frau blieb nur die Sorge für die Kontinuität der Art, also die Fortpflanzung beziehungsweise die empirische, auf Beobachtung gegründete Medizin der Kräuter. Schließlich war sie es ja, welche die Wurzeln, Gräser und Kräuter sammelte, die der pflanzlichen Ernäherung des prähistorischen Menschen dienten. In der Folgezeit entwickelte die Frau auch ein ausgedehntes Wissen im Hinblick auf die Pflanzen, die sie sammelte, und setzte diese ein, um Wunden und Krankheiten bei Tieren und Menschen zu heilen. Auf diese Weise war sie zum Kräuterweib geworden, und da sie täglich mit Heilpflanzen zu tun hatte, entdeckte sie natürlich auch ihre schädlichen Kräfte, die zu Krankheit und Tod führen konnten. Sie setzte ihre genaue Kenntnis der Heilpflanzen ein, um bestimmte Elixiere und Salben, Tränke und Gifte zu brauen, die für jeden Zweck eingesetzt werden konnten. Und sie teilte dieses Wissen mit anderen Frauen, so daß es über Generationen hinweg bis zum heutigen Tag überliefert wurde.

Natürlich gab es auch Männer, die über Heilpflanzen Bescheid wußten. Auch heute noch finden sich in der ganzen Welt nicht nur Hexen, sondern auch Zauberer. Sie waren ebenso gesucht wie gefürchtet, und Menschen aller Klassen und Schichten wandten sich an sie, um Hilfe in Liebes- oder Geldangelegenheiten zu erhalten. Sicher ist jedoch, daß auf den Scheiterhaufen wesentlich mehr Frauen als Männer ihr Ende fanden und die Geschichte den weiblichen Hexen weit größere Aufmerksamkeit widmete als den männlichen. Wendet man sich jedoch anderen Kulturkreisen zu, so wird man feststellen, daß dort der Zauberer eine weit präsentere soziale Realität darstellt als die Hexe.

In dieser Studie wollen wir uns aber in erster Linie mit Geschichte und Praxis der Hexerei auseinandersetzen, wie sie im Europa des Mittelalters und der frühen Neuzeit erscheint.

In dieser Zeit nämlich führte die allgemeine Angst vor der Hexerei zu einem wahren Kreuzzug der Kirche gegen die Hexen und ihre Schüler.

Magie und Hexerei

Die Form von Hexerei, die im Sabbat ihren Höhepunkt fand, ist ein Phänomen, das ausschließlich auf dem europäischen Kontinent vorkam. Das stetige Ansteigen der Bevölkerungsdichte hatte zur Folge, daß sich immer neue Stämme bildeten. In diesem Klima war es für den einzelnen schwierig und gleichzeitig lebensnotwendig, Herr über sein Land zu bleiben, da die Territorien, welche die einzelnen Stämme für sich beanspruchten, sich immer mehr überschnitten. So entstanden die ersten Stammeskriege, da jede Gruppe die andere als potentiellen Eindringling und Feind erlebte. Und so nahm man mehr und mehr Zuflucht zur Magie, die als probates Mittel galt, wenn es darum ging, sich gegen feindliche Angriffe zu schützen. Zu dieser Zeit hatte jeder Stamm seinen eigenen Hohepriester, der gleichzeitig Hexenmeister war und dessen soziale Macht überaus weitreichend war. Außerdem war es seine Aufgabe, mit gewissen magischen Ritualen bestimmte Aktionen im Stammeskrieg zu fördern beziehungsweise den Sieg herbeizuführen. Bereits damals zeichnete sich eine erste Unterscheidung zwischen Weißer und Schwarzer Magie ab. Der ersteren ordnete man heilsame Ziele, der letzteren den Schadenszauber zu. Und je mehr der Hexenmeister es schaffte, die gesetzten Ziele zu erreichen, als um so mächtiger und fähiger galt er. Zur Weißen Magie zählten auch alle Rituale, die darauf abzielten, einem kranken Menschen das Leben zu retten oder den Stamm mit Wild zu versorgen.

So gehörte es auch zu den Aufgaben des Hexenmeisters, durch Tänze, welche die Bewegungen der Tierarten imitierten, der jagenden Gruppe zum Erfolg zu verhelfen beziehungsweise die Zahl der jagdbaren Herden zu vermehren, indem er während des Tanzes in das Fell des Beutetieres schlüpfte. Damit Rituale, die den Tod des Opfers zum Ziel hatten, gelingen konnten, war es nötig, im Besitz von Dingen zu sein, die dem ausgewählten Opfer gehört hatten, etwa seine Haare oder Nägel. Diese schwarzmagischen Praktiken entspringen dem auf analogem Denken gründendem Prinzip der *Sympathie* (Nähe). Dieses besagt, daß ein Mensch beziehungsweise ein Ding dasselbe Schicksal erleidet wie ein Gegenstand, mit dem er/es einmal verbunden war und an dem nun stellvertretend für die Person beziehungsweise den Gegenstand das Ritual ausgeübt wird. Wenn es keine Möglichkeit gab, sich Haare oder Nägel des Opfers zu verschaffen, konnte der Zauberer immer noch ein Bild davon anfertigen, das er im Ritual zerstörte. Man glaubte, daß das Opfer das gleiche Schicksal erleiden würde wie sein Abbild. Dies ist das zweite große magische Prinzip. Man nennt es das Prinzip der *Analogie* (Ähnlichkeit).

Diese beiden Prinzipien sind grundlegend für jegliche Form von Magie, sei sie nun schwarz oder weiß. Dies führt uns zu unserer ersten Erkenntnis: Ob magische Praktiken nun schwarzer oder weißer Natur sind, wird in erster Linie vom damit verfolgten Zweck und nicht von den verwendeten Mitteln bestimmt. Beide Formen verwenden die gleichen Rituale, nur haben weißmagische Praktiken positive Zielsetzungen, während schwarzmagische auf Schadenszauber ausgerichtet sind.

Der Priesterhexer der frühgeschichtlichen Stämme setzte beide Formen von Magie ein. Aus diesem Grund war er sowohl geschätzt als auch gefürchtet. Um diese Sonderstellung innerhalb des Stammes aufrechtzuerhalten, umgab der Hexenmeister seine Rituale mit einem Hauch von Geheimnis. Er setzte spezielle Masken auf und behauptete, mit den Geistern der Toten sprechen zu können.

Aber das war noch nicht alles. Er las die Zukunft aus den Bewegungen der Sterne oder den Eingeweiden von Tieren. Und seine Macht war so grenzenlos, daß nicht einmal der Tod ihn aufhalten konnte: Er begleitete die Toten hinüber in die andere

Welt und sorgte dafür, daß sie dort auch blieben und nicht als Wiedergänger die Lebenden in Angst und Schrecken versetzten. Für die Priesterhexer war der Tanz ein wesentlicher Bestandteil ihrer magischen Riten, daher nahmen sie daran – wie an den anderen Ritualen – nur als Anführer teil.

Die wichtigsten Stammesfeste, vier an der Zahl, fielen mit dem Wechsel der Jahreszeiten zusammen. Sie gehen auf einen uralten, von den Erfordernissen des Ackerbaus geprägten Kalender zurück. Das erste Fest fand am 1. Mai statt und sollte den Frühling einläuten. Das zweite wurde am 1. August abgehalten und begrüßte den Sommer; das dritte Anfang Oktober feierte den Herbstanfang und das vierte Anfang Februar galt als Winteranfang. Diese Feste dienten der rituellen Vereinigung von Männern und Frauen zu Ehren der Großen Mutter, deren Kraft neue Geburten ermöglichen sollte.

In diesen Zeremonien spielte von Anfang an der Besen eine herausragende Rolle. Die Frauen hielten ihn bei den Tänzen zwischen den Beinen, als ritten sie darauf. Der Stiel zeigte dabei auf den, der das Ritual zelebrierte. In Genua gab es einen ähnlichen Volkstanz, der während des Karnevals öffentlich aufgeführt wurde. Dieser äußerst obszöne Tanz hieß »ballo del bastone« – Stocktanz. Früher wurde dieser Tanz hauptsächlich von Prostituierten aufgeführt, die während des Tanzes einen Stock zwischen den Beinen hielten.

Außerdem war dem Besen auch ein gewisser symbolischer Wert zu eigen. Er stand für Ordnung und Wohlstand. Alle Vorstellungen und phantastischen Erzählungen, welche die Hexe auf einem Besen reiten sehen, haben hier ihren Ursprung. Doch ist dieses Besenreiten nicht notwendigerweise mit negativen magischen Praktiken verbunden. Die italienische »Befana« beispielsweise, welche die Kinder am 6. Januar jeden Jahres besucht und ihnen Geschenke bringt, ist eindeutig eine gute Hexe. Aber wenn viele Rituale auch positive Zielsetzungen hatten (wie die Versorgung mit Wild oder ausreichende Fruchtbarkeit), so gab es doch andere, die sich an die Geister des Bösen wandten, um negative Wirkungen zu erzielen. Und diese Geister des Bösen wurden im Verlauf der Jahrhunderte in einer einzigen Gestalt zusammengefaßt: Luzifer oder Satan. Es war gerade das Christentum, welches die heidnischen »Geister des Bösen« mit dem Dämon der Bibel, dem alten Rivalen Gottes, gleichsetzte. Und so verwundert es auch nicht, daß es zur Verurteilung magischer Praktiken (weißer und schwarzer gleichermaßen) erst kam, als das Christentum in Europa Fuß faßte.

Zur selben Zeit fing man an, Hexerei grundsätzlich für Schwarze Magie zu halten.

Und die Kommunikationsversuche mit der anderen Welt, welche die frühgeschichtlichen Völkerschaften gepflegt hatten, lieferten die grundsätzlichen Wesenszüge des späteren Hexensabbats.

Naturvölker und antike Kulturen

Nach nahezu einhelliger Meinung der Religionswissenschaftler ist Magie ein Phänomen, das allen Zeiten und Kulturen gemeinsam ist.

Natürlich unterscheiden sich die jeweiligen magischen Praktiken, je nach Tradition und geistigem Erbe der jeweiligen Kultur. Trotzdem läßt sich feststellen, daß magische Rituale, so vielfältig sie in ihrem Erscheinungsreichtum auch sein mögen, doch meist ähnlichen Gesetzen folgen.

Aus diesem Grund ist Religionsgeschichte weitgehend auch die Geschichte der Magie, da Glaube und Magie zunächst ein- und dasselbe waren. Erst mit Aufkommen des Christentums wurde eine solche Unterscheidung getroffen, da es als neue Religion seine eigenen Riten institutionalisieren mußte. Dies ge-

schah, indem es die rituellen Handlungen anderer Glaubens-
systeme als Teufelswerk verdammte. Dies zeigt sich auch daran,
daß eine derartige Grenzziehung bei den Naturvölkern nur dort
vorgenommen wird, wo christliche Missionare den lokalen
Glaubensgewohnheiten ihr eigenes Regelwerk überstülpten.

Denn normalerweise ist Magie bei den Naturvölkern einfach
die Antwort auf ein Bedürfnis der sozialen Gruppe und fügt
sich daher nahtlos in deren Kultur ein.

Hexenmeister und Schamanen sind für Naturvölker unverzichtbar, da sie anerkanntermaßen eine wichtige soziale Funktion ausüben. In Europa hingegen haftet der Hexerei immer ein
anti-soziales, ja sogar gefährliches Bild an. Der Ethnologe De
Martino hält die Rolle des Schamanen bei den Naturvölkern
für ein ganz wesentliches Merkmal dieser Gesellschaften. Seine
Aufgabe ist es, dem Stamm und dem Individuum in kritischen
Momenten des Lebens beizustehen.

De Martino bezeichnet den Schamanen der Naturvölker daher als »magischen Christus«, als Figur, welche mittels »magischer« Techniken die Seinskrisen der Stammesmitglieder be-
wältigen hilft.

Unter »Seinskrisen« versteht er dabei jene Momente im
Leben, während derer das Individuum Gefahr läuft, seine Seele,
das heißt seine Identität, zu verlieren; also Zeiten, in denen es
mit Tod, Krankheit oder Hunger konfrontiert ist. In diesen Augenblicken greift der Schamane ein, um das Individuum mit
seinen magischen Kenntnissen zu retten und es wieder zu sich
selbst kommen zu lassen.

Der Hexenmeister, so De Martino, ist für die Angehörigen
der Naturvölker Helfer und Führer in existentiellen Lebenskri-
sen. Doch die Gefahr des Identitätsverlustes bedroht auch uns,
wie wir an den vielen Menschen sehen, die unter schweren Be-
wußtseinsstörungen wie beispielsweise Schizophrenie leiden.
Wir glauben daher, daß die Rolle des Schamanen in etwa der

entspricht, die in der modernen Gesellschaft der Psychologe innehat.

Ob Zauberei und Hexenwesen in die jeweilige Kultur integriert waren, hing sehr von der entsprechenden Gesellschaft ab. Bei den Naturvölkern sind sie ein ganz wesentlicher Bestandteil des sozialen Lebens, während sie in der Antike, in Griechenland oder Rom, bereits anti-soziale Züge aufweisen, obwohl die Hexenpriester auch damals über ein gewisses gesellschaftliches Ansehen verfügten. Eine wesentliche Rolle spielte im alten Rom der *haruspex,* dem es oblag, aus den Eingeweiden geopferter Tiere die Zukunft vorherzusagen. Zu den Haruspizien nahm sogar der Kaiser regelmäßig Zuflucht.

Eines blieb aber sämtlichen Formen magischen Tuns gleich, ob sie sich nun in sogenannten »primitiven« Gesellschaften abspielten oder nicht: Die Riten vollzogen sich fast immer im Geheimen. Und derjenige, der sie ausübte, hüllte sich in einen Mantel des Schweigens. Hexen und Hexer gaben ihre Geheimnisse immer nur mündlich weiter, so daß sich langsam eine soziale Gruppe herausbildete, die auf magische Praktiken spezialisiert war.

Aber neben den Zauberern gab es ja immer noch die Frauen, die Priesterinnen, die sich weiterhin dem Kult der Großen Mutter widmeten und heimlich ihre Zeremonien abhielten. Auch an sie wandten sich viele Menschen, beispielsweise jene, deren Liebe nicht erwidert wurde. Sie baten um Elixiere und Zaubertränke, die sie der geliebten Person heimlich verabreichten, damit ihre Liebe endlich Widerhall finde. Denn noch immer waren es vor allem Frauen, welche mit der geheimen Welt der Kräuter und Wurzeln vertraut waren. Und sogar das Bild der Hexe hat seinen Ursprung im Bild der Großen Göttinnen der alten Welt. Ihre Vorläuferin heißt Ischtar in Mesopotamien, Isis in Ägypten, Artemis in Griechenland und Diana in Rom. Alle diese weiblichen Gottheiten symbolisieren den Mond, dessen

unterschiedliche Phasen sich in Hekate widerspiegeln, der drei-
gestaltigen Göttin mit den drei Köpfen.

Hekate, so erzählt man sich, lebte unter der Erde mit den
Göttern der Hölle, doch nachts kam sie auf die Erde zurück und
ging zwischen den Gräbern um, begleitet vom nächtlichen Heulen der Hunde. Sie führte die Geister der Toten an, und ihr Anblick versetzte die Menschen in Schrecken. Nicht jedoch die
Hexen, die nachts Kräuter für ihre Rezepturen sammelten. Hekate wurde als finstere, bedrohliche Gestalt abgebildet. Um dieses Frauenbild rankte sich die gesamte Hexenmythologie, die
sich im Europa des ausgehenden Mittelalters und später ausge-
bildet hatte. Doch neben der häßlichen und boshaften Hexe
(man denke nur an die Figur der Hexe in den Volksmärchen,
etwa »Dornröschen«) existierte auch immer die junge, schöne
Hexe, die Männer bezauberte.

Ein klassisches Beispiel dafür sind die Homersche Circe und
die libysche Zauberin Vergils.

Zauberei im Römischen Reich war zuerst und vor allem di-
vinatorische Kunst. Der Vorhersage der Zukunft galt das allgemeine Interesse. So gehörte zum Hofstaat des Augustus ein
Wahrsager, der die Träume des Kaisers zu deuten hatte. Und
Nero beriet sich immer erst mit seinen Astrologen, bevor er
etwas unternahm.

Diese Kunst der Vorhersage trieb noch einige grausige Blüten, bevor das Christentum ihr ein Ende setzte. Der Imperator
Commodus ließ sich nämlich seine Zukunft und die des Staa-
tes aus den Eingeweiden eines getöteten Menschen lesen, eine
Gewohnheit, die sein Nachfolger Caracalla von ihm übernahm.

Magie und Christentum: die Folter

Natürlich verschwanden mit Aufkommen des Christentums nicht sofort sämtliche magischen Praktiken. Von Constantin IV. wissen wir beispielsweise, daß auch er der Nekromantie huldigte. Er ließ sich die Zukunft aus den Eingeweiden eines Menschen lesen, der extra zu diesem Zweck getötet wurde. Wenn Constantin also entschied, daß ein solcher Ritus nötig war, zitterte sein Hof vor Angst über das todbringende Urteil.

Es waren solche Praktiken, die zur Ablehnung der Schwarzen Magie und zur Abgrenzung gegenüber der Weißen führten. Doch Schwarze Magie wurde bereits im alten Rom als besonders abscheulich angesehen. Auch hier waren es die Geheimnistuerei der Adepten und die besondere Grausamkeit mancher Rituale, welche die Ablehnung der Bevölkerung hervorriefen. Die Einteilung in gesetzliche und ungesetzliche magische Praktiken folgte den verschiedensten Kriterien, unter anderem dem Zweck des Rituals.

So war es beispielsweise erlaubt, die Zukunft aus den Eingeweiden von Tieren lesen zu lassen, wenn dies in der Öffentlichkeit stattfand. Dasselbe Ritual in der Intimsphäre des eigenen Hauses war verboten. Besonders schwer bestraft wurde es, wenn es sich gegen eine Person des politischen Lebens richtete, da dies als *crimen maiestatis* galt, als Vergehen gegen die Majestät des Kaisers. Versuchte irgendein Bürger, durch Hexerei einen Vorteil gegenüber einer Person zu erlangen, die ein öffentliches Amt bekleidete, so riskierte er nichts weniger als die Todesstrafe. Eine solche Gesetzgebung, welche die Todesstrafe gegen jene verhängte, die aus dem Wirklichkeitsverständnis ihrer Umwelt ausscherten, sollte es erst wieder unter dem Staufer Friedrich II. geben, der sie zunächst gegen Ketzer und dann zunehmend gegen Hexen einsetzte. Doch dies geschah erst gegen Ende des Mittelalters und zu Beginn der frühen Neuzeit.

Für den Augenblick wollen wir beim Römischen Reich bleiben, das den Völkerschaften, die es in sich aufnahm, niemals
seine Götter aufzwang. Diese Toleranz führte dazu, daß sich
fast überall im *Imperium Romanum* römische Götter mit den
bereits vorhandenen Kulten vermischten. Bis das Christentum
kam, den vorhandenen Pantheismus – sehr häufig auch mit Gewalt – verdrängte und als »heidnisch« abstempelte.

In Großbritannien beispielsweise trafen die römischen Er-
oberer bereits auf eine religiöse Mischform, die aus der ur-
sprünglichen Religion und dem Kult der Druiden erwachsen
war. Die Druiden waren die Priester der Kelten, die von den Römern und Griechen als Gallier bezeichnet wurden. Die Kelten
besiedelten damals Frankreich, Belgien, die britannischen In-
seln, den nördlichen Teil Spaniens und Italiens sowie den west-
lichen Teil Germaniens bis zum Rhein. Außerdem breiteten sie
sich über Süddeutschland bis nach Böhmen und in die Balkan-
staaten aus. London, Wien, Paris und Mailand sind Namen keltischen Ursprungs. Es ist vor allem die keltische Religion, die
sich in den magischen Praktiken des Christentums widerspiegelt. Die druidischen Zusammenkünfte sollten später die Bild-
welt des Hexensabbats entscheidend prägen. Ihre Druiden
führten geheime Rituale durch, bei denen es sogar zu Menschenopfern kam. Sie waren Wahrsager, Ärzte und Astrono-
men, deren Einfluß auf politischem Gebiet enorm war.

Leider wissen wir von den Riten der Druiden nur wenig. Sie
spielten sich wohl hauptsächlich an räumlich erhabenen Orten
oder in Eichenwäldern ab. Auch dieses Charakteristikum sollte
der Hexensabbat einmal erben: Die Zusammenkünfte der Hexen fanden meist auf Bergen und unter Eichen, Walnuß- oder
Kastanienbäumen statt.

Die Praktiken der Druiden überlebten am längsten in Großbritannien und vor allem in Irland, das heute noch als Land der
Elfen und Feen bekannt ist. Der griechische Historiker Strabon

überliefert uns, daß in Irland druidische Zauberer den religiösen Zusammenkünften vorsäßen und diese häufig in Orgien endeten.

Doch das Aufkommen des Christentums, das bald offizielle Religion wurde, beendete die bis dato praktizierte Toleranz. Für die Magie bedeutete dies, daß ihr Dasein von nun an von Illegalität und Heimlichkeit geprägt sein würde.

Im römischen Volk herrschte ja bereits eine gewisse »antimagische« Stimmung vor, die durch die Konversion zum Christentum noch verstärkt wurde. Bei den germanischen Völkern hingegen stieß das Christentum zunächst auf erhebliche Widerstände.

Die Riten der Germanen überlebten die Christianisierung in einem Synkretismus von keltischen, germanischen und christlichen Glaubensvorstellungen. Doch das Christentum traf fast überall auf starken Widerstand, so daß die alten Religionen Europas häufig sozusagen »im Untergrund« überlebten. Zwischen der offiziellen Religion, dem Christentum, und den magischen Praktiken der alten Religionen kam es zu einer Art stillschweigender Übereinkunft.

Diese Übereinkunft erlaubte es den Glaubensvorstellungen der missionierten Völker, sich trotz alledem weiterzuentwickeln und auszubreiten. Im übrigen hatten die Missionare nicht überall Erfolg.

In den Ebenen war es verhältnismäßig einfach, die alten Glaubensgewohnheiten auszurotten. In gebirgigen, schwer erreichbaren Gebieten hingegen gestaltete sich dies viel schwieriger, denn dort war die Zauberei tief verwurzelt. In diesen Gegenden konnte man magische Riten praktizieren, ohne Gefahr zu laufen, dabei ertappt zu werden. Denn die Magie war ja mittlerweile verbotenes Terrain und wurde immer mehr mit Zauberei und in einem letzten Schritt sogar mit Häresie gleichgesetzt.

Im Jahre 1484 eröffnete Papst Innozenz' VIII. Bulle den Kreuz-

zug gegen die Hexen, welche von nun an als Ketzerinnen galten,
da sie Satan als Gott anbeteten und also Gottvater und die Heilige Dreifaltigkeit leugneten. Dies stellte ein Vergehen gegen die
Majestät Gottes (*crimen maiestatis*) dar.

Diese harte und repressive Haltung des Papstes kam nicht
von ungefähr. In bestimmten Gegenden Germaniens wurden
immer noch rituelle Schadenszauber durchgeführt, die sich gegen Menschen, Ernten und Vieh richteten. Die päpstliche Bulle
rief die Dominikaner zu Hilfe, welche diese neue Form von
Häresie, die man Hexerei nannte, ein für allemal ausrotten sollten.

Das wichtigste Organ war dabei das Inquisitionstribunal,
das sich bis zu diesem Zeitpunkt nur um die Umtriebe von Ketzern wie Katharer, Waldenser oder Albigenser gekümmert
hatte.

Das Tribunal war von der katholischen Kirche 1231 ins
Leben gerufen worden, um Häretiker aufzuspüren. Vom Jahre
1484 an wandelte es sich zum Repressionsinstrument gegen
alle, die Magie praktizierten. Vor diesem Zeitpunkt betrachtete
man die Hexen (siehe den *Canon episcopi*) vor allem als arme
Frauen, die irgendwelchen Illusionen nachhingen, Träumen, in
denen sie sich auf den seltsamsten Tieren reitend durch die
Lüfte schwangen.

Der *Canon episcopi* ordnete an, daß der Beichtvater all jenen, die solche vom Teufel eingegebenen Träume für wahr hielten, nur »eine Strafe für ein ganzes Jahr« geben sollte (G. Bonomo). Der *Canon episcopi*, den man fälschlicherweise dem
Konzil von Ancira (314) zuschrieb, war in Wirklichkeit sehr
viel jünger. Er entstand etwa um 900 und wurde erst 1147 von
Gracian in sein Dekretum aufgenommen. Der *Canon* faßte zusammen, wie der Bischof sich gegenüber bestimmten Vorstellungen aus dem Volksglauben verhalten sollte. So manch einer
glaubte nämlich zu dieser Zeit an die »domina ludi« (Herrin

des Spiels), die eine Schar von Frauen leitete, welche ihre »wilde Jagd« in die einzelnen Häuser führte, wo sie überprüften, ob der Haushalt gut geführt wurde. War das einmal nicht der Fall, so verweigerte die Anführerin der Frauen ihren Segen, und das Haus mitsamt seinen Bewohnern war von nun an den bösen Geistern ausgeliefert und verfiel. Um sich des Wohlwollens der nächtlichen Schar zu versichern, deckte man den Tisch mit den feinsten Speisen für den Fall, daß die Herrin und ihr Gefolge sich stärken wollten. In dieser »domina ludi« (die später zum Teufel in seiner Eigenschaft als Herr des Sabbats werden sollte) lebten all die weiblichen Göttergestalten, welche die Große Mutter im Lauf der Zeit angenommen hatte, in einer zeitgemäßen Form weiter: die prähistorische Fruchtbarkeitsgöttin sowie Artemis und Diana als Symbolfiguren für den zunehmenden Mond, der ja nicht Hekate zugehörte.

In den Zeiten der Hexenverfolgung wurde die »domina ludi« mehr und mehr zum Dämon umgedeutet. Zuerst spielte sie beim Sabbat noch eine untergeordnete Rolle an der Seite des Teufels, doch mit der Zeit verschwand sie ganz und wurde vom Bild des Gehörnten ersetzt.

Wir können wohl annehmen, daß der Volksglaube an diese »Herrin des Spiels« bis zum Jahre 1000 oder 1100 ungebrochen existierte. Im Jahr 1400 war er dann vollkommen ausgerottet. Zwischen 1100 und 1400 veränderte sich diese Vorstellung dahingehend, daß man nun glaubte, die Frauen raubten Tiere, opferten sie und hauchten ihnen danach wieder neues Leben ein, indem sie den Balg des getöteten Tieres mit Stroh füllten und es durch magische Riten wiedererweckten. Den so Wiederbelebten gestand die Herrin danach noch eine ganz genau begrenzte Lebensspanne zu.

Aus diesen Tieropfern wurden im Hexenglauben dann die Menschenopfer des Sabbats, dem nun nicht mehr die »domina ludi«, sondern Satan selbst vorstand. Zu dieser Zeit hatte die

Inquisition es übernommen, sich um die Hexen und die Teilnehmer ihres Sabbats zu kümmern. Seit 1484, dem Jahr, in dem der Papst Hexerei mit Ketzerei gleichsetzte und ihre Verfolgung somit zur Aufgabe der Inquisition wurde, wurden wohl gut 300 000 Menschen auf dem Scheiterhaufen verbrannt. Wie hoch diese Zahl für damalige Verhältnisse ist, kann man sich in etwa vorstellen, wenn man sich vor Augen hält, daß Mailand um 1400 zwischen 40 000 und 80 000 Einwohner gehabt haben mag. Die Zahl der Getöteten illustriert, wie groß der Haß auf das Zauberwesen im allgemeinen und auf Hexen im besonderen zu diesem Zeitpunkt bereits gewesen sein muß. Denn tatsächlich überstieg die Zahl der verbrannten Frauen die der Männer bei weitem. Meist wird dieses Faktum durch die naturgegebene Feindseligkeit des Mannes gegenüber der Frau erklärt, die ihm Angst einjagt. Und die frauenfeindliche Haltung der katholischen Kirche tat sicher noch ein übriges dazu. Dies alles erklärt aber nicht das Phänomen der weiblichen Zauberei.

Die Mittel, die man damals anwandte, um Hexen aufzuspüren, sind für unser heutiges Empfinden durchweg »Unrecht«: Die Anklage blieb meist anonym, damit der Ankläger vor der Rache der Hexe geschützt blieb. Häufig genügte schon ein bißchen Gerede, um jemanden auf die Anklagebank zu bringen. In den meisten Fällen hatte das Opfer keinen Verteidiger, und wenn ihm wider Erwarten einer zugestanden wurde, so mußte dieser auf seine Worte achtgeben, um nicht selbst der Ketzerei angeklagt zu werden. Aus diesem Grund gab es auch niemals Zeugen zur Verteidigung der Angeklagten, da diese ihrerseits das Leben riskierten. Am stärksten gefährdet waren dabei die Angehörigen des Opfers, auch wenn sie nur entfernt mit ihm verwandt waren. Wurde das Opfer der Hexerei für schuldig befunden und zur Höchststrafe, dem Tod auf dem Scheiterhaufen, verurteilt, waren auch Angehörige in höchstem Maße verdächtig. Bei der Beweisfindung wurde ohne Unterschied des Altes oder Geschlechts die Folter eingesetzt. Nur schwangeren Frauen und solchen, die ihre eigenen Kinder stillten, blieb dieses Schicksal erspart. Doch auch dies war meist nur ein kurzer Aufschub, denn früher oder später konnten sie doch verhört werden, und damit war ihr Schicksal besiegelt.

Obwohl es mehr als eine Stimme gab, die sich gegen den hemmungslosen Gebrauch der Folter einsetzte, wurde diese sogar auf alte Frauen angewandt, die sie häufig nicht überstanden. Viele Frauen starben im Gefängnis an den ihnen zugefügten Qualen. Andere nahmen sich selbst das Leben, um weiteren Grausamkeiten zu entkommen.

Eines der am häufigsten eingesetzten Beweismittel war die »Wasserprobe«, ein Gottesurteil, das jüdischen und persischen Traditionen entstammt. Der der Hexerei verdächtigten Person wurde die linke Hand an den rechten Fuß gebunden und umgekehrt. Dann warf man sie in einen Bottich voll Wasser oder in einen Bach. Dies geschah gewöhnlich unter Anwesenheit vieler Personen, die als Zeugen fungieren mußten. Die gefesselten Opfer wurden mit einem Seil gesichert, bevor man sie ins Wasser tauchte. Diese Probe ging darauf zurück, daß – wie Plinius berichtete – Hexen auf dem Wasser schwimmen sollten.

Diese Methode wurde auch bei Dieben und Anhängern der Sekte der Manichäer angewandt. So wurden beispielsweise im Jahr 1114 einige Manichäer, die sich in Soissons niedergelassen hatten, der Wasserprobe in einem Trog unterzogen. Da ihr Oberhaupt mit Namen Clementius dabei nicht unterging, wurden alle zusammen lebendig verbrannt. In der Folgezeit geriet dieses Foltermittel eher in Vergessenheit. Erst während der Hexenprozesse in Deutschland, Italien und Frankreich erinnerte man sich dieser Technik wieder und setzte es diesmal nicht gegen Diebe oder Ketzer, sondern gegen Zauberer und Hexen ein. Diese Methode ließ dem Verdächtigen keinerlei Ausweg: Wenn er unterging, war zwar seine Unschuld erwiesen, dieser Beweis hatte den Probanden aber das Leben gekostet, da die Wasserprobe mindestens zehn, wenn nicht fünfzehn Minuten dauern mußte.

Ging der oder die Ärmste nicht unter und blieb also am Leben, starb er oder sie kläglich auf dem Scheiterhaufen, denn diejenigen, die nicht ertranken, waren ja als Diener Satans erkannt worden. »Warum Hexen schwimmen?« Auf diese Frage antwortet uns Adolfo Scribonio, ein Philosoph, der 1583 niederlegte, weshalb die Anhänger der Zauberei von leichterem Gewicht waren als andere Menschen: »Der Dämon, dessen Substanz geistiger und flüchtiger Natur ist, dringt in alle Körperteile des Adepten ein und überträgt seine Leichtigkeit auf diese. Daher wiegen sie weniger als Wasser und können nicht untergehen.« Andere wiederum meinten, daß die Hexen nicht sanken, weil der Teufel sie nach oben trage.

Natürlich erscheinen uns solche Gedankengänge heute absurd, aber offensichtlich war die Furcht vor Hexen damals so groß, daß die Menschen jede Gelegenheit wahrnahmen, um sich das Unmögliche irgendwie zu erklären.

Tatsache ist, daß dieses »Gottesurteil« gegen Hexen überall Anwendung fand. Erst im Jahr 1650 wurde es in Paris von der Ständeversammlung abgeschafft. Dem Pariser Beispiel folgten auch Italien und Deutschland. Doch diese Erleichterung war – wie so häufig, wenn es um das Delikt der Hexerei ging – in Wirklichkeit keine. Denn das Klima des Mißtrauens blieb, und wenn die Verdächtigen nicht auf dem Scheiterhaufen starben, dann häufig durch die Feindseligkeit ihrer Umgebung.

Hierzu ein historisch belegtes Beispiel:

Am 15. Juni 1696 kam in Montigny, einem kleinen Ort in der Nähe von Auxerre in Frankreich, eine Gruppe von Menschen, die von ihrer Umgebung der Hexerei verdächtigt wurde, zum Pfarrer und baten ihn, doch an ihnen die Wasserprobe im nahen Flüßchen Senin durchzuführen. Der Pfarrer willigte ein, und Hunderte von Menschen waren Zeugen folgender Szene: Die angeblichen Hexer wurden gebunden und ins Wasser geworfen. Doch zum großen Erstaunen der versammelten Menge gingen nur zwei unter. Alle anderen schwammen auf dem Wasser. Ein anwesender Chronist erklärte sich diese Tatsache dadurch, daß die Treibenden hauptsächlich magere Menschen gewesen seien. Doch die anwesenden Zeugen, verängstigt und überzeugt, daß so etwas nur »mit dem Teufel zugehen« könne, verlangten nun, daß diese Menschen verbrannt würden. Da die Wasserprobe aber von der Ständeversammlung per Dekret verboten worden war, blieb dem kaiserlichen Kommissar nichts anderes übrig, als die Nicht-Ertrunkenen aus der Gemeinde fortzuführen und in eine einsame Gegend bringen zu lassen, wo die angeblichen Hexer bald darauf – von allen verlassen – Hungers starben.

Wir haben diese Wasserprobe hier deshalb so ausführlich behandelt, um darzulegen, wie absurd und unlogisch nicht nur die Probe selbst, sondern auch das ihr zugrundeliegende Gedankengut war. Hexen waren in dieser Gesellschaft von vornherein zum Tod verurteilt, und um diesen ganzen Vorgang so zu gestalten, daß er dem Ankläger nicht allzu viele Gewissensbisse verursachte, erfand man die absurdesten Begründungen.

Aber die Wasserprobe war nicht das einzige Mittel, um eine der Hexerei Verdächtige mit letzter Sicherheit als Hexe zu erkennen. Das zweifellos wichtigste »Beweismittel« der Hexenprozesse war das unter der Folter erpreßte Geständnis.

Bodin, der bekannte Hexenrichter, rät seinen Kollegen in seinem Werk »Daemonomanie« von 1580, die Verdächtigen in die Folterkammer zu führen, wo sie verzweifelte Schreie hören sollten. Diese wurden von den Helfershelfern des Inquisitors ausgestoßen, um die Opfer glauben zu machen, es handelte sich dabei um den gequälten Aufschrei der Gefolterten. (Diese Methode wird heute noch eingesetzt. Sie erinnert an all die perfiden Mittel, welche von totalitären Diktaturen jeglicher Prägung ersonnen wurden, um Verdächtige zum Sprechen zu bringen. Es ist dies eine sehr wirkungsvolle Form der Beeinflussung, die gleichwohl des Menschen nicht würdig ist.) Zu den Foltern, die zum Erpressen von Geständnissen eingesetzt wurden, gehörte beispielsweise das Rad, auf das die Opfer gebunden wurden, um dann ohne Unterlaß im Kreis gedreht zu werden.

Frauen hängte man mit Vorliebe an die »strappada«, eine Art Flaschenzug. Man band die Opfer mit gefesselten Händen an ein Seil, das man sodann nach oben zog, wo es über eine Rolle lief. An diesem Seil wurde so oft gezogen, bis die Schultergelenke ausgerenkt waren, wobei die angebliche Hexe unendliche Schmerzen litt. Diese Prozedur wurde mehrfach wiederholt, da der Scharfrichter (oder ein Arzt) dem armen Opfer die Schultergelenke wieder einrenkte und es so von neuem für das Seil bereit machte. Um die Schmerzen zu verstärken, hängte man Gewichte an die Füße des Gefolterten (einer italienischen Hexe gar 50 Pfund). Die Hexen schrien um Gnade, baten Gott inständig, ihnen zu helfen, und flehten, heruntergelassen zu werden. Diejenigen, die nicht schrien, verzerrten das Gesicht in unerträglichem Schmerz. In diesem Fall hielt der Inquisitor in seinem Protokoll fest, daß die Hexe gelacht habe, was als eindeutiger Beweis dafür gelten könne, daß sie vom Teufel besessen sei.

Eine ebenso häufig angewandte Methode war die sogenannte »Feuerprobe«. Zu diesem Zweck hob man die Angeklagte vom Boden auf und stellte ihr ein Becken mit glühenden Kohlen unter die Füße. Wollte man nun von ihr ein Geständnis hören, ließ man sie gerade soweit herunter, daß die Füße das Feuer berührten. Dabei wurden die Füße und Beine vieler Frauen so verbrannt, daß sie nicht mehr laufen konnten. Anderen, so ein Beobachter, »fielen gar die Füße ab«. (M. Sanudo)

War die Angeklagte schon sehr alt, so legte man ihr ein Folterinstrument aus Holzstücken an, die mit einer Schnur zwischen den Fingern befestigt wurden (A. de Blasio), um damit die Blutzufuhr vollkommen abzuschnüren. Wurde die ganze Hand in dieses Instrument gequetscht, so nannte man es »Daumenschrauben«.

Oder man nahm die »Streckbank« zu Hilfe. Dieses Folterwerkzeug bestand aus einer dreieckigen Holzplatte mit vier Beinen, auf der das Opfer festgebunden wurde, so daß es sich nicht mehr bewegen konnte. Die Gliedmaßen wurden an Seile gebunden, die wiederum an einem Zylinder befestigt waren. Wurde dieser Zylinder gedreht, so wurden die Gliedmaßen des Opfers so lange »gestreckt«, bis die Gelenke nachgaben. Meist aber gestanden die Gefolterten schon vorher.

Die »Wache« verursachte eine schwere Störung im Schlaf-Wach-Rhythmus des Betroffenen und zerstörte so auch sein seelisches Gleichgewicht. Die Angeklagten durften vierzig und mehr Stunden lang nicht schlafen. Sobald sie einzuschlafen drohten, wurden sie mit dem Seil, mit dem sie gefesselt waren, wieder geweckt.

Man braucht wohl kaum extra zu betonen, daß die Widerstandskraft der so Verhörten ziemlich schnell nachließ.

Vor allem für Frauen reserviert war die »Nadelprobe«, bei der man den Körper der Angeklagten mit einem spitzen Instrument nach dem sogenannten »Teufelsmahl« absuchte. Denn jedermann glaubte, daß Satan seine Anhänger nach deren »Taufe« mit einem Mal zeichnete, um sie immer daran zu erinnern, wem sie angehörten. Zu diesem Zweck wurden die Opfer von den Inquisitoren sogar an den intimsten Stellen untersucht. Dieses barbarische Mittel wurde ebenfalls dazu benützt, die legendäre »taciturnitas« (Schweigsamkeit) der Hexen während der Verhöre zu brechen. Zauberer wurden für die Nadelprobe von oben bis unten kahl rasiert.

Viele der Verhörten starben bereits während der Folter oder

unmittelbar danach. Andere erhängten sich in der Zelle, um keine weiteren Grausamkeiten mehr erdulden zu müssen. Fand man einen der Hexerei Angeklagten tot im Gefängnis, so hieß es, der Teufel habe ihn erlöst, indem er seine Seele mitgenommen habe. Bei diesen Praktiken fragt man sich heute allerdings, wer die tatsächlichen Teufelsjünger waren: die Inquisitoren und ihre Handlanger oder die Gemarterten?

In jedem Fall hat die Heilige Inquisition eine Unmenge Toter auf dem Gewissen: Einige Wissenschaftler schätzen die Zahl der Opfer auf über eine Million! Ob diese Zahl stimmt, wird wohl für immer dahingestellt bleiben, doch sie vermittelt uns zumindest einen ungefähren Eindruck vom Umfang dieser Ausrottungspraxis, die im Namen eines Rächer-Gottes begangen wurde, welchen wir als moderne Christen wohl kaum noch als den unseren akzeptieren können. All diese Toten lasten als schwere Schuld auf dem Gewissen der Verantwortlichen und Beteiligten, die sich nicht abwälzen läßt.

Das wichtigste Handbuch der Hexenverfolgung war zweifellos der »Malleus Maleficarum«, der »Hexenhammer«, der – wie so viele andere – Frauen als Hauptverantwortliche des Hexenunwesens betrachtet. Der »Hexenhammer« wurde 1486 publiziert. Er war das Werk zweier Dominikanermönche, Jakob Sprenger und Heinrich Krämer (Institoris).

Doch wie konnte es überhaupt soweit kommen? Heute wissen wir, daß schon vor dem Jahr 1484 Zauberei als Delikt gegen den Glauben, als Ketzerei, betrachtet wurde, doch erst in diesem Jahr wurde diese Vorstellung zur allgemeinen Glaubensdoktrin, als nämlich Papst Innozenz VIII. seine Bulle mit dem Titel *Summis desiderantes affectibus* herausgab.

Bereits Johannes XXII. hatte diese Gleichsetzung von Zauberei und Ketzerei betrieben, als er mit seiner Bulle *Super illius specula* anordnete, daß Magier künftig exkommuniziert werden sollten. Er war es, der zuerst befahl, daß für die der Zauberei Überführten von nun an dieselben Gesetze gelten sollten, die für Häretiker Gültigkeit hatten.

Und trotzdem verfuhr die Kirche mit den magischer Praktiken Beschuldigten niemals so hart wie in den Jahren zwischen 1400 und 1600. Man erzählt sogar, daß derselbe Papst Johannes XXII. von der Realität magischer Kräfte so überzeugt war, daß er sich von der Gräfin Margherita di Foix sogar ein Ammonshorn (*cornu serpentinum*) geben ließ. Von diesem magischen Gegenstand (einer Versteinerung) glaubte man, daß er dem Träger anzeigen würde, ob das ihm vorgesetzte Essen vergiftet sei oder nicht.

Doch mit der Zeit breitete sich der Hexenhaß über ganz Europa aus, eifrig geschürt von der Inquisition. Im 14. Jahrhundert schickte man beispielsweise Prediger auf die Plätze von Dörfern und Städten, welche die Menschen aufforderten, jede Person anzuzeigen, die sich der Ausübung magischer Praktiken schuldig machte. Was jedoch die Menschen schließlich in ihrem Hexenhaß bestärkte, ob sie nun reich waren oder arm, von hohem Stand oder niedrigem, Landbewohner oder Städter, war eine Serie von Katastrophen, die im 14. Jahrhundert wie eine Kettenreaktion über die europäischen Länder hereinbrachen.

Unter ihrer Last wurde das gesamte Abendland in die Knie gezwungen. Da waren zunächst die Hungersnöte, die – auch wenn die Bevölkerung früher schon darunter gelitten hatte – zu dieser Zeit immer häufiger und schwerwiegender wurden. Die Ernten blieben aus, und das dadurch verursachte Leid bildete einen idealen Nährboden für den sich entwickelnden Hexenhaß. Dazu kam noch die soziale und politische Instabilität, die mit Aufruhr und Revolte sowohl in den Städten als auch unter der Landbevölkerung Einzug hielt.

Doch als sei es damit noch nicht genug, wurde das ohnehin schon zermürbte Europa zwischen 1347 und 1350 auch noch von der Geißel des Schwarzen Todes getroffen, der in immer

kürzeren Abständen eine Unzahl von Opfern forderte. Die Be-
völkerungszahl, von langen Hungersnöten ohnehin stark dezi-
miert, sank noch weiter. Der Rückgang war enorm. In manchen
Städten lebte gegen Ende des 14. Jahrhunderts nur noch die
Hälfte der Bevölkerung. In anderen blieb nur noch ein Drittel
der Bewohner übrig. Und die kleinsten und ärmsten unter den
Städten verschwanden für immer von der Landkarte.

Der aus dieser ungeheuer schwierigen Situation entstehende
seelische Druck entlud sich in einer Art kollektiven Psychose. Die
Menschen brauchten Sündenböcke. Zuerst richtete sich der
Volkszorn gegen die Juden, denen man vorwarf, sie hätten die
Flüsse mit verderbenbringenden Pulvern vergiftet und so zur
Verbreitung der Pest beigetragen. Doch ein wenig später fand der
Haß ein anderes Ventil: die allgemeine Jagd auf Hexen. In Ita-
lien beispielsweise wurden allein in der Region um Genua insgesamt fünfhundert Menschen auf dem Scheiterhaufen verbrannt.
Dabei war Italien noch das Land mit der geringsten Anzahl von
Opfern. Die führende Rolle nimmt hier zweifelsohne Deutschland ein. So wurden zum Beispiel »im Jahre 1651 in Schlesien innerhalb weniger Monate mehr als zweihundert Menschen als
Hexen verbrannt.« (G. Gabbat) An zweiter Stelle folgt Schottland. Und auch Frankreich lernte das schaurige Feuer der Scheiterhaufen kennen. Furcht und Schrecken regierten, und niemand
war mehr sicher vor jenen, die aus Eifersucht, Neid, Rache oder
anderen Beweggründen sogar Freunde und Verwandte denun-
zierten. Die Prozesse beruhten meist auf lügenhaften Verdächti-
gungen, und die Indizien erwiesen sich in den seltensten Fällen
als ausreichend für eine Festnahme. Doch ob es nun Beweise gab
oder nicht: Diejenigen, die einmal in die Fänge der Inquisition
geraten waren, kamen nur sehr selten mit dem Leben davon. Die
in der Folterkammer erpreßten Geständnisse besaßen für die
Richter einen hohen Beweiswert. Über die Realität der Hexerei
allerdings sagen diese Prozeßakten wenig aus.

Von den Hexen selbst wissen wir wenig. Wie so viele Unter-
suchungen bereits zeigten, haben sie uns keinerlei schriftliches
Zeugnis hinterlassen, so daß wir auf Schlußfolgerungen und
Annahmen angewiesen sind. Eines jedoch geht aus den Aussagen, welche die der Hexerei Angeklagten während der Prozesse
machten, klar hervor: Die Hexen waren sicher, daß bestimmte
magische Rituale Fruchtbarkeit, Tod, Gesundheit, Krankheit,
Dürre oder Regen bringen konnten. Und diejenigen, welche
ihre Hilfe suchten, waren von ihrer Macht überzeugt. Im übrigen hätte das Phänomen der Hexerei wohl kaum so lange überlebt, wenn die Mehrheit der Gesellschaft nicht bereit gewesen
wäre, daran zu glauben.

Die Ausübenden waren im übrigen fast durchweg Menschen
mit geringen Mitteln und von niedriger Herkunft, nur sehr wenige gehörten einer gehobenen Schicht an. Hingegen waren die
»Kunden« der Hexen meist eher wohlhabend. Doch gelangten
auch einige Hexen durch ihr Metier zu Wohlstand.

Ein Beispiel ist die Hexe von Berkeley. Diese gestand auf
ihrem Sterbebett, daß sie ihren ungeheuren Reichtum dem Teufel verdanke, dem sie dafür ihre Seele versprochen habe. Um
nun zu verhindern, daß der Teufel ihren toten Körper holte,
hatte sie angeordnet, ihn unmittelbar nach ihrem Tod in ein
Hirschfell einzunähen und in einen Steinsarg zu legen, der sofort versiegelt werden mußte. Danach mußten fünfzig Priester
drei Tage und drei Nächte lang die Messe lesen, um ihre Seele
zu retten, während weitere fünfzig Priester dasselbe für ihren
Körper taten. Doch in der dritten Nacht kam der Teufel. Er
brach, ohne sich von Priestern und Messen beeindrucken zu
lassen, die Siegel des Sarges und trug den Körper der Alten mit
sich fort. Man fand ihn nie wieder.

In England wurde unter Elisabeth I. 1563 ein Gesetz gegen
die Hexerei erlassen, welches besagte, daß alle, die sich der Magie bedienten, um Leid und Zerstörung zu bringen, mit dem

Tod bestraft werden sollten. Auf der Grundlage dieses Gesetzes wurden viele – vor allem alte – Frauen aufgrund vollkommen lächerlicher Beweise verbrannt. Doch es kam noch schlimmer. Jakob I. ersetzte nämlich den elisabethanischen Erlaß 1604 durch ein Gesetz, welches das Verhängen der Todesstrafe nochmals erleichterte. Er nahm sich höchstpersönlich des Themas »Hexen« an und verfaßte einen Traktat mit dem Titel »Daemonologie«. Erst sehr viel später erkannte er, daß die gerichtlichen Prozesse nun viel zu schnell und oberflächlich abgewickelt wurden. Daher ordnete er an, daß auf die Voruntersuchungen mehr Sorgfalt verwendet werden sollte, besonders wenn die Möglichkeit bestehe, daß der Angeklagte zum Tode verurteilt werde.

Unter Jakob I. bildete sich eine regelrechte Schicht von sogenannten »Hexenjägern« heraus, die nichts anderes mehr taten, als Frauen, Männer und Kinder wegen angeblicher Hexerei zu verfolgen. Wo sie sich aufhielten, verbreiteten sie unter der Bevölkerung Angst und Schrecken. Die Menschen lebten schließlich in einem Zustand ständiger Anspannung und Furcht.

Besonders der Rechtsgelehrte Matthew Hopkins tat sich durch seine Grausamkeiten hervor. Sein berühmtester Prozeß ist wohl der von Chelmsford. Doch allmählich begann auch sein Stern zu sinken, und die Menschen fingen an, sich gegen die grobe und menschenverachtende Art, die er in seinen Prozessen an den Tag legte, zur Wehr zu setzen. Schließlich zwang man ihn zum Rücktritt, und am Ende starb er unter höchst geheimnisvollen Umständen.

Mit der Thronbesteigung von Karl II. setzte ein Umschwung ein, auch wenn dieser sich nicht von heute auf morgen vollzog. Karl II. erklärte nämlich öffentlich, daß die Brutalität der Hexenprozesse ihn abstoße und er von der Existenz von Hexen ohnehin nicht überzeugt sei. Damit war der Wandel eingeleitet, und die Nachfolger von Karl bemühten sich weiterhin um eine von Vernunft geprägte Haltung in dieser Frage. Der letzte

Hexenprozeß Englands fand 1717 in Leicester statt, wo eine alte Frau und ihr Sohn angeklagt wurden, mit Zaubertränken Tod und Krankheiten zu verursachen. Die beiden wurden der bereits beschriebenen Wasserprobe unterzogen und vom »Hexenstecher« untersucht, der mit einem spitzen Instrument den Körper des Angeklagten untersuchte, um nicht schmerzende Stellen zu finden, die als Teufelsmale galten. Gewöhnlich zogen die mit dieser Methode gewonnenen Beweise die Todesstrafe nach sich. In diesem Prozeß in Leicester hingegen erließ das Berufungsgericht, nach Verurteilung in erster Instanz, einen Freispruch wegen mangelnder Beweise. Die Situation im Jahr 1717 war eben nicht mehr dieselbe wie im Jahr 1563. Im Jahr 1736 wurde das von Jakob I. erlassene Gesetz sogar ganz aufgehoben. Von nun an erhielten alle, welche der Hexerei für schuldig befunden wurden, nur noch eine einjährige Gefängnisstrafe.

Dieser Funke der Vernunft, der zuerst in England zündete, entwickelte sich bald zu einer gewaltigen Flamme, die ganz Europa erleuchten sollte.

In Schottland hingegen sollte es noch lange dauern, bis Hexenprozesse der Vergangenheit angehörten. Dort hatte sich die Hexerei allerdings zu einem sozialen Faktum ausgewachsen, das bis in höchste Kreise hineinreichte.

Lord Soulis beispielsweise war ein bekennender Anhänger Satans und hielt in seinem Schloß in Schottland regelmäßig schwarze Messen ab, die immer in Orgien endeten. Die düsteren Lichter seines Schlosses versetzten die Bewohner der umliegenden Dörfer so sehr in Angst, daß sie den Lord schließlich in siedendes Öl warfen. Und John Knox, ein mächtiger schottischer Kirchenmann, versuchte, mit nekromantischen Methoden den Teufel zu beschwören. Als dieser schließlich einem seiner Anhänger erschien, starb dieser vor Schreck.

In Deutschland fand der letzte Hexenprozeß im Jahr 1775 statt.

In Italien, Frankreich und Spanien wurden die Hexenprozesse immer seltener. Dem einsetzenden kulturellen und intellektuellen Fortschritt ist es zu verdanken, daß die Rechtmäßigkeit dieser Prozesse in immer zweifelhafterem Licht erschien, was allerdings dem Phänomen der Hexerei selbst ebenfalls jede Glaubwürdigkeit raubte.

Große Denker – Philosophen, Mathematiker, Historiker – taten sich zusammen und kämpften für eine der Vernunft gemäßere Betrachtung der Hexerei. So nahm die Zahl der zum Scheiterhaufen Verurteilten allmählich ab, und endlich wurden auch die entsprechenden Gesetze in jedem Land aufgehoben.

Doch das Mal der Unmenschlichkeit, das diese Urteile im Gewissen der Zeit hinterlassen haben, ist bis heute nicht getilgt. Denn die Schuld, die man damals auf sich lud, läßt sich weder rechtfertigen noch erklären.

Hexerei heute

Die Zentren der Hexerei sind dieselben geblieben: Irland und Schottland zählen immer noch dazu, zumindest ist der Glaube an Gnome und Feen in diesen Gegenden auch heute noch weit verbreitet.

In Großbritannien schätzt man die Anhänger des Hexenkultes auf etwa 10 000. Mehr davon gibt es in den USA. Ein bekannter Satanist lebt in San Francisco. Sein Name ist Anton Szandor La Vey, und er gibt sich als legitimer Nachfolger Aleister Crowleys aus, der Anfang dieses Jahrhunderts eine eigene satanische Sekte gründete. Mit seinen Anhängern bemühte er sich um eine Kommunion mit Satan. Dabei setzte er Drogen, vor allem Kokain, und orgiastische Praktiken ein. Er zelebrierte schwarze Messen und benutzte dabei als Altar eine Jungfrau, über die er das Blut rituell ermordeter Katzen und Hunde goß. Seine Hostie fertigte er aus dem Blut von Kindern und von Feinden des Satanskultes.

Crowley nannte sich selbst mit Bezug auf die Bibel »das Große Tier«. Seine enorme Anziehungskraft verhalf ihm zu großen Erfolgen bei den Frauen. Er ließ sich in Cefalu nieder, in einer Villa, welche er »Abtei von Thelema« taufte. 1923 verjagte man ihn von dort, da man ihn krimineller Machenschaften für schuldig hielt.

So erzählte man sich beispielsweise, daß er ein Kind, das spurlos verschwunden war, bei einer schwarzen Messe geopfert habe. Er floh nach England, wo ihn seine Anhänger zum Erben Satans erklärten. Dort starb er, kokainsüchtig und dem Wahnsinn verfallen, im Jahr 1947.

Auch sein Nachfolger Anton Szandor La Vey, der sich selbst zum »Schwarzen Papst« ernannte, praktiziert Schwarze Magie. Seiner Ansicht nach sind die höchsten Ziele im Leben des Menschen Befriedigung und Verherrlichung der sexuellen Triebe. Sein Hauptquartier befindet sich in Stein, einem Ort in der Schweiz. Doch das Netz seiner Zentren umspannt mittlerweile die ganze Welt: die USA, Frankreich, England, Deutschland, ja sogar Australien.

Die »Erste Kirche Satans«, die La Vey in San Francisco gründete, beeinflußte vermutlich auch Charles Manson sehr stark. Manson hielt sich für den »Menschensohn«, den »König der Engel des Abgrunds«, dessen Aufgabe es war, das Jüngste Gericht herbeizuführen. Seine vom Wahnsinn inspirierte Liste führte an erster Stelle der zu Tötenden alle »Schwarzen« und alle »Filmstars« auf.

Er war es, der die »Strafexpedition« gegen die amerikanische Schauspielerin Sharon Tate durchführte, die er mit einem aus sechs Messern gefertigten Instrument zerfleischte. Die ermordete Schauspielerin war zu diesem Zeitpunkt hochschwanger.

Ihr Mann, der berühmte Regisseur Roman Polanski, hat unter anderem einen hervorragenden Film über Satanskulte gedreht: *Rosemaries Baby.* In diesem Film bringt eine Frau den Sohn des Teufels zur Welt. Sie ist völlig ahnungslos und erleidet einen schweren Schock, als sie entdeckt, daß ihr Mann, ein wenig erfolgreicher Schauspieler, einen Pakt mit dem Teufel unterzeichnet hat, in dem er ihm im Austausch gegen Berühmtheit und Erfolg seine Frau als Mutter für dessen diabolischen Nachwuchs verkauft.

Die arme Sharon Tate wurde also das Opfer eines verrückten Verbrechers namens Charles Manson, der ihren Körper dem Satan opfern wollte. Diese Art von Opfern war in der Gruppe um Charles Manson nicht selten. Wenn es ihnen an menschlichen Opfern fehlte, töteten sie Tiere, um ihr Blut über kopulierende Paare zu gießen.

Fast alle satanisch geprägten Riten haben einen gewissen sexuellen Hintergrund. La Veys Motto beispielsweise war »Selbstverwirklichung durch Sünde«.

Der berühmteste Hexenmeister Englands ist Alex Sanders, der angeblich etwa hundert Sekten vorsteht.

Doch auch in Italien gibt es Satansverehrung. Rom und Turin sind bekannt für ihre satanischen Sekten. Dies geht sogar so weit, daß der Erzbischof von Turin einige Geistliche offiziell mit der Aufgabe des Exorzismus betraut hat.

Das einzige Element, das heutige Satansanbeter mit dem früheren Hexenglauben und seinen kultischen Wurzeln gemein haben, ist ganz offenkundig der Sabbat. Seine sexuellen Elemente wurden ihrer Qualität als Opfer an die Gottheit beraubt, welche sie in den antiken Traditionen noch auszeichnete, und zum Selbstzweck stilisiert. Losgelöst von einem Ritual, das so alt ist wie die Menschheit und voller subtiler Bedeutungsebenen, hat die sexuelle Komponente des Sabbats heute jeden symbolischen Gehalt verloren. Diese kollektiven Orgien haben mit der großen und reichen Tradition früherer Sabbatrituale nichts mehr gemein. Sie sind zu Szenarien trivialer Sexualität verkommen, Pervertierungen ihres früheren Symbolreichtums, Satansriten, in denen Mord nur ein weiteres Mittel ist, die eigene psychopathische Veranlagung auszuleben. Diese Praktiken bezeugen einzig und allein, daß die menschliche Bestialität keine Grenzen kennt.

Personen, Organisation und Riten des Hexenwesens

Die Hexe

Im folgenden werden wir die Hauptakteure des Schauspiels vorstellen, das den Titel trägt: »Hexerei«.

Wenden wir uns noch einmal dem *Canon episcopi* zu, in dem von den wilden Weibern erzählt wird, welche der »domina ludi« folgen. Es war dies eine Gemeinschaft von Frauen, die einer bestimmten, als übernatürlich betrachteten Gestalt folgten: In Italien hieß sie Diana oder Aradia, in Deutschland Bolda oder Perchta, in Frankreich Abundia oder Satia. Diese Frauen ritten, dem *Canon* zufolge, nachts auf Tieren durch die Luft, versammelten sich an bestimmten Orten, um dann aufzubrechen und die Häuser der Menschen zu inspizieren. Der *Canon episcopi* verurteilt nun nicht etwa diese Frauen, auch wenn er sie als »verwerflich« bezeichnet, sondern diejenigen, die solches »Zauberwerk« für wahr halten.

Der Name, den die Anführerin dieser Frauen in Frankreich trägt, »Abundia« (Überfluß) beziehungsweise »Satia« (Sattheit), erklärt sich übrigens aus der mit diesem Kult verbundenen Gewohnheit, die wir bereits erläutert haben. Um die »domina nocturna«, die nächtliche Herrin, geneigt zu stimmen, mußte man des nachts den Tisch wie für ein Festmahl decken. Denn wenn die Herrin der Nacht mit ihrem Gefolge erschien, um das Haus zu begutachten, erteilte sie ihm nur dann ihren Segen, wenn sie es schön ordentlich und sauber vorfand. Natürlich hat diese mythische Figur wenig mit dem Bild der Hexe zu tun, auf das wir während der Verfolgungen stoßen: eine Frau,

Der Ritt zum Sabbat

die Kinder verschlingt, Vieh tötet und Stürme hervorruft, welche die Ernten zerstören. Und trotzdem kann sie als ihre Vorläuferin gelten.

In Wirklichkeit haben wir es nämlich mit zwei Hexenbildern zu tun. Einmal mit dem der guten Hexe, das in seinen verschiedenen Ausformungen direkt auf den Kult der Großen Mutter zurückgeht und Figuren hervorbringt wie Diana, Aradia, Artemis, Huldie, Perchta, Abundia und Satia. Und zum anderen mit dem der bösen Hexe, das von der griechisch-römischen Mythologie beeinflußt ist und seine Wurzeln in der Figur der Hekate findet.

Und so entsteht aus der ersten die liebevolle, schöne Fee der Märchen, während aus der zweiten das Bild der häßlichen und böswilligen Hexe wird, das wir beispielsweise in »Dornröschen« wiederfinden.

So ist die deutsche »Huldie« jung und schön. In der Fee, die nur Gutes tut (sie ist die Schutzherrin der Spinnerinnen), spiegelt sich das Bild der »domina ludi« wider, die saubere und schmucke Häuser liebt und schmutzige, unordentliche Behausungen verachtet. Wer nun sein Haus in Ordnung hält, bekommt – wie Aschenbrödel – zur Belohnung einen Prinzen als Ehemann. Aber weil auch eine gute Fee einmal schlechter Laune sein kann, ist es wohl besser, sie mit einem leckeren Festmahl bei Laune zu halten.

Die andere Seite der Herrin wird uns im Bild der Hekate deutlich: Sie ist eine häßliche Frau, schmutzig, böse und unfrisiert, meist auch noch alt und faltig. Um sie schwebt eine Aura von Fluch und Tod. Mit ihrem Gefolge von Selbstmördern, Verbrechern und anderen verfluchten Seelen macht sie die Friedhöfe unsicher, immer begleitet vom Geheul der Hunde. Bei den Menschen ruft sie Angst und Schrecken hervor. Sie ist die »strix« (Schleiereule) der Römer, auf die der italienische Begriff für Hexe (strega) zurückgeht. Die Schleiereule ist ein Nachtraubvogel mit großem Kopf, hakenförmigem Schnabel und großen Klauen. Mit diesen Klauen, so sagte man ihr nach, raube sie Neugeborene aus der Wiege, um sie zu verschlingen.

Lange Zeit existierten diese beiden Hexenbilder nebeneinander, bis schließlich im späten Mittelalter beziehungsweise der frühen Neuzeit nur noch das der bösen Hexe übrigblieb. Im Rahmen dieser Entwicklung wird die »domina ludi« zum Satan dämonisiert. Im Zusammenhang mit der »nächtlichen Herrin« taucht der Name des Satans erstmals in Italien auf, und zwar in einem Hexenprozeß, den man 1390 in Mailand gegen eine gewisse Pierina Bugatis anstrengte. Diese gestand, daß sie zur Gefolgschaft der »Società del Buon Gioco«, das heißt zu einer Gefolgschaft der nächtlichen Herrin gehörte. Im ersten Verhör gab sie noch an, ihre Führerin sei »Madonna Horiente«, bei weiteren Verhören indes gestand sie, daß der wahre Herr dieser Schar der Teufel »Lucifero« beziehungsweise »Lucibello« sei.

In Wahrheit ist dieses Bild der unheilbringenden Hexe nichts weiter als eine Ausgeburt der allgemeinen Vorstellungskraft, mit dem sich das Volk die schmerzlichen Wechselfälle des Lebens wie Krankheit, Tod, Hungersnot und Dürrekatastrophen erklärte. Dabei dürfen wir allerdings nicht vergessen, daß die hervorragendsten Denker dieser Epoche an der Schaffung dieses Bildes eifrig mitwirkten. Die menschlich abstoßendsten Züge wurden dem Bild der Hexe von einem durchaus gelehrten Umfeld zugeschrieben.

Man warf den Hexen die verschiedensten Verbrechen vor. Das weitaus schlimmste war jedoch, daß sie angeblich Kinder töteten, um daraus magische Tränke und Salben zuzubereiten. Man warf ihnen auch vor, die Kinder zu verhexen oder zu vergiften. Um ungehindert ins Haus zu gelangen, bedienten sie sich ihrer »Hausgeister«. Dabei handelte es sich um Tiere, meist Katzen, die den Hexen bei ihren Unternehmungen behilflich waren.

So war beispielsweise eine gewisse Bellezza Orsini angeklagt, in Collevecchio, einem kleinen Ort in der Nähe von Perugia, Kinder verhext zu haben. Sie erzählte, daß sie sich einer Katze bediente, um in die Häuser der Betroffenen einzudringen. Dieser Katze mußte sie auf die Zunge spucken, damit die »Essenz« der Hexe auf die Katze übertragen werden konnte. So wurde die Katze zur Dienerin der Hexe. Danach sei die Katze in die Häuser geschlichen, habe mit den Pfoten die Kerzen gelöscht, damit die Hexe, die Katze auf der Schulter, in das dunkle Haus eindringen und dem Teufel und anderen Dämonen den Weg bereiten konnte.

Diese Hausgeister wurden den Hexen von Satan selbst zugeteilt, nachdem sie den Pakt mit ihm besiegelt hatten: Katzen,

Hunde, Hühner und auch andere Tiere. Die Figur des Hausgeistes war und ist in England und Schottland viel verbreiteter
als auf dem europäischen Festland. So berichtet beispielsweise
die Forscherin M. Murray, daß die Hausgeister von den Hexen
an der Brust genährt wurden. Zu diesem Zweck hätten sie eine
zusätzliche Brustwarze gehabt, mit der sie ihre Tiere fütterten.
»Allgemein glaubte man«, so Murray, »daß diese zusätzliche
Brustwarze, ein Charakteristikum englischer Hexen, durch das
Saugen erst entstehe.« »Wahrscheinlich ist aber vielmehr, daß
die Hexen eine zusätzliche Brustwarze als Zeichen übernatürli-
cher Kräfte betrachteten.« Der Hexenjäger Matthew Hopkins
behauptete gar, er habe eine Hexe einen Maulwurf stillen
sehen.

Auch mit dem eigenen Blut sollten Hexen ihre Hausgeister
nähren. Elizabeth Stile, die in England der Hexerei angeklagt
war, erklärte, daß sie auf diese Weise eine Maus namens Philipp
ernähre, einen ausgesprochen bösartigen Geist, der ihr Helfer
war.

Manchmal dienten die Hausgeister den Hexen auch zur Vorhersage der Zukunft. Gang oder Gestik des Hausgeistes unter-
richtete sie zum Beispiel über den Ausgang von Krankheiten.
Denn häufig war die Hexe auch die Heilerin beziehungsweise
Hebamme des Dorfes. In dieser Funktion geschah es sicher häufig, daß sie machtlos zusehen mußte, wie ein kranker Dorfbe-
wohner oder ein hungriges, von Qualen gezeichnetes Kind starben. Und es war so einfach, all die Angst und die Wut, die sich
in den Angehörigen aufstaute, an den heilkundigen Frauen aus-
zulassen, da es gegen die Krankheiten, die zu jener Zeit ganze
Landstriche verheerten, keine Heilmittel gab. Die Kindersterb-
lichkeit war enorm hoch, und manchmal genügte schon eine
ganz banale Krankheit, um den Tod der geschwächten Menschen, die meist auch die ärmsten waren, herbeizuführen. Auf
die Figur der Hexe wurde schließlich all die Angst projiziert, die

in einer von Hungersnot, Katastrophen und Pest gezeichneten Epoche zu einer kollektiven Psychose führten. Die Hexe wurde, wie wir bereits ausgeführt haben, zum Sündenbock gemacht, an dem all das ausagiert wurde, was die Gemeinschaft nicht akzeptieren wollte und nicht verstehen konnte.

Das erklärt auch, warum den Hexen so häufig vorgeworfen wurde, sie hätten Ernten vernichtet. Die Methoden, die ihnen dabei zugeschrieben wurden, reichten vom Verursachen von Stürmen und Hagelschauern bis hin zum Vergiften ganzer Felder, so daß diese keine Früchte mehr trugen.

De Lancre, ein berühmter Hexenjäger, behauptete, daß die Hexen, als sie die Äcker in Labord, einer kleinen französischen Stadt, mit Gift bestreuten, auf baskisch folgende Flüche murmelten: »Dies ist für das Getreide, dies für die Äpfel.« An die Weinstöcke hingegen hätten sie sich mit den Worten gewandt: »Du reifst zur Blüte, nicht zur Frucht.«

Der allgemeine Volksglaube schrieb den Hexen auch die Macht zu, dem Vieh zu schaden. Eine der Hexen gestand beispielsweise, sie habe eine Epidemie unter den Arbeitstieren eines Hofes herbeigeführt, indem sie Knochen von wilden Tieren unter der Schwelle des Stalles vergraben habe. Eine andere behauptete, sie habe dasselbe durch das Vergraben der Asche einer Schlange erreicht.

Nicht zuletzt sollten die Hexen fähig sein, einen bösen Geist in den Körper eines gesunden Menschen fahren zu lassen. In der Folge benahm dieser von einem Geist »Besessene« sich merkwürdig und wurde meist krank. In einigen Fällen waren die Opfer Klosterfrauen, die sich plötzlich auf der Erde wälzten und mit unmenschlicher Stimme brüllten. In Holland hatte es einen Fall gegeben, in dem verschiedene Kinder verhext worden waren. Nach der Geisteraustreibung durch einen Priester erbrachen sie Glasstücke, Nadeln und Stoffreste.

Eine traurige Berühmtheit erlangte in dieser Hinsicht der

Prozeß von Salem (Neuengland, USA) aus dem Jahr 1692, in dem drei Frauen angeklagt waren, Kinder verhext zu haben. Diese hatten unter schrecklichen Zuckungen die Namen der Ärmsten ausgestoßen. Bei der einen handelte es sich um die Dienerin einer reichen Familie, die zweite war eine Farbige von den Antillen und die dritte schließlich eine alte Frau aus dem Dorf. Alle drei wurden der Folter unterzogen und nannten angebliche Genossinnen und Genossen, worauf die Hexenjagd in Salem sich unaufhaltsam ausbreitete.

Ein weiterer bekannter Prozeß, in dem es um einen Fall von Besessenheit ging, fand im französischen Loudun im Jahre 1663 statt. Dem Angeklagten, Pater Urbain Grandier, wurde vorgeworfen, mit Hilfe zweier Höllengeister namens Asmodeo und Zabulone ein ganzes Frauenkloster in die Besessenheit getrieben zu haben. Grandier behauptete bis zum Schluß, er sei unschuldig, obwohl die Anklagepunkte schwerwiegend waren. Sie reichten von einfachem Ehebruch über Zauberei bis hin zur Verletzung der Sakramente. Er wurde lebendig verbrannt, was in der Bretagne höchst selten geschah. Normalerweise wurden Hexen enthauptet, bevor man sie auf dem Scheiterhaufen verbrannte. Doch mit dem Tod Pater Grandiers hörten die seltsamen Erscheinungen im Kloster nicht auf, und viele Schwestern blieben weiterhin besessen.

Im übrigen sind Kinder und Klosterfrauen für solche Phänomene ohnehin anfälliger. Kinder, weil sie noch äußerst leicht zu beeinflussen sind, und Nonnen, weil sie in der Abgeschiedenheit ihrer Klöster häufig Visionen erfahren und Erfahrungen außerhalb des Gewöhnlichen machen.

Man versuchte auch, Besessene von dem ihnen innewohnenden bösen Geist zu befreien. Zu diesem Zweck konnte die Person zum Beispiel ausgepeitscht werden, bis der unreine Geist sie verließ. Oder man band sie aufs Rad, das man dann solange kreisen ließ, bis der Dämon verschwand.

Neben diesen mehr oder weniger gewalttätigen Methoden, die für sich oder kombiniert angewendet werden konnten, gab es noch die Möglichkeit, den Dämon mit Bannformeln, Verwünschungen oder heiligen Objekten zu vertreiben. Er konnte auch gezwungen werden, in einen anderen Körper zu fahren, wie dies dem Exorzisten im gleichnamigen Film geschieht.

Im Mittelalter jedenfalls führte die Kirche Exorzismen durch, die vorwiegend aus Gebeten und magischen Formeln bestanden. Diese Behandlung dauerte ziemlich lange, und meist genügte eine einzige Sitzung gar nicht. Heute ist uns klar, daß das Phänomen der Besessenheit höchstwahrscheinlich Ausdruck einer Art Nervenkrankheit war. Auch eine Form von Epilepsie wäre möglich. Und das Sprechen mit einer anderen Stimme als der eigenen könnte ebenso das Werk von Bauchrednern sein, welche durch die Lande zogen und sich als Exorzisten ausgaben. Während des Rituals sprachen sie dann angeblich mit dem Geist, den sie aus dem Körper des Unglücklichen vertreiben wollten.

Was der Kirche aber an den Hexen am meisten Sorge bereitete, waren deren sexuelle Beziehungen zu ihrem Inkubus. Mit diesen Dämonen vergnügten sich die zum Sabbat angereisten Frauen in einer kollektiven Orgie, bei der auch die grundlegensten moralischen Regeln außer Kraft gesetzt wurden und die Sexualität auch vor dem eigenen Geschlecht nicht halt machte. Der Inkubus war dabei als männlicher, der Sukkubus als weiblicher Dämon gedacht. Die Kirche fühlte sich von diesen Beziehungen so sehr bedroht, daß es lange Debatten darüber gab, ob aus dieser Verbindung eine »Fleischesfrucht« erwachsen könne. Und auch wenn viele diesen Ideen ablehnend gegenüberstanden, so gab es doch einige, die es durchaus für möglich hielten, daß aus diesen Verbindungen monströse Kreaturen hervorgingen.

Auch besaßen Inkuben und Sukkuben die Macht, dem zu

verführenden Subjekt in allerschönster Gestalt zu erscheinen und dieses auf vielfältige Weise zu umgarnen. Es war schier unmöglich, diesen Geistern zu widerstehen.

Frater Sinistrari beispielsweise bezeichnete die Sünden der Wollust, die mit diesen Dämonen begangen wurden, als »demonialità«. Aus diesen Verbindungen gingen seiner Ansicht nach schreckliche Monster hervor, die zur Hälfte Mensch, zur Hälfte Tier waren. Man glaubte auch, daß es mehr Inkuben, also männliche Dämonen, gab als weibliche, da die Lüste der Frauen weit stärker seien als die der Männer. Häufig war es aber auch der Teufel, der den Frauen einen Inkubus zuwies, der sie fortan nicht aus den Augen lassen durfte und ihnen jeden Wunsch erfüllen mußte. Ihm oblag es auch, die Hexe darüber zu informieren, wann der nächste Sabbat gehalten wurde.

Kreaturen, die halb Mensch, halb Tier sind, können wir uns heute nur noch als Ausgeburt phantastischer Träume und Illusionen denken. Tatsächlich liefert uns eben Sinistrari (der sich im übrigen heftig für das Problem der Inkuben und Sukkuben interessierte) einen entsprechenden Hinweis, wenn er Teufel mit »duendes« (spanisch für Geister) oder »follets« (französisch für Gespenster) gleichsetzt. So erzählt er beispielsweise die Geschichte eines Inkubus, der sich in eine junge Frau verliebt hatte. Da sie erst vor kurzem geheiratet hatte, gab sie seinem Drängen nicht nach, obwohl er ihr in seiner schönsten Gestalt erschien. Daraufhin verwüstete er in seiner Wut das ganze Haus.

Diese und ähnliche Geschichten, die mehr in eine Märchenwelt denn in die Wirklichkeit passen, zeigen uns, daß der Inkubus wohl ein Kind der Phantasie ist. Entsprechend wurde sein Bild demjenigen antiker Satyrn und den Faunen nachgebildet. Auch diese waren halb Mensch, halb Tier, lebten in den Wäldern, und ihr Körper war von dichtem Fell bedeckt. Sie trugen Ziegenhörner, ihre Nase war platt, und sie hatten darüber hinaus noch Bocksfüße. Ihr Anführer war Pan, der Sohn des Merkur, der Gott der Herden und Hirten, von dem wir bereits gesprochen haben. Das Bild Satans in der mittelalterlichen Kultur übernahm von ihm viele Züge. Die Satyrn schließlich waren die Begleiter des Dionysos (des römischen Bacchus) und für ihre Wildheit berühmt.

Auch hier bezieht die Vorstellung von der Hexerei ihr wesentliches Inventar aus der antiken Mythologie.

Amulette und Abwehrzauber

Amulette waren seit jeher viel in Gebrauch. Sie dienten einerseits dazu, magische Praktiken zu unterstützen, andererseits wurden sie auch von jenen eingesetzt, die sich dagegen schützen wollten.

Das Kruzifix beispielsweise wurde den Kindern umgehängt, um sie vor dem Verhext-Werden zu schützen und Hexen abzuwehren, die sich nachts in riesige Raubvögel verwandelten, um die Kleinen mitzunehmen. Andererseits trugen auch diejenigen das Kreuz, die den Pakt mit dem Teufel zwar geschlossen hatten, aber am Ende verhindern wollten, daß er zum Zeitpunkt des Todes ihre Seele davontrug.

Das Kreuz mit der stärksten Wirkung gegen böse Geister wurde aus reinem Silber gegossen. Doch es gab auch Amulette aus Kräutern, die in Stoffsäckchen eingenäht waren. Ein Kraut, dem man die Kraft zuschrieb, Hexen und Dämonen zu vertreiben, war die Wein- oder Gartenraute (Ruta graveolens). Im Mittelalter glaubte man, daß es nichts Wirksameres gebe, um die Einflüsse des Bösen fernzuhalten. Da Satan im Volksglauben jener Zeit auch die Sterbestunde seiner Opfer festsetzte, wurde sie häufig gebraucht, um diesen Todesbann wiederaufzuheben.

Auch in ein kreuzförmiges Stoffsäckchen eingenähter Weihrauch konnte gegen Hexen schützen. Deren böswillige Angriffe wurden von Heiligenbildern, die man um den Hals trug, neutralisiert.

Ebenso gute Dienste leisteten in dieser Hinsicht Olivenzweige, Stücke einer geweihten Kerze oder Aloehölzchen. Gegen unmittelbare Gefährdungen von seiten Satans halfen das Kreuzzeichen und ein wenig Weihwasser.

Häufig benutzte man auch Knoblauch zu diesem Zweck. Gewöhnlich hängte man ihn ans Fenster, da er so vor Hexen bewahren konnte, die sich in Vampire verwandelt hatten. Gegen Hagelschäden schützte man sich, indem man drei Hagelkörner ins Feuer warf und ein Gebet an die Dreifaltigkeit sprach.

Doch auch in vorchristlicher Zeit gab es bereits Amulette, welche die Menschen vor den böswilligen Angriffen von Hexen behüteten. In Ägypten waren dies beispielsweise der Skarabäus und das Auge des Horus, des falkenköpfigen Gottes. Wohingegen es nach dem Aufkommen des Christentums durchaus gefährlich sein konnte, wenn man Amulette nicht-christlicher Prägung trug. In Schottland beispielsweise trug man traditionell bestimmte Anhänger. Wurde zur Zeit der Hexenverfolgung jemand mit einem derartigen Anhänger gesehen, so galt dies als unwiderlegbarer Beweis, daß er einer satanischen Sekte angehörte, da diese Anhänger »nicht von christlicher Geistesart« waren.

Auch die Kirche verfügte über Riten zur Abwehr von Zauberwerk. Deren magische Handlungen stützten sich meist auf die Bibel. So mußten zum Beispiel Inquisitoren, welche den »Zauber des Schweigens« brechen wollten, den manche Zauberkundige offensichtlich während der Folter ausübten, dafür sorgen, daß die Füße der Angeklagten den Erdboden nicht berührten (vor allem nicht, wenn es sich um Hexen handelte). Hexen durften nämlich den Boden nicht berühren, da sie sonst jeden getötet hätten, der sich in ihrer Nähe befand. Deshalb setzte man sie der Folter durch das Seil aus.

Doch auch Hexen verfügten über Formen des Abwehrzaubers gegen die Folter und ihre Schmerzen: So lösten sie einen »Memphit« genannten, pulverisierten Stein in ein wenig Wasser auf, was sie immun gegen Schmerzen machen sollte. Doch auch einfach in Wasser aufgelöste Seife bewahrte sie angeblich vor dem Ablegen eines Geständnisses.

Ein weiteres Mittel, um sich gegen die Folter unempfindlich zu machen, bestand darin, ein noch nicht getauftes Kind zu töten (da dieses den Einflüssen des Bösen hilflos ausgeliefert war) und es danach zu verbrennen. Mit der »Asche seines Körpers und seiner Eingeweide« (G. Bonomo) galt es dann, sich den ganzen Körper einzureiben. Hexen schufen ihre Amulette gewöhnlich aus Materialien wie Metallen, Kräutern, Haaren, Schnüren, Schamhaaren, Menstruationsblut und Sperma.

Bücher und Salben

Natürlich verfügten die Hexen über viele Geheimrezepte, um ihre magischen »Ziele« zu erreichen. Leider sind die Bücher, in denen diese Rezepturen festgehalten waren, fast durchweg verlorengegangen. Aber daß es sie gab, ist bereits für das alte Rom bezeugt. Nach P. Haining »enthielten diese aber vorwiegend Prophezeiungen und Zukunftsdeutungen«.

Zur selben Zeit lernten die Anhänger magischer Praktiken ihre Kunst aus dem »Tonalmatl« (dem Schicksalsbuch). In Europa hingegen wurde allem Anschein nach vor allem ein Buch benutzt, das man das »Buch der Herrschaft« (»Libro del Comando«) nannte. Doch auch wenn dieses Werk sehr häufig in den Hexenprozessen erwähnt wurde, so fand sich davon doch nicht die geringste Spur, so daß man heute allgemein annimmt, daß es sich bei diesem Werk um eine Ausgeburt der Phantasie handelt.

Ein anderes Zauberbuch hingegen ist uns erhalten geblieben: »Les secrets admirables du Grand Albert« (»Die wunderbaren Geheimnisse des Albertus Magnus«). Dieses ursprünglich Albertus Magnus zugeschriebene Werk wurde mit an Sicherheit grenzender Wahrscheinlichkeit in der zweiten Hälfte des 12. Jahrhunderts vom dominikanischen Bischof der Stadt Köln, dem heiligen Albanus, verfaßt und enthält gründliche Unterweisungen in Schwarzer Magie.

»Le petit Albert« hingegen wurde von Alberto Lucio Minore verfaßt und befaßt sich ausschließlich mit Nekromantie. Ein weiteres Zauberbuch des Mittelalters ist das auch heute noch in Bibliotheken erhältliche »La Grande Chiave del Re Salomone« (»Der Große Schlüssel König Salomons«), das mit Sicherheit nach dem Jahr 1300 entstanden ist. Darin geht es in erster Linie um Dinge wie Anweisungen zum Beschwören von Geistern, Sich-unsichtbar-Machen und so weiter.

Das Sprachrohr des Hexenwahns war das sogenannte »Libell«. In diesen als »Büchlein« bezeichneten Schmähschriften wurden alle Prozesse beschrieben und die Namen der Beteiligten genannt. Sie dienten auch zur öffentlichen Anklage einzelner Personen. Auf diese Weise konnte jeder, der wollte, eine andere Person der Zugehörigkeit zu einem Hexenkreis bezichtigen. Viele Menschen wurden erst aufgrund solcher Libelle vor Gericht gestellt und haben dabei ihr Leben verloren.

Sehr häufig finden sich in Büchern über Magie Rezepte zur Zubereitung sogenannter »Hexensalben«. Mit diesen Salben rieben Hexen sich am ganzen Körper ein, da sie glaubten, dann fliegen oder sich in verschiedene Tiere verwandeln zu können. Die Rezepturen dieser Salben sind meist höchst bizarr. Wir finden darin Blut oder Fett von Kindern, Pulver von zermahlenen Menschenknochen und nicht zuletzt eine Vielzahl unterschiedlicher Drogen. Von Wissenschaftlern, die sich mit dem Phänomen des nächtlichen Hexenflugs beschäftigen, wissen wir, daß solche Rezepte sehr häufig belegt sind. Die drogenhaltigen Bestandteile sind nicht selten bekannte Rauschmittel wie Opium oder Marihuana. Doch auch einheimische Drogen sind in diesen Pomaden enthalten, zum Beispiel Pflanzen aus der Familie der Nachtschattengewächse. Dazu zählen unter anderem Bilsenkraut, Belladonna und Stechapfel, durchweg Halluzinogene also. Diese Drogen gaukelten den Hexen vor, sie würden fliegen, während sie in Wirklichkeit tief und fest schliefen. Die angeklagten Hexen ebenso wie ihre Richter hielten einfach für Wirklichkeit, was in Wahrheit nur ein Traum war. Für uns ist hier nur wichtig, daß die Hexen selbst diesen Salben die Kraft zuschrieben, sie zum Sabbat und folglich zur Vereinigung mit Satan zu bringen. (Näheres dazu im Hauptteil des Buches.)

Die Hexen und der Pakt mit dem Teufel

Sehen wir uns nun einmal den Hauptdarsteller des Hexensabbats an: den Teufel selbst. Wer war Satan? Der Teufel, der den Schwefeldämpfen der Hölle entstiegen war, um an diesen Orgien teilzunehmen? Oder gar ein einfacher Mensch in der entsprechenden Verkleidung? Hier sollten wir uns erneut ins Gedächtnis rufen, daß der christliche Teufel nach dem Bild des antiken Gottes Pan, dem Sohn des Merkur, geschaffen wurde. Dieser war bis unterhalb der Gürtellinie Mann; darunter aber hatte er die Gestalt eines Bocks. Seinen Kopf zierten zwei Hörner, und sein Gesicht glich dem der Satyrn, die ihn auf seinen langen Streifzügen durch sein Reich des Waldes begleiteten. Er ist der Nachfolger eben jenes Waldgottes, der die Große Mutter von ihrem Platz verdrängte. Und Pans nachmittäglicher

Schlaf galt als heilig. Jeder, der es wagte, ihn zu wecken, zog die ganze Macht seines ungeheuren Zorns auf sich.

Das Wort »panisch« hat seine Wurzeln im Namen dieses Gottes, denn jeder, der ihm in den Wäldern begegnete, floh – vor Angst halb wahnsinnig.

Diesem Gott ordnete man die Freuden des Sexuallebens, ob allein oder mit Partnern, zu. Seine Wildheit glich der der Wälder, deren Herr er war. Sein Bild steht dem des Satans der Hexensabbate wohl am nächsten.

Doch auch die Satyrn trugen ihr Teil zu diesem Bild bei. Da wir darauf bereits eingegangen sind, soll hier nur erwähnt werden, daß das hauptsächliche Charakteristikum des Satyrs sein überdimensionaler Phallus war. Dies erklärt vielleicht, weshalb dem Satan später eine so ungeheure Potenz zugeschrieben wurde. Mehr als eine Zeugenaussage während der Prozesse bestätigt uns, daß Satan auf jeden Fall ein Mann war. So erklärte beispielsweise Alison Peirson, der 1588 in Schottland der Prozeß gemacht wurde, sie habe ihre magischen Fähigkeiten alle vom Teufel erhalten, welcher ihr erschien »in der Gestalt eines gewissen William Sympson, der ihr Vetter und ein großer Gelehrter und Doktor der Medizin in Edinburgh war.« (nach M. Murray)

Bei dem Prozeß der Marion Pardon in Hillswick (1644) wurde »bewiesen, daß der Teufel die Gestalt ihres Paten, des Ehemannes ihrer Amme annahm.« (nach M. Murray)

M. Murray berichtet beispielsweise auch, daß man in einem bestimmten Fall glaubte, der Reverend Allan Logan müsse der Anführer der Hexen sein, da er »so geschickt darin sei, sie zu erkennen«. Tatsächlich deutete er während der Messe mit dem Finger auf sie und verwies sie der Kirche.

Von Pierina Bugatis, die 1390 in Mailand auf der Piazza S. Eustorgio verbrannt wurde, erfahren wir, daß sie, wenn sie zum Spiel (Sabbat) gehen wollte, »den Geist Lucibello anrief, der ihr in Gestalt eines Mannes erschien, mit ihr sprach und ihr über alles Nachricht gab, was sie zu wissen begehrte.« (L. Muraro)

Anna Tretter aus dem Val di Fiemme sagt aus, den Teufel »in Gestalt eines häßlichen Mannes« gesehen zu haben. (L. Muraro) Und sie fügt hinzu, die Hand des Teufels sei groß, grob und kalt gewesen.

Dieses Detail der »groben« (vielleicht schwieligen) Hand ist für uns interessant, da es zeigt, daß der Teufel durchaus menschlicher Natur gewesen sein mag, nämlich ein Mann, der an schwere körperliche Arbeit gewöhnt war, ein Bauer vielleicht.

Daß der Teufel ein schwarzer und häßlicher Mann war, bestätigt uns eine weitere italienische Hexe namens Bartolomea. In einem anderen Prozeß gegen eine gewisse Benvenuta, genannt Pincinella, der in Nave bei Brescia abgehalten wurde, tauchte er hingegen als schöner, junger Mann auf. Eine genauere Beschreibung gibt uns Antonia Comba, der Giacobino, so der Name ihres Dämons, in Gestalt eines Mannes »von mitlerer Statur, ganz in Weiß gekleidet mit einem weißen Barrett« erschien. (L. Muraro) Dieser Dämon nun fragte sie, »ob sie mit ihm gehen wolle, er würde ihr viel Gutes tun, und wenn sie seine Liebe erwiderte, könne sie haben, was immer sie wolle…« (L. Muraro)

Anna Maria Sertora aus Poschiavo (Val di Fiemme), die 1675 in den Kerker geworfen wurde, antwortete auf die Frage des Richters, wer den Tanz (Sabbat) denn angeführt habe, so: »Der Teufel in Gestalt eines jungen Mannes.« (L. Muraro) Sie fügte hinzu, daß sie die anderen Teilnehmer nicht habe erkennen können, da sie »maskiert« gewesen seien. (L. Muraro)

Bei anderer Gelegenheit trug derjenige, der den Teufel verkörperte, verschiedene Masken. Er verkleidete sich mit Vorliebe als Tier, vor allem als Bock, doch es gab auch andere rituelle Verkleidungen, so zum Beispiel als Hund, als Kater oder

als Pferd. Diese Masken waren integraler Bestandteil der Insze-
nierung des Sabbats. Sie vermittelten den Teilnehmern den Eindruck, an einem höchst geheimen Ritual teilzunehmen, und
verliehen dem Teufel eine entsprechend übernatürliche (nicht-
menschliche) Gestalt. Doch es scheint, als sei die Tiergestalt des
Teufels beziehungsweise eine entsprechende Verkleidung bereits anderen Sekten eigen gewesen, bevor sie von der Sekte der
Hexen erneut aufgegriffen wurde. So erschien der Teufel bei
den Zusammenkünften der Albigenser gewöhnlich als Bock,
Kater oder Frosch.

Bei den Katharern hingegen tauchte er ausschließlich als Kater auf, was Alain de Lille, Doktor des Kirchenrechts, gar dazu
verführte, den Begriff Katharer vom mittellateinischen »catto«,
Kater, herzuleiten: »*Cathari dicuntur a catto, quia, ut dicitur,
osculantur posteriora catti, in cuius specie, ut dicunt, apparet
eis Lucifer.*« (Sie werden Katharer genannt, weil sie das Hinterteil des Katers küssen, als welcher ihnen – wie man sagt – der
Teufel erscheint.) (G. Bonomo)

Doch auch wenn es gewisse Ähnlichkeiten zwischen der kultischen Praxis der Katharer und der der Hexen geben mag, so
interessiert uns hier doch nur diese spezielle Kulthandlung.
Denn auch die Hexen übten den Anus-Kuß aus.

Der Begriff Katharer hingegen stammt von griechisch »ka-
tharos« – rein. Und sie wurden so genannt, weil sie ein reines
Leben predigten, das ganz gewiß keinerlei sexuelle Ausschweifungen wie den Hexensabbat kannte. Wir sehen daher keine direkten Verbindungen zwischen den Kulthandlungen der Katharer und denen der Hexen.

An dieser Stelle wollen wir nun zur rituellen Maske Satans
beziehungsweise der Person zurückkehren, die beim Hexensabbat Satan darstellte.

Eine etwas ungewöhnliche Verkleidung war die als Rabe.
Wir finden sie »in einem Prozeß aus dem Jahre 1474, der gegen

einige Hexen in Levone, einem Örtchen in der Region Cana-
vese« angestrengt wurde. »Einer von ihnen zeigte sich der Teufel« in ebendieser Form. Und wir erfahren, daß »er zum großen
Erstaunen der Exorzisten manchmal aus dem Körper eines Be-
sessenen als Rabe ausfuhr«. (G. Bonomo)

Auch die schwedischen Hexen von Mohra erklärten in dem
berühmt gewordenen Prozeß von 1669 bis 1670, daß einige
Teufel ihnen in Gestalt von Raben dienten.

Doch die am weitesten verbreitete Tiergestalt war sicher die
des Bocks. Santina Lardini, eine Hexe aus Sondrio, erzählte, sie
sei auf einem mit Hexensalbe eingeriebenen Stock zum »To-
nale« geritten (ein Ort, der ob seines großen Sabbats bekannt
war). Dort habe sie mehrere Personen tanzen sehen. Es sei auch
ein großer Herr anwesend gewesen, der sehr schön gekleidet gewesen sei, aber auf dem Kopf zwei Hörner getragen habe.
Außerdem habe er Bocksfüße gehabt. Wir sind der Ansicht, daß
der Teufel des Sabbats ein Mann war, der sich als Bock ver-
kleidet hatte. Hörner und Bocksfüße waren ganz offensichtlich
künstlich. Diese Bocksverkleidung war auch in Frankreich
ziemlich verbreitet. So versicherten drei Hexen und ein Zauberer aus Poitiers, daß sie sich dreimal pro Jahr zur großen Versammlung (Sabbat) begeben mußten, wo sie einem schwarzen
Bock begegneten, der wie ein Mensch sprach!

Im Avignon des Jahres 1581 hörte sich das so an: »Wenn er
kam, um sich anbeten zu lassen, tat er das nicht in Menschen-
gestalt.« Dieselben Hexen sagten des weiteren aus: »Sobald be-
schlossen war, daß er auf den Altar steigen und sich anbeten lassen würde, verwandelte er sich in einen großen, schwarzen
Bock. Zu anderen Gelegenheiten erschien er als Mann.« (nach
M. Murray)

In Puy-de-Dôme, das wegen seiner Sabbate berühmt war, sah
Jean Bosdeau, der von seiner Liebsten zur Zusammenkunft gebracht wurde, »einen großen, schwarzen Bock mit einer Kerze

zwischen den Hörnern«. (nach M. Murray) In dieser Hinsicht interessant ist auch die Aussage von Margherita aus Tesero. Sie gab zu Protokoll, daß sie einmal auf dem Heimweg von Cavalese, wo sie ihren Bruder Pietro besucht habe, am Ponte Lovaia Rast gemacht habe, weil sie so müde gewesen sei. Weil es heiß gewesen ist, sei sie eingeschlafen und habe im Traum plötzlich die Stimme ihrer Hexenmeisterin gehört, die mit jemandem gesprochen habe. Dadurch sei sie erwacht und habe gesehen, daß die Frau mit einem schwarzen Kind sprach, das die Füße einer Ziege gehabt habe. Dies sei der Teufel gewesen.

In Italien nimmt der Teufel häufig die Gestalt einer Katze an. In dieser Gestalt konnte er ohne Schwierigkeiten in Häuser eindringen, in denen Kinder lebten. In dieser Verkleidung öffnete er seinen Hexen das Fenster, so daß sie eindringen und den Kleinen Schaden zufügen konnten. Sie ritzten sie beispielsweise mit einer Haarnadel und saugten ihnen das Blut aus (Ligurien), bestreuten sie mit schadenbringenden Pulvern oder verhexten sie anderweitig, indem sie sie mit der Hand berührten.

Der erste Hexenprozeß Frankreichs fand 1563 auf der Kanalinsel Guernsey statt. Martin Toulouff, den man wegen des Verdachts der Hexerei eingekerkert hatte, bekannte, daß die Hexengruppe, der er angehörte, den Teufel in Form einer Katze verehre und ihr den Hintern küsse.

Auch ein gewisser François Secrétain erblickte 1598 den Teufel in Form einer Katze. Wenn er in dieser Gestalt auftauchte, wählte er fast immer die Farbe Schwarz. Aus diesem Grund glauben wir heute noch, daß es Unglück bringt, wenn eine schwarze Katze vor einem die Straße überquert. Und viele Menschen wechseln entweder die Straßenseite oder warten, bis jemand anderer sie überholt. Wir sollten auch nicht vergessen, daß die schwarze Katze zu den beliebtesten »Hausgeistern« der Hexe zählte.

1652 erklärte eine französische Hexe bei den Verhören, daß

der Teufel als schwarze Katze in ihre Kammer gekommen sei. Dort habe er sich in einen Mann verwandelt, der ganz in Rot gekleidet gewesen sei und sie zum Sabbat geführt habe. In Italien hieß es, daß zwei Katzen die Hexen, welche zum Sabbat fliegen wollten, in die Lüfte erhoben. Und auch andere magische Traditionen schrieben der Katze übernatürliche – meist teuflische – Kräfte zu. Diese Zuschreibungen färbten auf die Tiere ab. So mancher hält sie auch heute noch für böswillig und der Treue nicht fähig.

Doch auch der Hund mußte dem Teufel zum Sabbat häufig seine Gestalt leihen. Belege dafür finden sich unter anderem in Italien. Margherita, eine Hexe aus dem Val di Fiemme, erklärte folgendes: Sie habe unter dem Walnußbaum von Boschetti, wo viele Leute sich versammelt hätten, um am Hexensabbat teilzunehmen, den Teufel als schwarzen Hund gesehen. Bei anderer Gelegenheit gab dieselbe Margherita an, der Teufel habe sich ihr ganz allein als schwarzer und häßlicher Mann gezeigt. Daraus läßt sich schließen, daß der Teufel für wichtige Zeremonien seine Verkleidung wählte, während er sich bei weniger wichtigen Anlässen so zeigte, wie er wirklich war.

Giacomo Avinante erzählte bei seinem Prozeß in Tesaro, daß sich eines Tages, als mehrere Hexen sich im Haus ihrer Meisterin versammelt hätten, auch der Teufel in Gestalt eines »schwarzen Hundes« zu ihnen gesellt habe. Dieser »habe sich mit allen vergnügt und niemandem gestattet, den Raum zu verlassen«. (nach L. Muraro) Auch im Val di Fiemme, »unter dem Nußbaum der Kirche von S. Eliseo« erschien der Teufel als schwarzer Hund. (nach L. Muraro)

Auf der Insel Guernsey begab sich Isabel Becquet 1617 nach Rocquaine Castle, »wo der Teufel normalerweise den Sabbat abhielt. Sie war kaum angekommen, als der Teufel in Gestalt eines Hundes mit zwei großen Hörnern erschien.« (nach M. Murray) Joan Waterhouse hingegen »tat, wie sie es von ihrer

Mutter gelernt hatte. Sie rief Satan an, der als großer Hund zu ihr kam.« (nach M. Murray) In Brécy in Frankreich wurde 1616 ein Mann wegen Verdachts der Hexerei festgenommen. Bei den Verhören erklärte er ebenfalls, daß der Teufel zum Sabbat in Gestalt eines schwarzen Hundes erschienen sei.

Und die Ehefrau eines gewissen Barton sagte aus, daß der Teufel »eines Nachts, als wir zum Tanzen nach Pentland Hills gingen, ihnen als dunkles Hundevieh voranschritt und die Flöte blies. Mit dem Schwanz habe er dabei den Takt geschlagen ›ey wig wag wi wag‹«. (nach M. Murray) Diese Aussage belegt sehr deutlich die menschliche Natur des Teufels, der – sogar als Hund – die Flöte zu blasen weiß. Jonet Walson versicherte, daß der Teufel als schöner, grüngekleideter Mann zu ihr gekommen sei, daß er sie aber als schwarzer Hund wieder verlassen habe.

Auch die Witwe Margaret Hamilton wurde in den Kerker geworfen, da ihr der »Teufel als Mann erschienen war« und sie »als schwarzer Hund« wieder verließ. (nach M. Murray) Daß es sich hierbei durchweg um Verkleidungen handelt, liegt auf der Hand. An der menschlichen Natur des »Teufels« kann also kein Zweifel bestehen.

In Lausanne nahm der Teufel allerdings eine ziemlich ungewöhnliche Gestalt an: Er erschien als Esel. Auch in Italien gab eine Hexe an, den Teufel als kleinen Esel gesehen zu haben. Normalerweise gehörte diese Verkleidung allerdings nicht zum üblichen Repertoire. Giovanni delle Piatte, ein italienischer Zauberer, erläutert, weshalb das so ist. Der Esel, so hieß es, habe »das Kreuz getragen« (*portat crucem*) und spiele in der Bibel häufig eine besonders verehrungswürdige Rolle. Im Alten Testament beispielsweise ist er das einzige Tier, dem das Wunder der Sprache gegeben ist, wohingegen er im Neuen Testament mit seinem Atem das Jesuskind wärmt. Außerdem habe er auf seinem Rücken die Heilige Familie vor dem Wüten des Herodes nach Ägypten in Sicherheit gebracht.

Der Esel war dem Christentum also heilig. Im französischen Beauvais feierte man während des Mittelalters sogar den 14. Januar als Jahrestag der Flucht nach Ägypten.

Während dieser Zeremonie wurde ein Hymnus auf den Esel angestimmt. Und am Ende der Messe stieß der Priester dreimal einen Eselsschrei aus, und die Menschen antworteten ihm dreimal auf dieselbe Weise. (nach G. Bonomo)

Während des Hexensabbats fand auch die Aufnahme der neuen Schüler in den Kreis der Satansanhänger statt.

Nachdem der Novize oder die Novizin sich dem Teufel unterworfen und ihm gehuldigt hatten, besiegelte dieser den Pakt mit dem »Hexenmal«, einem Zeichen auf dem Körper des Adepten. Der Teufelspakt wurde wie ein richtiger Vertrag geschlossen, der ebenfalls mit einer Art Siegel bekräftigt werden mußte. Dieses Siegel war meist an den intimsten Körperstellen der Hexen versteckt. Aus diesem Grunde wurde ihnen beim Verhör das Schamhaar abrasiert. Dieses Siegel erhielten die neuen Adepten entweder durch eine Nadel oder von Satan selbst, der sie mit seinen langen Klauen ritzte, bis sie bluteten. Die Inquisitoren glaubten, daß die Körperstelle, an der das »Hexenmal« saß, unempfindlich gegen Schmerzen sei. Aus diesem Grund malträtierte man die Hexen mit einem Stichel oder einem anderen spitzen Instrument aus Eisen, denn es hieß, daß das Zeichen nicht blutete. Häufig fand man anstelle des Hexenmals eine überzählige Brustwarze. M. Murray, die große Hexenforscherin, erklärt uns dieses Phänomen: »Wie es heißt, trat aus der überzähligen Brustwarze Milch aus. Häufig schnitten die Hexen sie sich vor der körperlichen Untersuchung ab.«

Mit diesen überzähligen Brustwarzen nährten die Hexen ihre Hausgeister. Auch diese erhielten sie gewöhnlich vom Teufel, der damit nach der Aufnahmezeremonie ihren Pakt besiegelte. Da der Ritus geheim war, mußte eine den Sabbatteilnehmern bereits bekannte Person für den neu Aufzunehmenden »gutsagen«. Gewöhnlich war die Person, die die Novizen in den Kreis der Hexen einführte, eine gute Bekannte oder – weit häufiger – eine Verwandte. Das konnte die Mutter oder Tante sein, aber auch eine Nachbarin.

Manchmal wurde der Pakt auch schriftlich niedergelegt. Der Teufel behielt dann das mit Blut beschriebene Pergament, das ihm die Seele des Adepten sicherte. Hin und wieder gelang es der Obrigkeit aber, in den Besitz eines solchen Vertrages zu kommen. 1653 fand man zum Beispiel eine solche Schriftform bei Guillaume Edeline, dem Prior von Saint-Germain-en-Lay. In einem anderen Fall war es die Hexe selbst, die ihn dem Richter vorlegte: Stevenote de Andelbert zeigte De Lancre »den Vertrag, den sie mit dem Teufel geschlossen hatte, mit Menstruationsblut geschrieben und so abscheulich, daß er beim bloßen Betrachten schon Grauen einflößte«.

Doch was brachte die Hexen dazu, mit dem Herrn der Nacht einen Pakt einzugehen, der für sie Kerker, Folter und Scheiterhaufen bedeuten konnte, wenn sie entdeckt wurden? Und was versprach der Teufel ihnen für ihre Dienste? Eine gewisse Elizabeth Style erklärte, daß »der Teufel ihr Geld versprach und ein Leben voll der Freude und der größten Vergnügungen«. Wie sehr der Teufel sie betrog, entdeckten die Hexen erst, wenn sie im Kerker saßen und zum Tod auf dem Scheiterhaufen verurteilt wurden.

Sekte, Esbat und Sabbat

Nach M. Murray waren die Hexen in Zirkeln oder Gruppen zu je dreizehn Mitgliedern organisiert.

Der Ansicht dieser Ethnologin zufolge, die auch wir teilen, gehen diese Gruppen auf prähistorische Zeiten zurück. In jener fernen Epoche setzten sich diese Zirkel aus all jenen zusammen, welche dem Kult der Fruchtbarkeits- und Muttergöttin beziehungsweise dem Gott der Jagd huldigten.

Dabei blieb es sicherlich nicht immer bei der exakten Anzahl von dreizehn Teilnehmern. Gewiß ist aber, daß diese Gruppen von Männern oder Frauen mit charismatischer Ausstrahlung geleitet wurden. Die Zeugnisse sind in dieser Hinsicht eindeutig. Viele Hexen sagten aus, daß der Sabbat von einer Königin der Hexen angeführt wurde. Doch der Sabbat war nicht die einzige Gelegenheit, zu der die Hexen sich trafen. Neben dieser hochwichtigen Zeremonie gab es noch den »Esbat«, einen kleineren Sabbat, bei dem die normalen »Geschäfte«, das heißt Zauberstreiche, geplant wurden. Der »Esbat« war eine Versammlung geringerer Größe und wurde zweimal pro Woche abgehalten. Nur ein paar der Satansanhänger nahmen daran teil. Das Wort »Esbat« bedeutet »sich sexuell vergnügen«. Es kommt von altfranzösisch »s'esbattre«, herumtollen, was deutlich zeigt, daß diese Zusammenkunft als eine Art ausgelassenes Fest für die Teilnehmer gedacht war.

Auf dem Sabbat hingegen versammelten sich sämtliche Zirkel. Es handelte sich dabei um eine großangelegte Zeremonie, zu der im Schutz der Dunkelheit die Teilnehmer von überall her »anreisten«. Gewöhnlich fand er an abgelegenen Orten statt, etwa auf einsamen Berggipfeln, an in irgendeiner Form entweihten Plätzen, auf Lichtungen oder freien Plätzen, wo große Walnußbäume wuchsen.

Berühmt ist in Italien zum Beispiel der Nußbaum von Benevento, um den die Adepten der Hexenzirkel im Kreis tanzten, so daß das Stampfen ihrer Füße kreisförmige Spuren auf der Erde hinterließ. In der Nähe dieses Baums gab es einen kleinen Bach, der in einen Weiher mündete. Dort badeten unfruchtbare Frauen, und zwar in der Johannisnacht genau um Mitternacht, wenn sie Kinder empfangen und gebären wollten.

In Frankreich war der bekannteste Sabbatplatz der auf dem

Puy-de-Dôme in der Auvergne, in Schweden war es die Kirche von Blockula, die aussah, als verfüge sie über mehrere Räume und sogar eine Kapelle. In Belgien benutzten die Hexen einen langen unterirdischen Tunnel bei Godarville in der Provinz Hainault. In Deutschland war es der Brocken (»Blocksberg«), ein Felsgebirge im Harz, und in England Stonehenge.

Auch das Datum des Sabbats war je nach nationaler Tradition unterschiedlich. In Deutschland fand der Sabbat beispielsweise in der Walpurgisnacht statt, der Nacht vom 30. April auf den 1. Mai jeden Jahres. In Großbritannien hingegen wurde er viermal pro Jahr abgehalten: am Vorabend des 1. Mai (Road Day), am Vorabend von Allerheiligen, also am 31. Oktober (Allhalo), in der Nacht zum 2. Februar (Candlemas, Lichtmeß) und in der Nacht zum 1. August (Lammas). Dazu kamen später noch das Fest der Beltane im Sommer und das Julfest im Winter, wo jeweils Fackeln beziehungsweise Julscheite angezündet werden, und das kalendarisch bewegliche Osterfest. Die in Italien bevorzugten Daten stimmen mit den britischen bis auf eine Ausnahme überein: Statt in der Nacht zum 1. August feierten die italienischen Hexen in der Nacht zum 29. Juni. Der bevorzugte Wochentag für die Treffen war der Donnerstag.

Um sich zum Sabbat begeben zu können, mußte die Hexe zuerst Satan beschwören. Zu diesem Zweck zeichnete sie gewöhnlich einen Kreis auf den Boden. Sobald sie den Kreis betreten und eine Kerze angezündet hatte, mußte sie sich ausziehen und nackt mit der Kerze in der Hand niederknien und Satan anrufen. Manchmal ließ der Satan die Hexe aber auch durch einen seiner Boten rufen. In diesem Fall waren es die Hausgeister der Hexe, die ihrer Herrin rechtzeitig Bescheid gaben, wann der Sabbat stattfinden würde. Sobald der Tag gekommen war, zogen die Hexen sich aus und bestrichen sich den Körper mit Salben, die halluzinogene Drogen enthielten. Sodann ritten sie auf ihrem ebenfalls mit der Salbe bestrichenen Besen oder auf einem Tier (gewöhnlich dem verwandelten Hausgeist) zur Tür oder zum Kamin hinaus und begaben sich im Flug zum Sabbat, wo sie andere Hexen trafen, die aus den verschiedensten und zum Teil sehr weit weg gelegenen Orten kamen.

Doch nicht nur der Besen wurde mit der berühmten Hexensalbe eingerieben, auch Hocker, Holzbänke oder Stecken bestrich die Hexe. Sobald die Salbe aufgetragen war, erhoben diese Gegenstände sich in die Lüfte und trugen die Hexe, die darauf ritt, wohin auch immer sie wollte.

Eine der Hexen berichtete: »Der Teufel sagte ihr, daß sie die Bank nehmen solle, die sie im Hause habe. Als sie gehorchte, trug er sie mit der Bank zum Fenster hinaus…« (nach L. Muraro). Manche Hexen erzählten auch von ihrem Besenstiel, den sie mit Salbe bestreichen mußten. Das Bild von der Hexe, die rittlings auf dem Besen saß, beschäftigte die Phantasie der Menschen wohl am meisten. In Italien verteilt die Befana, die »Dreikönigshexe«, am 6. Januar ihre Geschenke für die Kinder immer noch, indem sie sich auf einem Besen von Dach zu Dach schwingt. Wenn sie ihre Gaben ins Haus gebracht hat, verschwindet sie durch den Kamin.

Sobald die Hexe an dem Ort angelangt war, wo der Sabbat abgehalten wurde, mußte sie den Teufel begrüßen und ihm ihre Demut und Hingabe beweisen. Zu diesem Zweck ließ der Teufel sich bestimmte Körperteile küssen. Meist war dies das Hinterteil, genauer gesagt der Anus (*osculum infame* oder Schandkuß). Hin und wieder ließ er sich auch das Glied küssen. Gewöhnlich saß Satan dabei auf einem Thron oder zumindest einem erhöhten Platz, von dem aus er die ganze Szenerie beobachten und alle Teilnehmer im Auge behalten konnte.

Wenn es Novizen gab, fand danach ihre Einweihungszeremonie statt, während derer sie in den Zirkel aufgenommen wurden, nachdem ein Mitglied der Gruppe für sie gebürgt hatte. Auch sie erwiesen Satan ihre Ehre. Danach wurden sie mit dem Teufelsmal gezeichnet, das sie als Angehörige der neuen Religion auswies.

Danach wurde der Neuankömmling getauft. Bei dieser Zeremonie erhielt der Novize einen neuen Namen. So berichtet eine Hexe namens Margret, daß der Teufel sie auf den Namen »Jonet« getauft habe. Die Taufe wurde durch Eintauchen in Wasser vollzogen und mit Flüchen und Verwünschungen bekräftigt. Manchmal wurde die Taufe nach dem zeremoniellen Leugnen Gottes und dem Bekenntnis zur neuen Religion Satans auch mit Blut vollzogen. So erzählt Isobel Gowdie, daß der Teufel ihr ein Mal auf der Schulter beigebracht habe, aus dem er ihr Blut gesaugt habe. Dieses Blut habe er ihr sodann über den Kopf gegossen und sie ebenfalls auf den Namen »Jonet« getauft.

Sobald diese für alle Teilnehmer bedeutsamen Rituale abgeschlossen waren, begann das Bankett. Dabei wurden alle Arten Fleisch und Süßspeisen gereicht. Bei manchen Banketten wurde kein Salz gereicht, aber dies war kein durchgängiger Charakterzug des Hexenbanketts. Hin und wieder tauchte Menschenfleisch als Nahrung auf, vor allem Fleisch von Kindern, die zuerst mit einem Zaubertrank betäubt und dann lebend, wenn auch ohne Bewußtsein, verschlungen wurden.

Nach dem Bankett wurde der Tanz eröffnet. Dieser begann normalerweise mit gewohnten Klängen, um sich dann aber in wüste Rhythmen zu steigern. Diese regten die Sinnlichkeit der Tänzer an, die sodann begannen sich auszuziehen. Der Tanz war eines der wichtigsten Elemente des Hexensabbats, da er auf die Orgien vorbereitete, denen die Teilnehmer sich schließlich hingaben. Häufig kam es dabei zu Kreistänzen um ein magisches Objekt wie einen Stein oder Baum.

Der Teufel persönlich führte den Tanz an, der meist nackt Rücken an Rücken getanzt wurde. Dies erregte die Teilnehmer,

so daß sie sich – ohne Berücksichtigung von Alter oder Geschlecht – körperlich vereinigten.

Der berühmte Hexenjäger Le Lancre beschrieb dieses Stadium so: »... der Vater entehrt die Tochter ohne Scham, die Mutter gibt sich ihren Söhnen, die Schwester ihrem Bruder hin.«

Sobald der körperlichen Seite Genüge getan war, bestiegen die Hexen – noch vor dem ersten Hahnenschrei – ihr Transportmittel und kehrten nach Hause zurück.

Nun ist natürlich nicht alles wahr, was über den Sabbat geschrieben wurde. Doch daß es sich beim Sabbat um ein Fest handelte, bei dem gegessen und getrunken wurde, dürfte unstreitig sein, da die meisten Zeugenaussagen in dieser Hinsicht übereinstimmen. Daß dabei tatsächlich Fleisch von Kindern verzehrt wurde, ist hingegen als äußerst zweifelhaft anzusehen. Im großen und ganzen kann man den Sabbat als Fruchtbarkeitsfest bezeichnen, das mehr oder weniger der Szenographie der antiken Feste zu Ehren der Großen Mutter folgt.

Auch hinsichtlich eines weiteren Punktes stimmen sämtliche Zeugenaussagen von Hexen vollkommen überein: die Kälte des diabolischen Penis. Dieser ungewöhnliche Umstand wurde zwar mehrfach hervorgehoben, doch nie befriedigend erklärt. M. Murray folgend können wir annehmen, daß die körperliche Vereinigung mit dem Teufel auf alte Fruchtbarkeitsriten zurückgeht, in denen die Eheschließung mit der Gottheit die Funktion hatte, die Fruchtbarkeit von Frauen und Feldern zu sichern. Außerdem geben sämtliche Hexen an, daß die Vereinigung mit dem Teufel ihnen Schmerz bereitet habe. Einige erklärten sogar, »des teuffls gemecht« habe sich angefühlt wie Fischschuppen oder wie Eis. Andere gaben an, daß der ganze Akt für sie enttäuschend gewesen sei. So berichtet eine Hexe aus Lorena, daß sie weder Testikel noch ein Skrotum wahrgenommen habe. Eine andere erzählt, daß der Penis immer hart gewesen sei, so als handele es sich um eine Dauererektion.

Aus all diesen Zeugenaussagen läßt sich nun schließen, daß das Glied des Teufels wohl ein künstliches gewesen ist. Im übrigen sollte man nicht vergessen, daß es sich bei dem Teufel des Sabbats höchstwahrscheinlich um einen verkleideten Mann handelte, der anfangs sicher noch in der Lage war, die Wünsche der Frauen zu erfüllen, die sich ihm hingaben, um ihre Fruchtbarkeit zu sichern. Doch mit den sich ständig vergrößernden Zirkeln hatte er wohl gewisse Schwierigkeiten, all den Begattungswünschen nachzukommen.

Also legte er sich einen künstlichen Phallus aus Metall zu. Und dieser war natürlich kalt.

Hexen und ihre Kunst

Der böse Blick, magische Handlungen, Zaubertränke

Der Begriff »böser Blick« bezeichnet die Fähigkeit der Hexen, nur durch einen Blick Krankheiten oder gar den Tod zu verursachen. Zu diesem Zweck sollten sie, so lehrte sie der Teufel, die Augen weit offen halten und so die betreffende Person ansehen, während sie gleichzeitig beteten, daß dieser Person im Namen des Satans Unheil geschehen möge.

Heute hält man den bösen Blick für puren Aberglauben. Nichtsdestotrotz gibt es viele Menschen, die dagegen Amulette tragen, welche die Form eines Hufeisens oder bestimmter unheilabwehrender Gesten nachahmen. Diese Amulette sollen, so der Volksglaube, Unglücksfälle abhalten, da sie die bösen Wünsche der Neider außer Kraft setzen, die man für das eigene Pech verantwortlich macht.

Um dieser Art von Verwünschung zu entgehen, muß der eigene Zauber stärker sein als der ursprüngliche Schadenszauber. Der böse Blick konnte auch gegen das eigene Milchvieh verwendet werden, so daß dieses aufhörte, Milch zu geben. Dasselbe galt selbstredend auch für stillende Frauen.

Dabei spielt natürlich das Phänomen der Autosuggestion eine nicht zu unterschätzende Rolle. Denn demjenigen, der sich vom bösen Blick betroffen glaubt, geschehen aufgrund seiner Überzeugung meist tatsächlich eine Reihe von Unglücksfällen und Merkwürdigkeiten. Darüber hinaus klopfen viele durchaus vernünftige Menschen auf Holz, wenn sie vom eigenen Glück sprechen, um so möglichen Neid zu neutralisieren.

Magische Riten unterscheiden sich gewöhnlich von einem Kulturkreis zum anderen. Das folgende Ritual stammt aus Großbritannien, doch wir möchten es hier vorstellen, da seine charakteristischen Züge sich in fast allen Kulthandlungen mit dem gleichen Hintergrund wiederholen.

Es geht hier um die Anbetung der Großen Mutter und des Gottes der Jagd. Vor allem zwei Merkmale sind bei diesem Ritual immer gleich: Zum einen spielt sich dieser Ritus immer im geheimen ab, zum anderen sind die Teilnehmer dabei durchweg nackt; beides Wesenszüge, die dieses Ritual mit dem Hexensabbat teilt. Zu diesem Ritual braucht man eine mit einem weißen Tuch bedeckte große Tischplatte, die auf Böcken ruht. Rund um diesen Altar zeichnet man mit Kreide einen magischen Kreis auf den Fußboden und achtet darauf, daß der Altar in der Mitte steht. Außen um den Kreis werden (nach P. Haining) »die kabbalistischen Zeichen der Zunft« gemalt, mittels derer die Götter herbeizitiert werden. Sodann werden vier Kerzen an den vier Kardinalpunkten des Kreises aufgestellt, um Süden, Norden, Osten und Westen genau zu bezeichnen. In einem Räuchergefäß zündet man Weihrauch an und stellt es neben die anderen Utensilien auf den Altar: »eine Peitsche, ein *athame* (ein kleiner Dolch), ein Drudenfuß aus Kupfer, ein Schwert mit langer Klinge und zwei Gefäße mit Salz beziehungsweise Wasser.« (nach P. Haining) Ein Mann oder eine Frau leiten das Ritual. Dabei gilt er als Repräsentation des Gottes der Jagd, sie hingegen als Symbolfigur für die Große Mutter. Die Nacktheit der Teilnehmer ist dabei unverzichtbar, da man glaubt, daß die Kleidung »die Emanationen des Körpers« (P. Haining) stört, welche den positiven Kräften helfen, sich zu manifestieren. Die magischen Formeln stammen aus dem »Book of Shadows« (Buch der Schatten), einem angeblich uralten Werk, welches die neu eingeweihten Priester nach drei Jahren Mitgliedschaft in einem der Zirkel für ihre Zwecke kopieren dürfen. Das Ritual selbst spielt sich in vier Phasen ab: »Segnung der Gläubigen, ritueller Tanz, Aufnahme neuer Schüler (falls vorhanden) und Gebete an die Götter für das Wohlergehen der Anwesenden.« (nach P. Haining) Zunächst wird der Kreis magisch aufgeladen, indem man ihn mit Wasser und Salz bestreicht. Danach stimmt der Hohepriester ein uraltes Gebet an: »Eko, eko, azarak, eko, za-melak, eko, eko, eko, eko.« Sodann fassen die Anhänger sich an den Händen und bilden einen zeremoniellen Kreis. Während sie um den magischen Zirkel tanzen, ruft der Priester: »Ich rufe euch, o Mächtige des Nordens, des Ostens, des Südens und des Westens. Kommt und nehmt teil an unserem Ritual, auf daß die hier Versammelten eures Schutzes teilhaftig werden.« Dann schlägt der Priester die Tanzenden leicht mit der Peitsche, da-mit die bösen Geister aus ihnen entweichen. Danach findet die Aufnahme der neuen Adepten statt, wenn es denn welche gibt: »Der Priester hebt den Dolch und wendet sich ihnen zu. Er ver-kündet der Gottheit, daß ein neuer Anhänger bereit ist, in ihre Reihen aufgenommen zu werden, und daß er des Segens harrt.« (P. Haining) Der Neuling tritt nackt in den magischen Kreis und stellt sich mit dem Gesicht zum Altar. Seine Augen sind mit einer Binde bedeckt. Der Priester ermahnt ihn, über die Myste-rien, die ihm offenbart werden, Schweigen zu bewahren. Der Übertritt wird durch ein paar Tropfen Blut aus einer winzigen Wunde am Finger bekräftigt. Der Neuling schwört, die neue Religion niemals zu verraten. Nachdem der Priester ihm nun das Schwert auf die Brust gelegt hat, gehört er zum Kreis der Eingeweihten. Doch zuvor erhält er noch den Willkommens-kuß auf die fünf gesegneten Teile des Körpers (Füße, Knie, Ge-nitalien, Brust und Lippen). Am Ende der Zeremonie bittet der Hohepriester die Götter darum, den Menschen alles Gute und den Frauen Fruchtbarkeit zu schenken. Eine ähnliche Zeremo-nie wird abgehalten, wenn ein Anhänger zum Hohepriester ge-weiht wird.

Während solcher Zeremonien werden häufig auch magische Handlungen durchgeführt, die dazu dienen, Kranke zu heilen. Wenn man sich diese Zeremonien einmal vor Augen hält, wird sofort klar, wie ungerechtfertigt die Jahrhunderte dauernde Jagd auf Hexen war, die ohne jede Unterscheidung häufig gerade jene verfolgte, die versucht hatten, mit ihren magischen Mitteln Leben zu retten.

Zur Heilung von Krankheiten dienten vor allem Zaubertränke und Dekokte aus Kräutern, über deren heilkräftige Eigenschaften gerade die Frauen damals noch gut Bescheid wußten.

Doch wurden diese Zaubertränke natürlich nicht nur zum Erlangen der Gesundheit eingesetzt. Sie dienten zum Beispiel auch als Liebestrank und bestanden aus den merkwürdigsten Ingredienzen: Menstruationsblut, Fledermausblut, Schwalben- oder Taubenherzen, Hasengalle, Haare und so weiter.

Nekromantie

Bei dieser schwarzmagischen Praxis, deren Wurzeln bis in die Antike zurückreichen, geht es darum, von den Toten Auskünfte über Vergangenheit, Zukunft und mögliche Schatzfundorte zu erhalten. Die Nekromanten versahen sich mit einer Leiche (mitunter wurde auch ein Opfer extra zu diesem Zweck ermordet) und nahmen die inneren Organe heraus. Sodann begaben sie sich mit der Leiche an einen unterirdisch gelegenen Ort und versuchten, den Geist des Toten zu beschwören, um von ihm die entsprechenden Informationen zu erhalten. Schließlich bemühten sie sich, den Toten wieder ins Leben zurückzuholen.

Wie wir bereits berichtet haben, wurde dieser Ritus auch von den Kaisern im alten Rom praktiziert.

Doch auch damals schon verdächtigte man die Nekromanten, die Toten illegaler Geschäfte wegen aus ihren Gräbern zu zerren beziehungsweise Menschen zu töten, um diese Form der Wahrsagerei auszuüben.

Die Nekromanten hatten aber noch ein anderes Problem: Nach der Zeremonie mußten sie die Seelen der Toten so schnell wie möglich aus dem magischen Kreis entfernen, da diese sie sonst mit in ihr unterirdisches Reich zogen.

Auch von dem Staufer Friedrich II., der im 13. Jahrhundert gelebt hatte, erzählt man sich, daß er die Nekromanten protegiert habe, ja selbst einer gewesen sei. Doch angesichts des miserablen Rufs dieser Zunft konnte eine solche Anschuldigung natürlich auch ein politischer Schachzug seiner Gegner sein.

So klagte beispielsweise Papst Johannes XXII. seine Kontrahenten, das Geschlecht der Visconti aus Mailand, aus politischen Gründen an, »nekromantische Praktiken« (G. Bonomo) zu betreiben, obwohl er sich selbst ausgiebig mit Alchemie und Zauberei beschäftigte.

Die Kunst des Wahrsagens

Die Wahrsagekunst dient in erster Linie dazu, die Zukunft zu beeinflussen und sie nach den eigenen Vorstellungen zu formen. Entsprechende Methoden gibt es viele. John Gaule nennt etwa fünfzig. Sehr beliebt bei Magiern waren zu diesem Zweck Spiegel, Kristalle und andere Dinge.

Thomas von Aquin und die Kirche im allgemeinen wandten sich sehr heftig gegen die Wahrsagekunst, da dabei teuflische Dämonen angerufen wurden und diesen die Fähigkeit zugeschrieben wurde, die Zukunft vorherzusagen. Da jede Form von Zukunftsdeutung ohne die Hilfe des Teufels unmöglich war, wurde sie bald als Hexerei verdammt.

So wurde zum Beispiel in Rom einer gewissen Porzia 1577 der Prozeß gemacht, da sie mit Hilfe eines magischen Spiegels, in dem ein Geist namens Gian Paolo wohnte, die Zukunft vorhersagte. Dieser Spiegel sagte ihr beispielsweise, welches Geschlecht ein Kind haben würde, wenn dieses sich noch im Mutterleib befand. Aber Gian Paolo verriet das Geschlecht des zukünftigen Kindes nur einer jungfräulichen Maid, die dazu in den Spiegel sehen mußte.

Eine weitere Form der Zukunftsvorhersage ist die Traumdeutung. Der Psychologie zufolge geht jedes Traumbild auf ein älteres Bild zurück, das tief im allen Menschen gemeinsamen kollektiven Unbewußten gespeichert ist.

Dies würde eine Erklärung für den weit verbreiteten Volksglauben darstellen, daß Träume die Zukunft weisen, ja sie manchmal regelrecht vorwegnehmen. Die Traumdeutung hat in Italien auch heute noch eine weitere interessante Aufgabe. Da jedem Traumsymbol eine Zahl aus dem Lotto zugeordnet werden kann, werden Träume wieder und immer wieder untersucht, um herauszufinden, welche Zahlen man spielen sollte.

Früher erschienen uns in Träumen häufig die Toten, um uns mitzuteilen, wo ein Schatz verborgen sei.

Eine weitere und ziemlich bekannte Technik der Zukunftsvorhersage ist das Kartenlegen, wobei versucht wird, die symbolische Bedeutung der Bilder zu erkennen.

Zu guter Letzt sei noch an das Handlesen erinnert, bei dem die Linien der menschlichen Hand studiert werden, in die das Schicksal des einzelnen eingeschrieben scheint.

Geisterbeschwörung, Levitation, Verwandlung

Die Geisterbeschwörung ist ein fester Bestandteil der Hexen-
kunst. Dabei werden gute beziehungsweise böse Geister herbei-
gerufen, um Macht über deren Kräfte zu erlangen. A. Bertolotti
schreibt dazu: »Die Geisterbeschwörung läßt sich bis in die Antike zurückverfolgen, wo sie noch Teil religiöser Praktiken war.«

So wurde in Rom beispielsweise eine gewisse Caterina Sicili-
ana der Geisterbeschwörung angeklagt. Man schrieb das Jahr
1557, und die arme Frau, eine alte Witwe, die auf einem Auge
blind war, wurde ausgepeitscht, nur weil man in ihrem Haus
Kümmelpulver, ein paar Magnetsteine und andere Dinge mit
vermeintlich magischem Hintergrund fand.

Dabei waren Geisterbeschwörungen und Zauberformeln bereits für den prähistorischen Menschen die einzig erkennbaren
Mittel, mit Hilfe derer er sich vor dem Wüten der ihn beäng-
stigenden Naturgewalten schützen zu können glaubte.

Und diese Art von Zauber sprach alle Menschen an – ob arm
oder reich, Bauer oder Stadtbürger. Im Mittelalter galt dann
derjenige als schuldig, der versuchte, seinen »sterbenden Sohn«
(P. Haining) zu retten, wohingegen eine Person, die mit magischen Mitteln versuchte, sich eine Frau gefügig zu machen,
straffrei ausging. Geisterbeschwörung wurde damals reduziert
auf die »Beschwörung von Dämonen«. (P. Haining) Daher galt
alles, was Gottes Wille jenen Teufeln zugestand, nachdem er sie
aus dem Himmel vertrieben hatte, als legal. Die Anrufung zu
diesem Zweck war folglich nicht unter Strafe gestellt. Wenn der
Mensch jedoch versuchte, den von Gott gewollten Tod zu verhindern, machte er sich schuldig und wurde dementsprechend
von der Gerichtsbarkeit verfolgt. Die Geisterbeschwörung war
also nur insofern strafbar, soweit die Dämonen angerufen wurden, um Dinge zu vollbringen, die »wider Gottes Ordnung«
(P. Haining) gerichtet waren.

Levitation bedeutet, sich aus eigener Kraft in die Luft zu erheben. Sie findet sich im Hexenflug zum Sabbat. Dank der Toxikologie wissen wir heute, daß die Berichte der Hexen über unglaubliche Flugerlebnisse wohl auf den Gebrauch gewisser Substanzen zurückzuführen sind, welche die Frauen zu sich nahmen, bevor sie sich zum Hexensabbat begaben. Diese Substanzen, die sich in Salben und Tränken fanden, welche die Hexen aus halluzinogenen Pflanzen selbst zubereiteten, verursachen lebhafte Traumvisionen. Zu diesen Pflanzen gehören Bilsenkraut, Tollkirsche, Stechapfel und andere Kräuter mit Drogenwirkung, die wir später ausführlicher behandeln werden.

Während eines Hexenprozesses erklärte eine Frau beispielsweise, sie habe sich im Flug zum Sabbat begeben, während in Wahrheit anwesende Zeugen bestätigen konnten, daß sie während der ganzen Zeit nur geschlafen hatte.

Tiefere Visionen mittels Drogen hervorzurufen ist bei den Schamanen Südamerikas eine verbreitete Praxis. Sie nehmen bestimmte Halluzinogene ein, um den für sie wesentlichen Zustand der Trance leichter herbeiführen zu können.

Was die Hexensalben betrifft, so haben wir bereits berichtet, daß ihnen auch die Kraft zugeschrieben wurde, Menschen in die verschiedensten Tiere zu verwandeln. Dieses Faktum konnte niemals bewiesen werden. Doch dazu später.

An dieser Stelle möchten wir nur, um den Leser nicht zu verwirren, noch erwähnen, daß diese Salben auch verwendet wurden, um Gegenstände wie zum Beispiel Besenstiele zu verwandeln. Es wurde also unzweifelhaft die Umwandlung von Gegenständen mittels Salben für möglich gehalten. Apuleius, ein römischer Schriftsteller des 2. Jahrhunderts n. Chr., beschreibt zum Beispiel in seinem »Buch der Metamorphosen«, wie ein gewisser Lucius, nachdem er sich mit Zaubersalbe eingerieben hat, in einen Esel verwandelt wird und nicht in einen Vogel, wie er es sich gewünscht hatte.

Die Zaubersalbe ist also ein sehr altes Mittel, um magische Ziele zu erreichen, und es kann davon ausgegangen werden, daß alle, die sich mit Zauberei beschäftigten, dieses Mittel kannten.

Wenn wir schon von Verwandlungen sprechen, darf ein berühmtes Beispiel nicht außer acht gelassen werden: der Zauberer Merlin, der sich angeblich in jedes nur erdenkliche Tier verwandeln konnte (wofür es keinerlei Beweise gibt). Auf diese seine Fähigkeit nimmt ein Film von Walt Disney Bezug, nämlich *Merlin und Mim*. In diesem Film findet ein gewaltiger Zauberkampf statt, in dem Merlin und seine Gegenspielerin Madame Mim sich gegenseitig bekämpfen. In diesem magischen Duell verwandeln die Kontrahenten sich in die verschiedensten Tiere wie etwa Krokodile, Hasen, Katzen und Mäuse. Es geht darum, den anderen zu besiegen und sich von den Kräften des Gegners nicht unterkriegen zu lassen. Doch in diesem Fall findet die Verwandlung natürlich nicht mittels Salben statt, sondern geht einzig und allein auf die übernatürlichen und phantastischen Kräfte der beiden Magier zurück.

Werwölfe und Vampire

Daß Hexen vielerlei Gestalt annehmen konnten, ist uns bereits bekannt. Der des Wolfs kam dabei besondere Bedeutung zu. So schreibt P. Haining: »Im mittelalterlichen Deutschland gab es viele Prozesse, bei denen man den Angeklagten vorwarf, sie seien nachts in Wolfsgestalt durch die Behausungen gestreift, um Kinder und alte Menschen zu rauben und aufzufressen.« Um sich in einen Wolf zu verwandeln, mußte man – in ein Wolfsfell gehüllt – im Licht des Mondes einen Zaubertrank zu sich nehmen. Auch diese Vorstellung ist sehr alt und findet sich heute noch bei den Völkern schamanistischen Glaubens. Diese schreiben ihren Schamanen die Kraft zu, sich in Tiere wie zum Beispiel Panther zu verwandeln.

Aber warum gerade der Wolf? Vielleicht, weil eine Welt, deren Ursprünge in einer Gesellschaft von Hirten und Bauern liegen, gerade in diesem Tier den Inbegriff des Bösen sah, riß es doch Schafe und biß ihnen die Kehle durch. Eine ganze Reihe von Märchen wie beispielsweise »Rotkäppchen« zeichnen den Wolf als böses Tier, das Kinder und alte Menschen verschlingt. Der Wolf ist eine düstere Gestalt, die heute noch Angst einjagen kann. Außerdem ließ dieses Tier – anders als der Hund – sich im Lauf seiner Geschichte kein bißchen zähmen. Er ist und bleibt ein Bewohner der Wälder, jener furchteinflößenden Wälder, in denen die Hexen ihre Zusammenkünfte abhielten.

In seinem Traktat über Wolfsmenschen »De la Lycantropie«, der 1615 erschien, berichtet Jean de Nynauld die Erlebnisse eines Waldbewohners. Dieser trennte im Kampf mit einem Wolf diesem ein Bein ab, worauf die Bestie sich in eine Frau verwandelte, der ein Arm fehlte. So kam der Mann zu dem Schluß, daß dies eine Hexe gewesen sei. Peter Stubb wurde 1589 in Köln »lebendig gehäutet« (nach P. Haining), weil er gestanden hatte, daß er sich mit Hilfe eines magischen Gürtels in einen hungrigen Wolf verwandeln konnte, der alles verschlang, was sich ihm in den Weg stellte.

Doch die Hexen konnten sich nicht nur in Werwölfe verwandeln. Auch das Vampirwesen zog sie an. Vampire sind Nachtwesen, die tagsüber ruhen. Man sagt, daß sie sich im Licht der Sonne in Staub verwandeln. Aus diesem Grund wird der Vampir meist als Fledermaus dargestellt. Da das Licht der Sonne ihm schade, soll der Vampir den Tag in dicht geschlossenen Särgen zubringen, in die auch nicht ein Lichtstrahl dringt. Auch die Fledermaus ruft bei den meisten Menschen Angst und Abscheu hervor. Vielleicht liegt das eben daran, daß sie mit dem Nachtwesen Vampir in Verbindung gebracht wird. Von diesen glaubt man, daß sie nachts auf die Suche nach menschlichen Opfern gehen, denen sie das Blut aussaugen, das ihnen als Nahrung dient.

Der Volksmund hält sie für Tote, die ins Diesseits zurückkehren, um neue Adepten für das Heer der Nacht zu suchen. Um einen Vampir zu töten – so heißt es –, sei es nötig, ihm einen angespitzten Pflock ins Herz zu treiben, während er in seinem Grab ruht.

Filme zu diesem Thema gibt es in rauhen Mengen. Die berühmtesten drehen sich um den Grafen Dracula und seinen düsteren Hofstaat. Doch der gesamte Vampirglaube ist wohl nichts weiter als Aberglaube, auch wenn er uralte Wurzeln aufweist. Tatsächlich führt er uns zurück in die Zeit, als die Römer noch glaubten, daß die *striges,* die Nachtvögel wie Uhu und Eule, fähig seien, Kinder zu rauben und ihnen das Blut auszusaugen. Wie wir wissen, führte diese Vorstellung dazu, daß man Hexen lange Zeit für Vampire hielt.

Um sich vor diesen Nachtgeistern zu schützen, unter deren Federkleid sich Hexen oder Vampire verbargen, benutzte man Knoblauch. Und bei einem unerwarteten Angriff galt es, das Kreuz zu schlagen.

Magie und schwarze Messen

Das Phänomen der Hexerei geht, wie Murray schlüssig nachgewiesen hat, auf einen prähistorischen Fruchtbarkeitskult zurück, der die Anbetung der Großen Mutter zum Inhalt hat. Die zugehörigen Riten enthielten durchweg Elemente, die sich später im Instrumentarium der schwarzmagischen Kunst wiederfinden, so zum Beispiel die rituelle Nacktheit, die körperliche Vereinigung mit dem Teufel, den Schadenszauber und den blasphemischen Gebrauch bestimmter heiliger Objekte. Viel später erst kommt dazu noch die entweihende Parodie der heiligen Messe, die sogenannte schwarze Messe, dazu. Für die Schwarze Magie wird sie zum bestimmenden Ritual. Zu ihrer Ausführung sind ganz bestimmte Objekte nötig wie eine Matratze zwischen zwei Stühlen, Kerzenleuchter und so weiter.

Außer der Nacktheit gilt im Hexenwesen auch das Vergießen von Blut als hochgradig mit Magie befrachtet. Für die schwarzen Messen aber darf es nicht das freiwillig vergossene Blut der Hexen sein. Hierzu ist das Blut eines getöteten Opfers nötig. Denn Satan liebt das einem brutalen Mord entstammende Blut.

Katherina von Medici war die erste, die in Europas Herrscherhäusern offen die schwarze Messe praktizierte. Glaubt man den Aussagen Bodins, eines bekannten Hexenjägers, in seinem Buch »Démonomanie des sorciers« von 1587, so tat sie dies vor allem, um den Grund für die schwere Krankheit ihres Sohnes Karl IX. zu erfahren und ein entsprechendes Gegenmittel zu finden. Dabei schreckte sie auch vor den größten Abscheulichkeiten nicht zurück. So ließ sie zum Beispiel einem Kind auf dem Altar die Kehle durchschneiden. Danach postierte man dessen Kopf auf einem Tisch und zündete rundherum Lampen an, auf denen aromatische Substanzen verbrannt wurden. Vor diesem grausigen Schauspiel zelebrierte man sodann die schwarze Messe, während derer Katherina den Teufel beschwor, um von ihm die Natur von Karls Krankheit zu erfahren. Ihr Sohn starb trotzdem, und die Legende behauptet, daß er auf seinem Totenbett ununterbrochen rief: »Nehmt diesen Kopf von mir weg!«

Ein anderer Typus von schwarzer Messe wurde bei der in Paris stadtbekannten Hexe La Voisin abgehalten. Diese hieß in Wirklichkeit Catherine Deshayes und wurde ins Gefängnis gesteckt, weil man sie verdächtigte, alle für sie gefährlichen Augenzeugen mit Gift zu beseitigen. Die schwarzen Messen zelebrierte sie für die Marquise de Montespan, der sie die Gunst

Ludwigs XIV. zurückgewinnen sollten. Dieser hatte sie nämlich ihrer Rivalin Angélique de Fontanges wegen verlassen. Da der König zu Madame de Montespan zurückkehrte, glaubte man allgemein, die schwarze Messe habe ihre Wirkung getan. Was im Hause La Voisins wirklich geschah, berichtet uns La Reynie, ein Leutnant der französischen Polizei, der die Zeugenaussage von La Voisins Tochter Marguerite aufnahm: »Die Tochter der Voisin sagte aus, im Haus ihrer Mutter seien des öfteren solche Messen abgehalten worden. Abbé Guibourg habe sie zelebriert und dabei einen menschlichen Leib als Altar benutzt. Sie selbst mußte ihrer Mutter helfen, alles Nötige für eine derartige Zeremonie vorzubereiten: eine Matratze zwischen zwei Stühlen und zwei Hocker an den Seiten, auf denen die Leuchter aufgestellt wurden. Dann erst trat aus dem Seitenkabinett Guibourg ein. Er trug sein weißes Meßgewand, das zu dieser Gelegenheit mit schwarzen Tannenzapfen geschmückt war. Nun führte die Voisin die Frau herein, auf deren Körper die Messe abgehalten wurde.«

Und weiter: »Ich habe solchen Messen beigewohnt. Dabei lag die Frau nackt auf der Matratze. Ihr Kopf hing ein wenig nach hinten, wurde jedoch von einem Kissen gehalten, das man auf einen umgedrehten Stuhl gelegt hatte. Sie hatte die Beine weit gespreizt, ihren Bauch bedeckte ein Leintuch. Das Kreuz stand etwa auf Höhe ihres Magens, der Kelch hingegen mehr auf dem Unterbauch… Während der Messe für Madame de Montespan trug man plötzlich ein Kind herein. Es schien eine Frühgeburt zu sein. Man legte es in ein Becken. Daraufhin schnitt Guibourg ihm die Kehle durch, goß das Blut in einen Kelch und weihte es mit der Hostie. Er las die Messe bis zum Ende und nahm dann die Eingeweide aus dem Kind heraus. Tags darauf trug meine Mutter das Blut in einem Glasröhrchen mit der Hostie zu Dumesnil, um es destillieren zu lassen. Das Destillat nahm Madame de Montespan mit.« Abbé Guibourg

Satan tauft beim Sabbat seine neuen Anhänger

gestand beim Verhör, er habe »dieses Blut in einen Kristallkelch gegossen und es mit Teilen einer geweihten Hostie bestreut«. Dieses durch abscheulichen Mord und Entweihung der christlichen Messe gewonnene Blut mußte Ludwig XIV. trinken. Den Raum, in dem sich derartige Messen abspielten, nannte man »chambre ardente«*, weil dort flammende Kerzen (»chandelles ardentes«) Licht spendeten.

Am Ende der schwarzen Messe gaben sich die Teilnehmer wüsten Ausschweifungen hin. Kam es dabei zu Schwangerschaften, wurden die Kinder aus diesen Vereinigungen wie-

---

* »Chambre ardente« wurde auch die Folterkammer genannt, in der die französische Gerichtsbarkeit ihre Geständnisse erpreßte. Der Begriff »ardente«, flammend, geht in diesem Fall auf die »brennenden« Schmerzen zurück.

derum Satan geopfert – mit den ärgsten Absichten. An diesen
Orgien nahmen allerlei illustre Persönlichkeiten aus dem französischen Hochadel sowie den höchsten Kreisen des Klerus teil.
Aus diesem Grund mußte man die Nachforschungen bald auf-
geben und die Angeklagten freilassen, die danach weiterhin un-
gestört ihren schrecklichen, schwarzmagischen Ritualen nachgehen konnten. Doch die schwarze Messe war nicht nur in
Frankreich und Italien verbreitet. Auch aus anderen Teilen Europas sind uns Berichte über Messen bekannt, während derer
Frauen vergewaltigt und Sakramente geschändet wurden.

In den USA beispielsweise praktizierte ein Magier schottischer Abstammung ähnliche Riten und versammelte dabei um
sich eine ganze Schar farbiger Magier.

Der Satanskult verbreitete sich immer mehr, so daß wir auch
heute noch gewisse Bewegungen finden, die satanische Riten
ausüben. Doch bleibt festzuhalten, daß schwarzmagische Rituale wie das soeben beschriebene fast immer ein Zeitvertreib
für Personen höheren Ranges waren, die sowohl sozial als auch
ökonomisch einer gehobenen Schicht angehörten. Dies ist nicht
mehr die Hexenkultur der armen Leute, jener Menschen, die
den Fruchtbarkeitskult um die Große Mutter weitertrugen.
Dies ist eine Kultur, oder besser gesagt eine durch und durch
pervertierte Subkultur der Reichen, jener also, die nicht wissen,
wohin mit ihrer Zeit, und die sich aus dem Bösen eine Art
»Zeitvertreib« gestrickt haben.

Die
Hexenrezepte

Einleitung

Das Ergebnis der hier vorliegenden Untersuchung ist gleichzeitig ein »grimoire«, ein Zauberbuch, denn ich habe hier eine repräsentative Auswahl alter und uralter magischer Rezepte gesammelt: Heilmittel und -methoden ebenso wie die entsprechenden Verfahren, die hier mit den Zutaten aufgelistet werden. Dazu noch die Hexengifte mit ihren jeweiligen Gegengiften. Eine »Medizin«, die vom Mittelalter bis etwa zum Jahr 1700 von Hexen ausgearbeitet und angewandt wurde.

Aus leicht einsichtigen Gründen habe ich mich entschlossen, zum Thema »Gifte« keine genaueren Angaben über Dosis, Verabreichungsform und Herstellung zu machen.

Diese Gifte wurden nämlich durchaus in der Absicht hergestellt und verabreicht, um damit zu töten. Würden darüber entsprechende Kenntnisse in die Hände von Mördern oder Selbstmördern gelangen, wäre der Schaden unabsehbar.

Bei der Beschreibung der Gifte und der früher verwendeten Gegenmittel habe ich mich an Joseph Jakob Plenck orientiert, dessen Werk »Tossicologia, ossia dottrina intorno ai veleni ed i loro antidoti« (Toxikologie oder die Lehre von den Giften und ihren Gegengiften) ich – wie aus dem Titel ersichtlich – in der venezianischen Übersetzung von 1789 konsultiert habe. Darunter finden sich Angaben zur modernen Therapie einer Vergiftung mit der jeweiligen Substanz. Schnell eingeleitete Gegenmaßnahmen reduzieren nämlich die toxische Wirkung dieser Substanzen ganz erheblich beziehungsweise können sie sogar ganz neutralisieren.

Wie ich bereits in der Einführung sagte, wurden die hier vorliegenden Rezepte aus einer Materialsammlung von einigen Tausenden ausgewählt. Ich habe mich dabei auf die häufigsten Anwendungsbereiche konzentriert:

I)   Magische Kräfte
II)   Sexualität
III)   Liebestränke
IV)   Fruchtbarkeit
V)   Gifte

Für jeden Anwendungsbereich wurden die Rezepte dann nach Kriterien, auf die im »Rezeptteil« näher eingegangen wird, nochmals geordnet.

Doch läßt sich aus der ungeheuren Menge uns vorliegender Rezepte schließen, welch gründliche und ausgedehnte Kenntnisse über Heilmittel die Kräuterhexen besaßen. Sie wandten pflanzliche, tierische und mineralische Elemente an, deren Eigenschaften, Wirkungen und giftige Bestandteile ihnen bestens bekannt waren. Aufgrund ihres Wissens konnten sie Krankheiten heilen und auch die geheimsten menschlichen Wünsche und Sehnsüchte erkennen, die sie dann zu erfüllen suchten.

1300 einfache Rezepte mit Zubereitungsformen und Mengenangaben, dazu noch die magischen Handlungen, welche die Rezepte häufig begleiteten, zeigen uns, welch schöpferische Kraft im Hexenwerk steckt.

Dieser ungeheure Reichtum an Rezepten wurde meiner Meinung nach von der Wissenschaft bisher noch nicht ausreichend untersucht, auch wenn sie heute teilweise noch zur Anwendung kommen. Denn tatsächlich findet man sehr häufig wirksame Substanzen, die aus diesen einfachen Heilmitteln isoliert werden können.

In diesem Zusammenhang möchte ich beispielsweise auf die therapeutischen Eigenschaften der Schlangenwurzeln (Rauwolfia serpentina) hinweisen, die vor ca. vierzig Jahren entdeckt wurden. Auch die Heilwirkungen des tropischen Immergrüns (Vinca rosea beziehungsweise Catharanthus roseus) in der Krebstherapie wurden erst vor etwa dreißig Jahren erkannt und beschrieben. Und aus Schimmelpilzkulturen gewinnt man bis heute jedes Jahr neue antibiotische Wirkstoffe.

Was nun magische Prozeduren zur Erlangung bestimmter Wirkungen betrifft, so beschränke ich mich auf diejenigen, die zu den hier vorgestellten Rezepten gehören.

Magische Rituale, die zwar in Zauberbüchern auftauchen, jedoch nicht in Zusammenhang mit einem Rezept stehen, werden hier nicht behandelt. Wer zu diesem Thema weiterführende Literatur sucht, möge sich an die einschlägigen Spezialisten wie etwa Hartmann, De Coppens, Marquès-Rivière wenden.

Rezepte, Heilmittel, Gifte und Gegengifte habe ich aus den unterschiedlichsten Quellen entnommen: zum Beispiel aus Schriften von Cardanus, Giovan Battista della Porta, Agrippa von Nettesheim, Mercuriale, Ardoino, Celso, Gmelin, Redi, Navier, Plenck und Lemert, aber auch aus Texten moderner Autoren wie Kind, Murray, Puckert, Pezella, Bregliani und Lorenzoni. Und dann gibt es da noch eine Vielzahl anonymer Manuskripte, sozusagen ganz persönliche Rezeptbücher einzelner Hexen, die dem Gelesenwerden ihre ganz eigenen Schwierigkeiten entgegensetzen. (Siehe Bibliographie)

Mit der Hilfe von Hilde Ponti wurden alle Rezepte in eine zeitgemäße Sprache übertragen, ob sie nun in Latein oder Griechisch, modernen Fremdsprachen oder altertümlichen Idiomen vorlagen.

Die Beschreibung der Rezepte erfolgt nach einem bestimmten Schema: Zunächst werden die Zutaten beschrieben: Stoffe aus dem Pflanzen-, Mineral- oder Tierreich, die Form, in der sie vorliegen müssen, und – falls vorhanden – die Mengenangaben. Darauf folgen genauere Angaben zur Herstellung des Zaubermittels, die genauestens beachtet werden mußten, um die gewünschte Wirkung nicht zu gefährden. Schließlich wird über Dosis und Anwendungsvorschriften berichtet, bevor auf den Anwendungsbereich und die gewünschte Wirkung eingegangen wird.

Im folgenden Kommentar wird die Logik des Rezeptes untersucht, das heißt die pharmazeutisch möglichen Effekte mit ihren Wirkungsmechanismen. Es werden die Rezepturen im Hinblick darauf erläutert, ob das gewünschte Ergebnis mit den vorhandenen Inhaltsstoffen erzielt werden konnte, und zwar ebenso vor dem Hintergrund des pharmazeutischen Wissens jener Zeit wie im Licht moderner wissenschaftlicher Erkenntnisse.

Sehr häufig wurden wichtige Rezeptteile einfach ausgelassen. Aus diesem Grund wurde versucht, diese Teile aufgrund von weiterführenden Recherchen zu ergänzen. Doch konnte diese Arbeit leider nicht für alle Rezepturen geleistet werden. So fehlen beispielsweise in vielen Rezepten genaue Angaben darüber, wann die entsprechenden Kräuter gepflückt werden mußten, um ihre Wirksamkeit tatsächlich entfalten zu können. Die Hexen, die ja bekanntlich als »Kräuterweiblein« Erfahrung hatten und sowohl die meteorologischen wie auch die astrologischen Voraussetzungen kannten, unter denen die therapeutischen beziehungsweise giftigen Eigenschaften des Krautes ihren Höhepunkt erreichten, hatten diese Angaben einfach nicht nötig.

Sogar die Mengenangaben zu den einzelnen Rezepten wurden meist verschwiegen. Denn in der Menge der Wirkstoffe lag ja das eigentliche Geheimnis. Die Hexen kannten das lateinische Sprichwort von der Dosis, die das Gift macht (»*dosis ipsa venenum*«), nur zu gut.

Und ebenso behielten sie die Zaubersprüche für sich, die während der Zubereitung oder der Anwendung des entsprechenden Mittels benutzt werden mußten, um ihm seine Wirksamkeit zu verleihen. Dieses Geheimnis hüteten sie eifersüchtig und gaben entsprechende Informationen nur von Hexe zu Hexe weiter. Wie aus den Akten der Inquisition deutlich hervorgeht, blieben diese Sprüche geheim. Nicht einmal unter der Folter verrieten die Hexen den genauen Wortlaut.

Wie aus der Lektüre der Rezepte deutlich wird, geht es bei den meisten magischen Mitteln weniger um Schadenszauber als um das Erlangen positiver Resultate. Dafür sehe ich zwei Gründe: Zum einen war die Nachfrage – und damit der Verdienst der Hexen – einfach größer. Zum anderen waren die Mittel, mit denen man materiellen und körperlichen Schaden bis hin zum Tod hervorrufen konnte, streng geheim und wurden nur von den Hexen selbst hergestellt.

Da die geheime Welt der Hexen auch heute noch eine ungeheure Faszination auf die meisten Menschen ausübt und daher alles oben Gesagte im besonderen gilt, möchte ich hier eine deutliche Warnung aussprechen: Bitte probieren Sie die in diesem Buch enthaltenen Rezepte keinesfalls aus, da sie zum Teil hochgiftig sind. Für alle Schäden, die mit einem solchen Verhalten in Zusammenhang stehen, haften weder der Autor noch der Verlag.

Glossar

Maßangaben in den Rezepten

Gewichtsangaben

1 Quentchen	=	⅛ römische Unze = 3,54 g
1 Gran	=	¹⁄₂₄ Scrupulum = 0,059 g
1 Libra	=	1 altrömisches Pfund = 340 g
1 römische Unze	=	¹⁄₁₂ Libra = 28,33 g
1 Scrupulum	=	¹⁄₂₄ römische Unze bzw. ⅓ Quentchen = 1,18 g

Hohlmaße

1 Pint	=	0,568 l

Festmaße

1 Prise	=	die Menge, die man mit drei Fingern aufnehmen kann
1 Handvoll	=	die Menge, die man in der geschlossenen Hand halten kann
1 gute Handvoll	=	die Menge, die man in der offenen Hand halten kann

Q. S. = Quantum sufficit = in ausreichender Menge

In den Rezepten vorkommende Darreichungsformen

Bad: Beim Bad taucht der ganze Körper in das mit Kräutern und anderen medizinisch wirksamen Substanzen angereicherte Wasser ein. Der positive Einfluß des Bades beruht hauptsächlich auf der körperlichen und seelischen Entspannung, welche durch das warme Wasser und die Kräuter hervorgerufen wird.

Balsam: Arzneimittel zur äußerlichen Anwendung, die aus Ölen, aromatischen Essenzen, Wachsen und gummiartigen Harzen zusammengesetzt sind. In dieser Trägermischung werden die lipophilen (fettlöslichen) Wirkstoffe aufgelöst.

Balsame kommen auch in natürlicher Form vor, zum Beispiel als Harze, die aus der Rinde bestimmter Bäume gewonnen werden, indem man diese einschneidet.

Creme: Arzneimittel für die äußerliche Anwendung. Sie unterscheidet sich vom Balsam, da die Wirkstoffe hier mit wasserlöslichen Bindemitteln vermischt werden, die es erlauben, eine Dispersion herzustellen. Die Trägersubstanz ist also leichter.

Dekokt: Dekokt nennt man eine durch Kochen gewonnene Lösung von medizinischen Substanzen in Wasser.

Dragee: Arzneimittel in Zuckerhülle. Die um das Jahr 1200 gebräuchliche Herstellungsweise bestand darin, daß man die Wirkstoffe einfach in kandierte Früchte packte. Seit dem 16. Jahrhundert findet folgende, auch heute noch verbreitete Herstellungsmethode Anwendung: Man verarbeitet Zucker zu-

Hexen erheben sich zum Himmel

Die berühmte Pariser Hexe La Voisin

sammen mit Mandeln, Haselnüssen, Likören, Farbstoffen und aromatischen Essenzen zu einer Masse, mit der man dann die eigentlichen Wirkstoffe ummantelt. Der Patient nimmt somit weder den Geschmack noch den Geruch der Arzneistoffe wahr, da er nur die leckere Hülle des Dragees schmeckt.

Elektuar (Medizinischer Honig oder Sirup): Ein sogenanntes Galenikum, das heißt eine auf den altgriechischen Arzt Galen zurückgehende Darreichungsform. Dabei werden medizinische Wirkstoffe in Honig oder Sirup gelöst.

Elixier: In der Arzneimittelkunde versteht man darunter ein flüssiges Medikament, in dem mehrere Wirksubstanzen in Alkohol gelöst sind. Diese können pflanzlicher, tierischer oder mineralischer Herkunft sein. Auch die sogenannten *Tinkturen* zählen zu den Elixieren.

In der Alchemie hingegen bezeichnet ein Elixier die Substanz, die unedles Metall in Gold verwandeln konnte.

Heiltrank: Lösungen von Pulvern, Dragees oder medizinischem Sirup in Flüssigkeit, so daß der Wirkstoff in flüssiger Form eingenommen werden kann.

Infus: Eine Lösung heilkräftiger Wirkstoffe, die man erhält, indem man eine oder mehrere Substanzen zuerst in Wasser aufkocht und diese darin für eine bestimmte Zeit ziehen läßt. Dann seiht man das Ganze durch ein Tuch ab, das man anschließend gut auswindet. Die so gewonnene Flüssigkeit wird mit Wasser verdünnt, bis man die im Rezept angegebene, mit *Q. S. (quantum sufficit = ausreichende Menge)* markierte Konzentration des Wirkstoffes erreicht hat.

Klistier (Einlauf): Die medizinisch wirksamen Substanzen sind beim Klistier in Wasser gelöst und werden mittels Spritze beziehungsweise Schlauch in die Eingeweide gebracht. Bei ersterer Methode ist dafür der Druck auf den Kolben der Spritze verantwortlich, bei letzterer die Schwerkraft, da der Schlauch während der Verabreichung des Klistiers hochgehalten wird.

Liebestrank: Ein Trank, der die Leidenschaften entflammen oder ersticken lassen soll. Wie der Name schon sagt, sind damit im besonderen amouröse Passionen gemeint. Die Wirksamkeit dieser Tränke hängt natürlich nicht nur von den verwendeten Zutaten ab, ganz wesentlich tragen dazu auch die während der Zubereitung oder der Verabreichung gemurmelten Zaubersprüche bei.

Zaubertränke und -pülverchen mußten in Wein, Kaffee, Tee, Brühe oder Likör aufgelöst werden, niemals jedoch in Wasser.

Likör: Dieser Begriff umfaßt die verschiedensten alkoholisch-wäßrigen Mischungen. Sie werden entweder warm oder kalt angesetzt, das heißt durch Destillation, Mazeration oder Digestion gewonnen. Meist setzt man ihnen noch essentielle Öle oder andere aromatische Substanzen zu. Die medizinischen Wirkstoffe werden dem Likör entweder in flüssiger oder pulverisierter Form zugesetzt. Dies wäre dann ein medizinischer Likör. Häufig werden diese Liköre auch geschmacklich verbessert.

Lotion: Flüssige Lösung oder Suspension medizinischer Wirkstoffe für die äußerliche Anwendung.

Nektar: Der Nektar stellt – zusammen mit Ambrosia – die legendäre Speise der Götter dar. Beides zusammen sollte ihre Unsterblichkeit bewirken. In der mythologischen Welt ernährten sich auch die göttlichen Tiere von diesem Getränk.

Die alten Griechen entwickelten diese Vorstellung vom Nektar, weil sie glaubten, daß der Honig vom Himmel falle wie das Manna der Bibel.

Im pharmazeutischen Gebrauch bezeichnet man mit diesem Begriff alle süßen, aromatischen Getränke (zum Beispiel Met oder Medizinalwein), in denen man medizinische Wirkstoffe auflösen konnte, um ihre Aufnahme in den Körper zu erleichtern beziehungsweise ihren Geschmack zu kaschieren.

Öle: Die Darreichungsform der Öle ähnelt der des Balsams. Der einzige Unterschied ist, daß das Öl flüssiger ist und mehr Fette enthält, in denen sich lipophile (fettlösliche) Substanzen besser verteilen.

Pastillen: Arzneimittel von meist kugelförmigem Aussehen und fast dickflüssiger Konsistenz. Hergestellt werden sie, indem man die medizinischen Wirkstoffe in ein oder mehrere neutrale Trägersubstanzen einarbeitet.

Diese Trägersubstanzen müssen die Wirkstoffe vor äußerer Einwirkung schützen, daher sollte ihre Konsistenz der des Wirkstoffes ähnlich sein.

Pomade: Arzneimittel zur äußerlichen Anwendung. Dabei werden heilkräftige Substanzen in weichem Trägermaterial wie dem Fett von Schweinen oder anderen Tieren sowie in Lanolin, Vaselin oder Wachs gelöst.

Preßsaft: Handelt es sich um medizinisch wirksame Früchte, so wird das Präparat einfach nur durch Auspressen oder Entsaften derselben hergestellt. Heilkräuter hingegen müssen zuerst in einem Holz- oder Steinmörser zu einem Brei zerstampft werden. Dieser Brei wird dann auf einem quadratischen Leinen- oder Baumwolltuch ausgestrichen. Dieses Tuch wird dann so stark wie möglich ausgewrungen. Den so erhaltenen Saft fängt man in einem entsprechenden Behälter auf.

Ptisane: Ähnelt dem Infus und dem Dekokt, wird jedoch meist nur aus wenigen Wirkstoffen zubereitet und ist von dickerer Konsistenz.

Pulver: Arzneiform, die durch Pulverisierung von vorher gereinigten und getrockneten Heilmitteln pflanzlicher, tierischer oder mineralischer Herkunft in entsprechenden Mörsern entsteht. Je nach gewünschtem Feinheitsgrad werden die Wirkstoffe nach der Zerkleinerung mit mehr oder weniger feinen Sieben weiter gereinigt.

Räucherwerk: Beim Räuchern werden die wirksamen Substanzen inhaliert.

Salbe: Eine Salbe enthält – im Gegensatz zur Pomade – aromatische Öle. Aus diesem Grund ist sie von weicherer Konsistenz. Salben werden verabreicht, wenn medizinische Wirkstoffe über die Schleimhäute aufgenommen werden sollen, vor allem im Vaginal- und Rektalbereich, da sie gleichzeitig die Schleimhäute befeuchten.

Sitzbad: Die Wirkungsweise ähnelt natürlich der des Bades. Beim Sitzbad taucht der zu Behandelnde nur bis zum Nabel ins Wasser. Für ein *Fußbad* hingegen gießt man die wirksame Substanz zusammen mit heißem Wasser in ein Becken, das so groß ist, daß die Füße darin bequem Platz haben.

(Vaginal-)Spülung: Im Grunde derselbe Vorgang wie beim Klistier, nur daß die medizinische Lösung hier mit einer Spritze oder einer Gummibirne in die Vagina eingebracht wird.

Weihrauch: Unter diesem Begriff werden alle Substanzen, also vor allem gummiartige Harze, zusammengefaßt, die man verbrennt, um die Wirkstoffe einzuatmen. Der eigentliche Weihrauch hingegen ist das Harz der Bosnellia cateri.

Magische Kräfte

Mit Zauberkraft den Lauf der Dinge zu verändern war seit jeher Ziel der Hexen, die versuchten, auf diese Weise eine feindselige Umwelt, die sie zunächst ausgrenzte, danach aber jahrhundertelang systematisch verfolgte, in den Griff zu bekommen.

Ihre Kenntnisse auf dem Gebiet der Heilkunde, vor allem der Kräuterheilkunde, verbunden mit dem lebhaften Drang, mehr über die Natur dieser Kräfte herauszufinden, ließ sie zahlreiche Selbstversuche durchführen.

Sie experimentierten mit der genauen Zusammensetzung, studierten die verschiedenen Formen der Zubereitung und schufen sich dabei komplexe und geheime Rituale, die diesen »Heilmitteln« besondere Kräfte verleihen sollten. Dazu gehörten Beschwörungen ebenso wie Verwünschungen, die sie – ihrer Eingebung folgend – manchmal an Dämonen, Gottheiten oder Heilige der verschiedensten Religionen richteten.

Doch was war nun eigentlich das Ziel ihrer Bemühungen?

Vor allem die Fähigkeit zu fliegen scheint eine besondere Anziehungskraft ausgeübt zu haben, sei es mit Hilfe eines Hausgeistes oder eines Besens, hin zum Sabbat oder zu anderen Zusammenkünften, jedenfalls weit weg von ihren Verfolgern. Ihre magischen Formeln sollten sie in einen Rauschzustand versetzen, alle Hemmnisse beseitigen, so daß sie sich auf ihren Zusammenkünften ganz ihrer Ekstase überlassen konnten.

Und träumen wollten sie, in wunderbaren Visionen aufgehen, eine Gegenwelt schaffen zu derjenigen, in der sie verfolgt wurden.

Sie wollten Leid und Ungemach vergessen, sich selbst in Tiere verwandeln, um allen zu entfliehen, oder andere in Tiergestalt bannen, um ihnen ihren Willen aufzuzwingen. Das bedeutete natürlich auch, daß sie einen Zauber zur Rückverwandlung finden mußten.

Ihre magischen Kräfte sollten ihnen helfen, schwarze Messen und andere Formen Schwarzer Magie zu zelebrieren. Sie suchten Mittel und Wege, um sich die Menschen gefügig zu machen und ihnen zu schaden.

Und zudem bemühten sie sich um höchste magische Vollendung, Unsterblichkeit und ewige Jugend.

Freilich brachten die verwendeten Rezepturen meist nicht die gewünschten Resultate. Dies ist – wenn überhaupt – aufgrund ihrer Zusammensetzung auch gar nicht möglich.

Die Wünsche und Sehnsüchte der Hexen konnten sich nur im Traum erfüllen. Und so fanden sie, mehr oder weniger durch Zufall, die ersten Rezepte für halluzinogene Drogen.

Auf diese Weise verbreiteten die heilkundigen Kräuterhexen, ohne es zu wissen, Rauschdrogen und wurden zu den ersten »Dealerinnen« der Weltgeschichte.

Denn sowohl die Rezeptur als auch die Mittel wurden ja an all jene verkauft, welche diese angeblich übernatürlichen Kräfte einmal an sich selbst erfahren wollten – und dies nicht gerade billig.

Und die, welche sie ausprobiert hatten, wurden vor die Tribunale der Heiligen Inquisition gezerrt, wo sie schworen, die seltsamsten Dinge getan zu haben. In Wahrheit hatten sie jedoch nur geträumt. Von Folter und Tod bedroht blieben sie fassungslos angesichts der Tatsache, daß sie weder ihre »Ketten lösen« noch ihren Richtern entkommen konnten.

Viele Hexen, die mit Hilfe bestimmter Substanzen auch ihren kritischen Verstand geschärft hatten, konnten hingegen sehr klar zwischen Realität und Illusion unterscheiden. Und trotzdem verkauften sie ihre Erzeugnisse weiter. Diese Hinterlist brachte jedoch alle gleichermaßen in Verruf: Bald hielt man all ihr Wissen für Betrug.

Eine Tatsache bleibt jedoch unbestritten: Daß sie durch ihr Suchen bestimmte Kräuter gefunden haben, deren Wirkstoffe die Eigenschaft besitzen, dem, der sie zu sich nimmt, ein künstliches (und oft auch schädliches) Paradies vorzugaukeln.

1. Salbe von solcher Kraft und Wirkung, daß sie strahlende Visionen hervorruft

Nimm:
Kinderfett,
Sellerie (Apium graveolens), zu Sirup eingekocht,
die Wurzel des Eisenhuts (Aconitum napellus),
Blutwurz oder Tormentillwurzel (Potentilla erecta),
Nachtschattengewächse: Tollkirsche (Atropa belladonna),
Bilsenkraut (Hyoscyamus niger), Stechapfel (Datura stramo-
nium), Asche.

Vermisch alle Zutaten zu einer Salbe, mit der du den ganzen Körper einreibst, so wirst du Dinge sehen, daß dir die Augen übergehen.

Meist bekommst du zu sehen: Spielhöllen und Bordelle, Freudengärten, großartige Festmähler, glanzvolle Roben, schöne junge Menschen, Könige und Edelleute. Alles, was das Herz der Hexe begehrt und was zu deinem Vergnügen und Zeitvertreib vonnöten ist.

Solange die Salbe wirkt, erscheinen außerdem: Teufel, Krähen, Kerker, der Korb des Scharfrichters und des Foltermeisters.

K. d. A.*: Die in diesem Rezept verwendeten Nachtschattengewächse (Tollkirsche, Bilsenkraut, Stechapfel) können diese Art
von Visionen hervorrufen. Zusammen mit dem Eisenhut werden sie in dem Kapitel über Hexen und ihre Gifte genauer beschrieben.

Dem Sellerie werden seit jeher erotisierende Kräfte zugeschrieben. Er soll verliebt und leidenschaftlich machen und
Frauen von Frigidität heilen. Diese Wirkung konnte niemals
wissenschaftlich nachgewiesen werden.

Die Tormentillwurzel galt als Antidot, das heißt als Gegenmittel gegen Gifte. Man verwendete sie, um den Weißfluß (Leukorrhoe) zu kurieren und zur Förderung der Wundheilung an
den Genitalien. All diese Eigenschaften sind wissenschaftlich
nicht beweisbar.

2. Flugtrank

Vermische:
Samen der Tollgerste (Lolium annuum),
Wolfsbeere (Atropa belladonna),
Bilsenkraut (Hyoscyamus niger),
Wasserschierling (Cicuta venosa),
Schlafmohn (Papaver somniferum),
Alraune (Mandragora officinarum),
Seerose (Nymphaea alba).

Dieser Trank ist so stark und mächtig, daß jeder Tropfen davon
dich eine Stunde lang im Schlaf reisen läßt. Er ruft wundervolle
und zugleich erschreckende Bilder hervor.

*K. d. A.: Kommentar des Autors

K. d. A.: Die halluzinogenen Drogen, die hier Verwendung finden, können die Vorstellung einer »Reise« hervorrufen. Offensichtlich gab es Erfahrungen, die sowohl positiv als auch negativ ausfallen können. Ähnliches geschieht bei der Einnahme von LSD und spiegelt sich in den Begriffen »Horrortrip« oder »guter Trip« wider.

Der Seerose schrieb man befeuchtende, kühlende Qualitäten zu. Daher galt sie als Heilmittel bei Entzündungen im Genitalbereich. Außerdem hielt man sie für ein Narkotikum. Keine dieser Zuschreibungen konnte jemals wissenschaftlich nachgewiesen werden.

3. Salbe von solcher Kraft und Wirkung, daß sie unglaubliche Visionen bewirkt

Nimm:
Äpfel (Malus domestica),
Edelkastanien (Castanea sativa),
Puffbohnen (Vicia faba),
Kichererbsen (Cicer arietinum),
Kohl (Brassica oleracea),
Stangenbohnen (Phaseolus vulgaris),
Nachtschattengewächse: Tollkirsche, Bilsenkraut und
   Stechapfel.

Rühr daraus eine Salbe. Trag sie am ganzen Körper auf und reib sie gründlich ein, bis sie gut eingezogen ist.

Du wirst einen ziemlich unruhigen Schlaf haben, in dem plötzlich etwas Erschreckendes passiert. Danach wirst du glauben, durch die Weiten fremder Länder zu fliegen.

Auf dieser Reise erlebst du ungewöhnliche Abenteuer, bei denen du Unzüchtiges und Höllisches zu sehen bekommst.

K. d. A.: Siehe hierzu Rezept Nr. 2. Elemente wie Kohl, Puff-bohnen, grüne Bohnen und Kichererbsen als Salbengrundlage können den Schlaf natürlich unruhig machen, da all diese Stoffe nur schwer verdaut werden können.

Zu den Nachtschattengewächsen finden sich ausführliche In-formationen im Kapitel über Hexen und ihre Gifte.

Der Apfel galt als Speise der Götter und Symbol für die Un-sterblichkeit. Unter Einhaltung bestimmter Ritualvorschriften verzehrt, sollte er sich förderlich auf Liebe, Glück und Gesund-heit des Betreffenden auswirken. Außerdem sollte er die Fähig-keit verleihen, die Zukunft vorherzusagen. Doch auch wenn der Apfel in einer gesunden Ernährung eine wichtige Rolle spielt, gibt es keinerlei wissenschaftliche Anhaltspunkte, die auf solche Eigenschaften hinweisen.

Die Edel- oder Eßkastanie wirkt adstringierend und wurde als Kastanienbrei zur Heilung des Weißflusses (Leukorrhoe) be-nutzt. Außerdem sollte sie – ebenfalls in Breiform – die sexuelle Begegnung angenehmer machen.

Puffbohnen wurden früher zu Mehl vermahlen und auf fet-tige Haut aufgetragen, die dadurch zarter und aufnahmefähi-ger wurde.

Auch Kichererbsen, Kohl und grüne Bohnen sollten die Haut weich machen.

4. Kräuteraufguß für ungewöhnliche Träume *(zum Einreiben)*

Bereite einen Aufguß aus folgenden Pflanzen:
Bilsenkraut (Hyoscyamus niger),
Stechapfel (Datura stramonium),
Tollkirsche (Atropa belladonna),
Sellerie (Apium graveolens),

Puffbohnen (Vicia faba),
Schlafmohn (Papaver somniferum),
einem Hauch Eisenhut (Aconitum napellus).

Koche daraus einen öligen Aufguß, mit dem du deine Schläfen und Achselhöhlen einreibst.

Danach wirst du von wilden Flügen träumen. Du begibst dich zu ausgelassenen Festen, die schließlich in einer ungezügelten Orgie enden. Beim Erwachen wirst du dich elend fühlen.

Der Anthropologe Puckert und einer seiner Freunde probierten dieses Rezept aus. Sie erklärten, damit ähnliche Visionen gehabt zu haben, wie man sie auf den Bildern des Hieronymus Bosch dargestellt findet. Konkret nannten sie folgende Bilder: *Der Garten der Lüste* (Madrid, Prado), *Die Versuchung des Heiligen Antonius* (Lissabon, Museo Nacional de Arte Antiga), *Das Weltgericht* (Gemäldegalerie der Akademie der bildenden Künste in Wien) und schließlich *Das Jüngste Gericht,* das in Brügge hängt.

K. d. A.: Auch für diese Mischung gilt das bei der vorherigen Gesagte. Der Aufguß enthält außerdem noch Schlafmohn, eine Droge, die für ihre beruhigende Wirkung bekannt ist.

Was die Wirkungen betrifft, die Puckert und sein Freund damit erzielten, so liegt die Erklärung nahe. Beide waren davon ausgegangen, daß Hieronymus Bosch diese oder ähnliche Mischungen benutzte, um zu den Visionen zu kommen, die sich in der Phantasiewelt seiner Bilder widerspiegeln.

Bilsenkraut, Stechapfel, Tollkirsche, Schlafmohn und Eisenhut werden unter den Hexengiften genauer beschrieben. Zu den Wirkungen des Selleries siehe Rezept Nr. 1, zu denen der Puffbohne siehe Rezept Nr. 3.

5. *Hexensalbe*

Koche in einem großen, mit Wasser gefüllten Topf Fleisch zu einer Brühe. Dann wird die Brühe entfettet und auf kleiner Flamme eingekocht.

Der so erhaltenen Flüssigkeit gib folgendes zu:
Sellerie (Apium graveolens),
Wurzeln des Eisenhuts (Aconitum napellus),
Pappelzweige (Populus tremula oder nigra),
Weihrauch (Boswellia carteri).

Oder:
mehrere Sellerieknollen (Apium graveolens),
Ackerkräuter,
Fünffingerkraut (Potentilla reptans),
Blut der Fledermaus.

Schlag nun so viel Öl darunter, daß daraus eine Salbe wird.

Diese Salbe verteilst du über den ganzen Körper. Reib dabei fest, so daß sie bis auf die Knochen eindringt. Die Haut muß rot und weich sein. Dann haben die Poren sich vollständig geöffnet.

Danach reibst du dich mit Fett beziehungsweise Öl ein, um so die Aufnahme der Salbe durch die Haut noch zu erhöhen. Auf diese Weise erreichst du die stärkste Wirkung.

Diese Mischung läßt dich bei Vollmond durch die Nacht reiten.

Du wirst köstliche, ausgesuchte Speisen essen, bezaubernde Musik hören und mit jungen Liebhabern dazu tanzen. Sie werden dich begehren, lieben und viele Male besitzen.

K. d. A.: Siehe auch hierzu den vorhergehenden Kommentar. Die Hexen glaubten, all das, was oben beschrieben wird, tatsächlich zu tun, weil ihre Vorstellungswelt, in der sich all diese Bilder fanden, von den Drogen in dieser Salbe entsprechend stimuliert wurde. Diese Einbildungen wurden darüber hinaus noch von den speziellen Ernährungsgewohnheiten der Hexen gefördert. Sie aßen vorzugsweise rote Rüben, Wurzelgemüse, Edelkastanien und Hülsenfrüchte. Zusammen mit anregenden Drogen sorgen diese Pflanzen dafür, daß die ausgelösten Träume intensiver sind.

Pappelzweige (Rinde und Blätter) wurden zu schmerzstillender Salbe verarbeitet.

Der in religiösen Riten so häufig verwendete Weihrauch wird den Göttern als Reinigungsopfer dargebracht, das sich zu ihnen in den Himmel erhebt. In der Magie verwendet man ihn als Räucherwerk zum Austreiben von Dämonen oder bei Zauberritualen. Manchmal wird er jedoch auch – wie hier – in seiner festen Form verwendet und zu Salbe verarbeitet, so daß er über die Haut wirkt.

Fledermausblut war ein häufiger Bestandteil von Schadenszauber- und Giftrezepten. Es weist keinerlei entsprechende Wirkung auf.

Zu den Wirkungen des Selleries siehe Rezept Nr. 1, zu denen das Fünffingerkrauts siehe Rezept Nr. 13. Der Eisenhut wird unter den Hexengiften beschrieben.

6. Salbe zur Teilnahme am Hexensabbat

Nimm zu gleichen Teilen Pulver von:
Tollgerste (Lolium annuum),
Bilsenkraut (Hyoscyamus niger),
Wasserschierling (Cicuta venosa),
rotem und schwarzem Mohn (Papaver somniferum),
wildem Lattich (Lactuca selvatica),

Portulak (Portulaca),
Tollkirsche (Atropa belladonna).

Alles gut vermischen.

Bereite nun nach allen Regeln der Kunst ein Öl zu: Auf eine Unze Öl kommt je ein Scrupulum der Mischung.

Reib dir damit den ganzen Körper ein, vor allem unter den Achselhöhlen. Nach kurzer Zeit fliegst du zum Sabbat, wo du gut zwei Tage bleiben wirst.

K. d. A.: Mit dieser Mixtur kann der angegebene Zweck ganz unmöglich erreicht werden.

Sie wurde in der Vergangenheit bereits getestet und führt einzig und allein zu einem tiefen, ohnmachtsähnlichen Schlaf, der ein paar Stunden lang andauert.

Wenn sie erwachten, gaben die Hexen an, auf ihrem Hausgeist oder einem Besen zum Sabbat geritten zu sein, wo sie sich mit anderen Hexen beziehungsweise dem Teufel vereinigt hätten.

Die Mixtur ist giftig und hat hypnotische Wirkung. Sie ruft offensichtlich Träume, Halluzinationen und Delirien hervor, in denen sich auf Traumebene unbewußte Wünsche zu verwirklichen scheinen.

Wilder Lattich gilt als kühlend, erfrischend, beruhigend, doch man schrieb ihm auch hypnotische Qualitäten zu.

Auch der Portulak gilt als beruhigend und reinigend. Er sorgte angeblich auch dafür, daß Haut und Schleimhäute weicher und aufnahmefähiger wurden.

Tollgerste, Bilsenkraut, Wasserschierling, Mohn und Tollkirsche werden bei den Hexengiften behandelt.

7. *Schnell wirkendes satanisches Elektuar zur Teilnahme am Sabbat*

Nimm:

Oleum enantolum	*1 Scrupulum,*
Extrakt von Smyrner Öl	*2 Quentchen,*
Extrakt der Betelnuß	*1 Quentchen,*
Extrakt des Fünffingerkrauts	*2 Quentchen,*
Extrakt der Tollkirsche	*5 Quentchen,*
Extrakt des Bilsenkrauts	*5 Quentchen,*
Extrakt von Großem Schierling	*5 Quentchen,*
Extrakt von indischem Hanf	*10 römische Unzen,*
Extrakt von Spanischer Fliege	*4 Scrupula,*
Gummi tragacantha indica	*Q. S.,*
Staubzucker	*Q. S.*

Rühr alles kunstgerecht zusammen. Die obengenannten Mengen ergeben zehn Prisen. Eine Prise reicht aus für je einen Flug zum Sabbat.

K. d. A.: Siehe Kommentar zu Rezept Nr. 6.

In diesem medizinischen Sirup ist der Gehalt an Drogen relativ hoch. Außerdem steigt die Giftigkeit noch durch die Verwendung der Spanischen Fliege (Kantaride beziehungsweise Lytta vesicatoria, eine Käferart), von der bereits alle Dosierungen über 0,6 g giftig sind. Da das Elektuar in zehn Anwendungen aufgeteilt wird, enthält jede davon 0,5 g getrocknete Spanische Fliege, eine ziemlich gefährliche Menge.

Oleum enantolum und Smyrner Öl, beides aromatische Essenzen, werden einfach als Geschmacksverbesserer eingesetzt.

Betelnuß ist eine Arzneikugel (Bolus), die aus ungelöschtem Kalk und den Nüssen der Arekapalme hergestellt wird. Das ganze wird mit Kardamom, Kampfer oder Muskatnuß aroma-

tisiert und in ein Blatt des Betelpfeffers (Piper betel) eingewickelt. Diesen sogenannten »Betelbissen« kaut man, obwohl
er giftig ist. Seine Toxizität geht auf den Anteil der Arekapalme
zurück, deren tödliche Dosis bei 8 g liegt. Der Wirkstoff führt
zu starker Erregung, der eine Depression auf dem Fuß folgt.
Manchmal treten Lähmungserscheinungen auf.

Der indische Hanf (Cannabis sativa var. indica) ist eine ille-
gale Droge, die euphorisierend und anregend wirkt. Soziale
Hemmungen werden abgebaut, die Urteilsfähigkeit einge-
schränkt, und die betreffende Person ist heftigen Stimmungs-
wechseln unterworfen.

Zur Wirkung des Fünffingerkrauts siehe Rezept Nr. 13. Zu
Tollkirsche, Bilsenkraut, Schierling (Conium maculatum) und
Spanische Fliege siehe das Kapitel »Hexen und ihre Gifte«.

8. *Flugsalbe*

Nimm:
1 Töpfchen Creme,
1 Teelöffel Pflanzenfett,
½ **Teelöffel Tollkirsche (Atropa belladonna),**
½ **Teelöffel Stechapfel oder Hexenkraut (Datura stramonium),**
3 Tropfen Spülmittel,
½ **Teelöffel Eisenhut (Aconitum napellus).**

Bereite aus diesen Zutaten eine Salbe.
Verteil diese über den ganzen Körper und reib sie gut ein, besonders in den Achselhöhlen. Danach vermagst du zu fliegen.

K. d. A.: Die angegebene Wirkung mit diesem Rezept zu erreichen ist absolut unmöglich.
Allerdings können die darin enthaltenen halluzinogenen

Drogen die Illusion hervorrufen zu fliegen, wie das etwa bei LSD der Fall ist.

Tollkirsche, Stechapfel und Eisenhut werden im Kapitel über Gifte näher beschrieben.

9. *Flugsalbe*

Nimm:
Bilsenkraut (Hyoscyamus niger),
Basilikum (Ocimum basilicum),
Petersilie (Petroselinum crispum),
Eisenhut (Aconitum napellus),
Pappelblätter (Populus tremula oder nigra).

Aus Schweineschmalz und den angegebenen Zutaten bereite eine Salbe. Reib diese kräftig ein, so daß sie – vor allem in den Achselhöhlen, am Schamhügel und in der Leiste – gut einzieht.

Kurze Zeit später wirst du fliegen.

K. d. A.: Siehe dazu Rezept Nr. 8.

Zur Wirkung der Petersilie siehe Rezept Nr. 21; die Pappel wird im Rezept Nr. 5 vorgestellt, das Basilikum in Nr. 23.

Bilsenkraut und Eisenhut werden bei den Hexengiften näher beschrieben.

10. *Flugsalbe*

Nimm:
Kinderfett,
Selleriesaft (Apium graveolens),
Eisenhut (Aconitum napellus),

Fünffingerkraut (Potentilla reptans),
Tintenbeere (Atropa belladonna).

Verrühr alles mit Schweineschmalz zu einer Salbe. Verteil diese
über den ganzen Körper und reib sie fest ein, so daß sie gut in
die Haut dringt. Kurz darauf wirst du fliegen können.

K. d. A.: Siehe Rezept Nr. 8.
    Zu den Wirkungen von Sellerie siehe Rezept Nr. 1, das Fünf-
fingerkraut wird in Nr. 13 näher beschrieben.
    Nähere Informationen zu Eisenhut und Tintenbeere (Toll-
kirsche) finden Sie im Kapitel »Hexen und ihre Gifte«.

11. *Flugöl*

Nimm:
Kalmus (Acorus calamus),
wilden Pastinak (Pastinaca sativa),
Fünffingerkraut (Potentilla reptans),
Stechapfel (Datura stramonium) oder Tollkirsche
    (Atropa belladonna).

Bereite aus diesen Kräutern einen öligen Auszug, mit dem du
dich dann kraftvoll am ganzen Körper einreibst, bis er tief
durch die weitgeöffneten Poren der Haut gedrungen ist. Schon
nach kurzer Zeit wirst du fliegen.

K. d. A.: Siehe Rezept Nr. 8.
    Wilder Pastinak und Kalmus haben stark harntreibende, das
heißt entgiftende Wirkung. Der Volksmund schrieb ihnen die
Fähigkeit zu, die Lebenskraft zu stärken und Giften entgegen-
zuwirken.

Das Fünffingerkraut wird in Rezept Nr. 13 behandelt; Stech-apfel und Tollkirsche bei den Hexengiften.

12. Zaubertrank der Circe, womit sie Männer in Schweine verwandelte

Nimm:
Apollonienkraut (Bilsenkraut; Hyoscyamus niger),
Alraune (Mandragora officinarum),
Tollkirsche (Atropa belladonna),
Hexenkraut (Stechapfel; Datura stramonium),
Eisenhut (Aconitum napellus),
Urin vom Menschen,
getrockneten Urin und getrocknetes Blut vom Schwein.

Verrühr alles zu einer wäßrigen Lösung.

Koch diese auf kleiner Flamme mindestens drei Stunden lang. So löst du die Wirkstoffe aus den Kräutern und Wurzeln.

Gieß alles durch ein Sieb und bewahre die gereinigte Flüssig-keit in einer Amphore auf.

Gib dann dem Betreffenden ein bis drei Schalen davon zu trinken. Wenn du dazu die entsprechende Beschwörungsformel sagst, wird der Mann sich in kürzester Zeit in ein Schwein ver-wandeln.

K. d. A.: Die angestrebte Wirkung kann mit diesem Rezept wohl keinesfalls erreicht werden. Im übrigen ist die Verwand-lung von Menschen in Tiere immer ein Traum geblieben.

Ich möchte hier nur an ein Beispiel unter vielen erinnern: der literarische Mythos von Dr. Jekyll, der sich mittels eines magi-schen Trankes in den schrecklichen Mister Hyde verwandelte.

Doch kehren wir zu unserem Trank zurück. Das einzige, was

er tatsächlich vermag, ist, Halluzinationen hervorzurufen. Sobald bestimmte Dosen erreicht sind, wirkt er hochgradig toxisch, ja kann sogar tödlich sein.

Die enthaltenen Kräuter werden in dem Kapitel über Hexengifte im einzelnen vorgestellt.

13. Mittelalterlicher Zaubertrank zur Verwandlung von Menschen in Tiere

Nimm:

Bilsenkraut (Hyoscyamus niger),
Hexenkraut (Datura stramonium),
Fünffingerkraut (Potentilla reptans),
Tintenbeere (Atropa belladonna),
Fliegenpilz (Amanita muscaria),
Eisenhut (Aconitum napellus),
Gefleckter Schierling (Conium maculatum),
Christrose (Helleborus niger),
indischen Hanf (Cannabis sativa var. indica),
Urin von der Kröte,
Urin vom Menschen,
getrockneten Urin und getrocknetes Blut des Tieres, in
    welches du die Person verwandeln möchtest.

Verrühr alles zu einer wässrigen Lösung und laß diese auf kleiner Flamme mindestens drei Stunden lang kochen. Filtere sie
sorgfältig aus.

Gieß die Flüssigkeit in ein Glasgefäß und vermisch sie mit
Met, damit sie besser schmeckt.

Gib der betreffenden Person ein bis drei Gläschen davon zu
trinken und sag dabei die Zauberformel. Sprich den Namen des
Tieres aus, in welches die Person verwandelt werden soll. Dein

Wunsch wird sofort Wirklichkeit, wenn die Beschwörung abgeschlossen ist.

K. d. A.: Siehe den Kommentar zu Rezept Nr. 12.

Dem Fünffingerkraut schrieb man schon in der Antike allerlei wundersame Kräfte zu: Es sollte Erfolg in der Liebe wie in Gelddingen bringen, gute Gesundheit und Überzeugungskraft verleihen, Wünsche erfüllen sowie den Betreffenden mit Weisheit, Klugheit und Hartnäckigkeit ausstatten.

Wie man Met macht, dürfte heute jedem Apotheker bekannt sein.

Alle anderen pflanzlichen Inhaltsstoffe werden unter den Hexengiften eingehend beschrieben.

14. Mittelalterlicher Zaubertrank zur Verwandlung von Tieren und Hausgeistern

Nimm:
Bilsenkraut (Hyoscyamus niger),
Hexenkraut (Datura stramonium),
Tintenbeere (Atropa belladonna),
Fliegenpilz (Amanita muscaria),
indischen Hanf (Cannabis sativa var. Indica),
Blut von der Fledermaus,
Haut von der Kröte,
Mark vom Hirschgeweih,
Urin vom Frosch,
Urin des Tieres, in welches du das andere Tier oder den
    Hausgeist verwandeln möchtest.

Vermisch alles mit Regenwasser, das du nachts bei abnehmendem Mond aufgefangen hast. Laß die Flüssigkeit in einem

Kupferkessel auf kleiner Flamme mindestens drei Stunden kochen.

Filtere den Trank sorgfältig ab und laß ihn in einem Krug zwanzig Tage im Dunkeln stehen.

Je nach Gewicht und Statur des Tieres, das du verwandeln möchtest, brauchst du von dem Trank drei Tropfen bis ein Pint. Gib dies dem Tier zu trinken. Atme dabei tief durch und rufe Satan herbei.

Sprich die magische Formel. Dabei mußt du den Namen des Tieres nennen, in welches du den Hausgeist verwandeln möchtest.

Die Wandlung erfolgt blitzartig.

K. d. A.: Siehe dazu den Kommentar zu Rezept Nr. 12.

Die Hausgeister sind mythische Tiere, die immer nur in der Phantasie der Hexenschüler existiert haben.

Die Haut der Kröte galt als wirksames Gegenmittel gegen Gifte und Infektionen.

Dem Mark des Hirschgeweihs hingegen schrieb man aphrodisierende Qualität zu. Es sollte Potenz und Fruchtbarkeit erhöhen, doch für diese Eigenschaften lassen sich keinerlei wissenschaftliche Belege finden.

Informationen zu Bilsenkraut, Hexenkraut (Stechapfel), Tintenbeere (Tollkirsche), Fliegenpilz und indischem Hanf finden Sie im Kapitel »Hexen und ihre Gifte«.

15. Zaubertrank, der verwandelten Wesen wieder zu ihrer natürlichen Gestalt verhilft (Gegenmittel zu den Rezepten Nr. 12, 13 und 14)

Nimm:

Essig,

Saft der Zitronatzitrone (Citrus medica),

Vitriolessenz, in Wasser gelöst,

Madame de Montespan und ihre Wahrsagerin

Asche der Salzkrautpflanze (Salicornia) als alkalines Salz,
Borax,
2 Körnchen Ipecacuanha (Cephaelis ipecacuanha;
   Brechwurzel),
Kochwasser vom Kohl (Brassica oleracea), mehrfach gefiltert,
Kalkwasser, in dem Chinarinde (Cinchonae cortex) gekocht
   wurde,
Extrakt von Minze (Mentha piperita),
Extrakt von Eisenkraut (Verbena officinalis),
Extrakt von Salbei (Salvia officinalis),
Milch,
warmes Öl.

Verrühre alles, filtere es sorgfältig, bis du einen Trank hast.
Willst du den Trank verstärken, so nimm dazu noch etwas **Portulaksaft** (Portulaca oleracea).

Gib dem Tier, das du in seine ursprüngliche Form zurückverwandeln möchtest, davon zwei bis drei Eßlöffel ein.

Blas dann mit aller Macht deinen Atem auf seine Schnauze,
so wird es in seine ursprüngliche Form zurückkehren. Die Verwandlung beginnt an den hinteren Körperteilen.

K. d. A.: Keine der angegebenen Zutaten ist in der Lage, auf den versprochenen Zustand hinzuwirken. Auch gibt es für derartige Rückverwandlungen keine überzeugenden Quellen.

Über die Wirkung von Minze, Eisenkraut, Salbei und Portulak werde ich später noch berichten.

Sämtliche anderen Zutaten – abgesehen vom Ipecacuanha – wirken sowohl äußerlich als auch innerlich entgiftend und entschlackend.

Ipecacuanha ist ein probates Brechmittel.

16. Trank und Pulver, wie sie bei einer schwarzen Messe der Madame de Montespan* gewonnen wurden

Die Messe wird auf dem nackten Leib einer ausgestreckt liegenden Frau zelebriert, die eine Maske trägt. Dabei wird ein Kind geopfert.

Im Augenblick der Opferung wird dem Kind die Kehle durchgeschnitten. Das austretende **Blut** fängt man in einer Schale auf, die auf dem Schamhügel der liegenden Frau plaziert wird.

Dabei rezitierte Madame de Montespan folgendes Gebet:

»*Astaroth und Asmodeus, die ihr Ursprung und Beginn aller Liebe seid, ich flehe euch an, das Opfer dieses Knaben anzunehmen, das ich euch nun darbringe, damit ihr mir schenkt, was ich von euch begehre: Daß die Liebe des Königs dauern möge, daß sie niemals aufhören möge und daß die Königin weiterhin unfruchtbar bleibe.*«

Danach wurde eine Hostie in die Vagina der liegenden Frau eingeführt, während ihre Genitalien und die des zelebrierenden Priesters gleichzeitig mit einer **Mischung aus Blut und Wein** gewaschen wurden.

Diese Mischung, die in einer Phiole aufgefangen wurde, gab man dann dem König heimlich zu trinken.

Herz und Eingeweide des geopferten Knaben nahm der Priester an sich, um sie noch einmal zu »weihen«. Dabei wurden sie zuerst getrocknet, dann verbrannt. Das so gewonnene Pulver wurde dem König unter seine Mahlzeiten gemischt.

K. d. A.: Angesichts dieser Methoden erscheint es nur zu wahrscheinlich, daß die schwache Gesundheit Ludwigs XIV., der

---

*Madame de Montespan war eine der Mätressen Ludwigs XIV.

unter allerlei Verdauungsprobleme und Unpäßlichkeiten litt, von den giftigen Pülverchen herrührte, die ihm seine Mätresse, Madame de Montespan, heimlich zu essen oder zu trinken gab. Am gefährlichsten war zweifelsohne die Spanische Fliege, die er nichtsdestotrotz regelmäßig einnahm, da sie als Aphrodisiakum galt.

17. Zaubertrank, wie er während einer der Messen »mit erotischer Wirkung« gewonnen wurde, die Madame de Montespan veranstaltete

Madame de Montespan ließ auch »gewöhnliche« Messen zelebrieren, um sich die Liebe Ludwigs XIV. zu erhalten.

Einen kleinen Unterschied wiesen diese Messen allerdings auf: Das Evangelium wurde auf dem Kopf einer nackten, liegenden Frau gelesen, während der Priester ihr gleichzeitig **Vaginalsekrete und Speichel** abnahm, die er in ein Fläschchen mit Flüssigkeit gab. Am Ende der Lesung sprach die Montespan folgende Worte:

»Möge die Königin für immer unfruchtbar bleiben. Möge der König ihr Bett und ihre Tafel verlassen, um beides mit mir zu teilen. Möge ich von ihm alles erhalten, was ich für mich und meine Angehörigen erbitte. Mögen meine Diener ihm angenehm sein. Möge ich in den Kronrat berufen werden. Mögen die mächtigsten Adeligen des Landes mir mit Liebe und Respekt begegnen. Möge ich alles erfahren, was dort entschieden wird. Möge der König in Liebe zu mir zurückkehren und seine augenblickliche Mätresse für immer verlassen. Möge er die Königin verstoßen, um mich zu seiner Frau zu machen.«

Ihre Wahrsagerin versicherte der Montespan, daß all dies eintreten werde.

K. d. A.: Der Trank wird hier während einer blasphemischen Zeremonie gewonnen. Über seine Beschaffenheit läßt sich sagen, daß das angestrebte Ziel damit keineswegs erreicht werden kann.

Daß Ludwig XIV. der Montespan treu blieb, kann als reiner Zufall betrachtet werden und geht vermutlich auf die Tatsache zurück, daß er zum einen einfach älter wurde und daß zum anderen Madame de Montespan tiefsitzende Ängste in ihm zu schüren wußte.

18. Rezept zur Erreichung der höchsten magischen Kräfte

Zutaten:
ein Rosenkranz aus menschlichen Zähnen,
ein Kelch, der aus einem menschlichen Schädel gefertigt
    wurde,
ein Thron, auf dem die Haut eines Adepten ausgebreitet wird,
ein Armband, aus Frauenhaar geflochten,
Wein,
indischer Hanf (Cannabis sativa var. indica).

Procedere:
Zur Vorbereitung auf den Ritus rauch den indischen Hanf. Nimm dann die 5 »Sakramente« zu dir:
    1) Iß Fisch.
    2) Iß Fleisch vom Ochsen.
    3) Trink berauschende Getränke.
    4) Nimm pflanzliche Aphrodisiaka zu dir.

5) Praktiziere die sexuelle Vereinigung wie im folgenden beschrieben.

Nachdem du die ersten vier Punkte erfüllt hast, stellst du dir vor, daß die schlangenförmige Göttin in dir wohnt* und wiederholst deine persönliche Anrufungsformel.

Sodann zeichnest du auf dein Lager ein dreieckiges Diagramm. Fahr fort, die Göttin anzubeten und stell dir ihr Bild innerhalb des Dreiecks vor.

An diesem Punkt beginnst du mit dem fünften »Sakrament«: Du vereinigst dich mit deiner realen Partnerin innerhalb des vorher bezeichneten Dreiecks.

K. d. A.: Pure Phantasterei!

Der Drogenkonsum (legal, was den Alkohol, illegal, was das Haschisch beziehungsweise Marihuana betrifft) kann allerdings zusammen mit den eiweißhaltigen Speisen und den pflanzlichen Aphrodisiaka in Menschen, die unbedingt daran glauben wollen, den Eindruck hervorrufen, sie hätten nun die höchsten magischen Kräfte erreicht.

Der indische Hanf wird unter den Hexengiften genauer beschrieben.

19. Unsterblichkeits-Trank

Du benötigst dazu:
einen in Baumwolle gewickelten Stöpsel aus Holz,
zwei Pfropfen aus Tuch,

---

* Die Anhänger dieser Sekte glaubten, daß in jedem von ihnen eine schlangenförmige Göttin wohne, die ihren wichtigsten Ausdruck im männlichen Glied fand.

einen Vertrauten,

einen geeigneten Ort (zum Beispiel einen auf einer Berg- oder Hügelspitze gelegenen Tempel), wo das Elixier gewonnen werden kann.

Konzentrier dich auf deinen Unterbauch, während du gleichzeitig die sechs Sinnesorgane schüttelst (Nase, Ohren, Augen, Zunge, den ganzen Kopf, welcher für den Geist steht, und Penis). Auf diese Weise erweckst du den unsterblichen Samen.

Der Samen wird versuchen, den Körper durch den Penis zu verlassen. Dies mußt du durch tiefes Ein- und Ausatmen verhindern. Natürlich wird der unsterbliche Samen sich einen anderen natürlichen Ausgang suchen: den Anus. Dieser Ausgang wird ihm mittels eines Holzstöpsels verwehrt.

Sodann wird er sich zur Wirbelsäule hin bewegen. Sobald er am Kreuzbein ankommt, mußt du die Wurzel des Penis zwischen Mittel- und Zeigefinger nehmen und fest zudrücken. Gleichzeitig rollst du die Augen, atmest tief ein, drückst die Zunge gegen den Gaumen und kneifst die Hinterbacken fest zusammen. Gleichzeitig piekst dein Vertrauter dich am Steißbein.

So passiert der göttliche Samen die erste Pforte der Wirbelsäule. Automatisch wird er nun andere Pforten durchmessen, bis er im sensitiven Zentrum am Hinterkopf ankommt. An diesem Punkt mußt du zum zweiten Mal heftig die Augen rollen, damit das innere Licht, das sich zu diesem Zeitpunkt bereits in dir manifestiert hat, festgehalten werden kann. Die Propfen aus Tuch verhindern, daß es durch die Nase entweicht. Der göttliche Same dringt also in die sensitive Höhle oberhalb der Nasenlöcher ein und wird dort zu Speichel. Diesen darfst du keinesfalls ausspucken. Vielmehr mußt du ihn schlucken, damit er im Körper zirkulieren und in den Unterbauch zurückkehren kann. Danach masturbiere und sammle den kostbaren Samen in einem Fläschchen. Bereite daraus nun ein Elixier zu, das du trinkst.

An diesem Punkt hast du die Unsterblichkeit erreicht.

K. d. A.: Nun ja, wenn es denn so einfach wäre! Aber die suggestive Wirkung dieses höchst komplexen Vorgangs kann – wie beim vorhergehenden Rezept – durchaus den Eindruck hervorrufen, daß ein Höchstmaß an Selbstkontrolle und damit die Unsterblichkeit erreicht ist.

Das Elixier besteht eigentlich nur aus dem Samen, der, nachdem er lange Irrfahrten durch den gesamten Körper unternommen hat, sich in Speichel verwandelt und sich dann von neuem in den Geschlechtsdrüsen als Samen manifestiert. Doch erst das ejakulierte Elaborat darf als Elixier gelten.

20. Wie man einen Teufel als Diener bekommt

Zuerst rezitiere eine Heilig-Geist-Messe. Reiß dann einem noch lebenden schwarzen **Hahn die Augen** aus.

Ruf in einer langen Zeremonie den Satan an.

Wenn er auftaucht, wirfst du ihm einen Happen aus **einer toten Maus und mit Heliotrop gekochtem Fleisch** hin, daß er ihn frißt.

Von diesem Augenblick an ist der Dämon dein Diener.

K. d. A.: Schwarzmagische Hexenpraxis ohne jegliche Grundlage. Hier hilft nicht einmal mehr der Glaube.

Dem Fleisch gekochter Mäuse sprach man schweißtreibende, entgiftende und reinigende Eigenschaften zu. Diese konnten niemals nachgewiesen werden.

Zu den Wirkungen des Heliotrops siehe Rezept Nr. 23.

21. *Räucherwerk und Ritual zur Anrufung der Dämonen*

Schneide nachts bei abnehmendem Mond einen Zweig **Anis** (Pimpinella anisum) mit Früchten, einen **Thymian**- und einen **Lorbeer**zweig, beide dicht voller Blätter.

Genau um Mitternacht legst du sie auf eine Tischplatte zwischen zwei Kerzen aus reinem Bienenwachs. Darunter verbrennst du die ganze Nacht **Weihrauch** und Anisblätter.

Wenn die Sonne aufgeht, legst du die Zweiglein in eine flache Schale aus Metall, besprengst sie mit Alkohol und setzt sie in Brand.

An diesem Punkt rufst du einen oder mehrere Geister an. Sie werden dir in der Flamme erscheinen.

K. d. A.: Mit diesem Rezept hat wohl noch niemand je die versprochenen Wirkungen erzielt.

Nichtsdestotrotz gilt der Anis schon seit jeher als erprobtes Mittel zur Geisterbeschwörung und zur Erlangung ewiger Jugend. Bedauerlicherweise konnte keine der beiden Eigenschaften je nachgewiesen werden.

Das gleiche gilt für den Lorbeer (Laurus nobilis), die Pflanze, in welche sich die Nymphe Daphne verwandelte, um sich vor den Nachstellungen Apollos zu schützen, der daraufhin zum Beschützer der Pflanze wurde.

Empedokles nannte den Lorbeer »die erhabene Pflanze«, da man mit ihm früher Dichter und Sieger im Wettkampf oder in der Schlacht krönte. In der Medizin wird er häufig eingesetzt, zum Beispiel als Infus zum Schwitzen und zur Erleichterung der Verdauungstätigkeit oder als Teilbad gegen müde und geschwollene Beine. Diese letztere Anwendungsmöglichkeit machen sich seit jeher auch Sportler bei der Vorbereitung auf den Wettkampf zunutze.

Der Thymian (Thymus vulgaris) galt als magisches Kraut, das die Grenzen der Seele erweitern hilft. Daher setzte man ihn nicht nur zur Geisterbeschwörung, sondern auch zur Bekämpfung finsterer Mächte ein. Außerdem nutzte man ihn zum Ausräuchern von Räumen, da er reinigend wirkt. Er soll darüber hinaus den Mut ebenso stärken wie die seelischen und sexuellen Kräfte des Anwenders. Sogar um die Felder fruchtbar zu machen, setzte man ihn ein. Bis auf die antibakterielle Wirkung läßt sich keine dieser Eigenschaften wissenschaftlich nachweisen.

22. Zaubertrank und Ritual zur Erhaltung der Jugend

Wer ewig jung bleiben möchte, muß nicht gleich einen Pakt mit dem Teufel schließen wie weiland Dr. Faustus.

Schneid nur einfach in einer Vollmondnacht einen Zweig **Anis** (Pimpinella anisum), an dem viele Früchte hängen. Koch daraus langsam einen dicken Saft.

Dieser Flüssigkeit fügst du folgendes zu:

Orangensaft,

Filtrat von Basilikum (Ocimum basilicum),

Tausendgüldenkraut (Centaurium erythrea), feingehackt und mit einem harzigen Wein und dem Blut eines Käuzchens vermischt,

Infus vom Johanniskraut (Hypericum perforatum oder Teufelsflucht).

Verrühr die Zutaten gut und misch einen halben Liter **Wermutabsud** (Artemisia absinthium) darunter.

Nimm davon einen Eßlöffel täglich ein. Außerdem mußt du so oft als möglich die Dämpfe dieser Mixtur einatmen. Zu diesem Zweck bewahrst du sie in einem Tonkrug neben dem Bett auf. Auf diese Weise wirst du dir ewige Jugend bewahren.

Wenn du neben diesem Trank noch mehr tun und einen Pakt mit dem Teufel schließen willst: Nimm acht Orangenkerne und drei Tropfen deines Blutes, zerstampf beides im Mörser und unterzeichne mit dieser Mischung das Pergament, auf dem der Pakt geschlossen wird.

K. d. A.: Leider ist das angegebene Rezept zur Erlangung ewiger Jugend ungeeignet.

Blüten, Saft und Kerne der Orange sollten hellseherische und andere magische Fähigkeiten fördern.

Das Tausendgüldenkraut konnte angeblich sagenhafte Visionen hervorrufen. Mit Wolfs- und Mäuseurin gemischt sollte es zu rasch einsetzenden erregten Wahnvorstellungen führen.

Das Johanniskraut (auch Teufelsflucht genannt) gilt seit Urzeiten als das Kraut, das Hexen und Magier ihre Schandtaten gestehen läßt. Außerdem schrieb man ihm die Macht zu, böse Geister fernzuhalten.

Die magischen Kräfte des Anis haben wir bereits in Rezept Nr. 21 vorgestellt. Vom Wermut sprechen wir später.

23. Trank und Ritual zur Förderung hellseherischer Fähigkeiten

Nimm:
Infus vom Beifuß (Artemisia vulgaris),
Infus von der Stechpalme (Ilex aquifolium),
Infus vom Sternanis (Illicium verum),
Kirschkerne, zerstampft,
Infus vom Herbstkrokus (Crocus sativus),
Infus von der Sonnenwende (Heliotropium europaeum), der
     zu Mittag gesammelt wird, wenn die Sonne im Zeichen des
     Löwen steht.

Gib alles durch ein feines, ungefärbtes Leinentuch und laß die gereinigte Flüssigkeit mindestens vierzig Tage ruhen.

Nimm mindestens dreißig Tage lang täglich ein Gläschen zu dir.

Üb dich nun in Geduld. Wenn du den Anweisungen Wort für Wort gefolgt bist, wirst du bald fähig sein, alles vorherzusehen, was du willst.

K. d. A.: Es gibt keinen einzigen Beleg dafür, daß diese Rezeptur die Fähigkeit zum Wahrsagen in irgendeiner Weise fördert.

Dem Beifuß schrieb man fälschlicherweise zu, daß er böse Geister fernhalten und hellseherische Gaben verleihen könne. Außerdem sollte er die Fähigkeit vermitteln, ein Horoskop zu interpretieren. Ein Aufguß aus Beifuß diente den Magiern aller Zeiten dazu, ihre Kristallkugel zu putzen.

Auch für die anderen Komponenten des Tranks konnte keine Erhöhung divinatorischer Gaben festgestellt werden.

Gleichwohl gilt beispielsweise die Stechpalme seit alters her als Glücksbringer.

Aus den Samen des Sternanis machte man früher Pendel.

Das Basilikum diente den Hexen angeblich zur Stärkung beim Flug zum Sabbat.

Kirschkerne sollten dem, der sie aß, helfen, die Sprache der Vögel zu verstehen.

Dem Herbst- beziehungsweise Safrankrokus schrieb man in vergangenen Zeiten euphorisierende Eigenschaften zu. Er sollte außerdem die Fähigkeit zur übersinnlichen Wahrnehmung schärfen. Heute benutzen wir seine getrockneten Blütennarben nur noch in der Küche – als Safran.

24. Zaubertrank, der unsichtbar macht

Wenn die Sonne im Zeichen des Löwen steht, schneidest du mit einem Messer mit goldener Klinge genau um Mitternacht das Kraut der **Wegwarte** (Cichorium intybus). Während du das Kraut sammelst und den Trank bereitest, mußt du absolutes Stillschweigen bewahren.

Sobald du das Kraut in Händen hältst, bleibst du wie angewurzelt stehen. Beiß die Blätter glatt ab und kau sie gründlich, bevor du sie schluckst.

Leg die übriggebliebenen Stiele sodann mit größter Sorgfalt in einen Jutesack. Bewahr diesen an einem dunklen, kühlen Ort auf, bis der magische Moment gekommen ist.

Auf eine leere Tischplatte stellst du nun einen hölzernen Teller. Bereite aus den Stielen der Wegwarte ein Bett.

Auf dieses legst du nun:
Basilikum (Ocimum basilicum),
Radicchio aus dem Treviso,
Tollkirsche (Atropa belladonna),
Bilsenkraut (Hyoscyamus niger),
Stechapfel (Datura stramonium).

Halt all deine Gedanken beisammen und rühre die Mischung im Uhrzeigersinn um, bevor du sie kleinhackst. Laß das Ganze in einem Heuhaufen dreißig Tage lang gären.

Gieß die Mischung dann durch ein Leinentuch. Jedesmal, wenn der Hahn kräht, nimmst du drei Eßlöffel davon. Von diesem Moment an kannst du anstellen, was immer du willst, da du für einen ganzen Tag unsichtbar sein wirst.

K. d. A.: Auch hier können wir nur feststellen, daß bei aller Raffinesse, mit welcher die Zubereitung dieses Getränks vonstatten geht, der Erfolg höchst unwahrscheinlich ist.

Aufgrund der halluzinogenen Bestandteile ist es allerdings möglich, daß derjenige, der den Trank in gutem Glauben zu sich nahm, sich unsichtbar wähnte. Da dies nicht der Fall war, erging es ihm vermutlich wie dem armen Calandrino in einer von Boccaccios Novellen.

Von der Wegwarte glaubte man zu jener Zeit nicht nur, daß sie unsichtbar mache. Ihr wurde auch die Fähigkeit zugeschrieben, ein zerrüttetes Nervenkostüm wieder zu stabilisieren. Derjenige, der sie regelmäßig zu sich nahm, sei in der Lage, mit den Wechselfällen des Lebens besser fertig zu werden. Außerdem glaubte man, daß sie Glück bringe, weil sie bewirke, daß man seine Mitmenschen leicht für sich gewinne.

Dasselbe galt für den Radicchio.

Von Tollkirsche, Bilsenkraut und Stechapfel werden wir bei den Hexengiften Näheres hören.

Nähere Informationen zum Basilikum finden Sie in Rezept Nr. 22.

Sexualität

Die Hexen verfügten über eine starke, aber durchweg unterdrückte Sexualität, was in einer Epoche, in der sexuelle Regungen ein absolutes Tabu waren, nicht weiter verwundert.

Im Mittelalter und in der Renaissance waren die Hexen aber nicht die einzigen, die mit diesem Problem zu kämpfen hatten. Die ganze Bevölkerung war betroffen. Und obwohl die »gemeinen Leute« von den *ars amandi* (der Liebeskunst Ovids) nicht viel wußten, so suchten sie doch nach Möglichkeiten, die eigene Sexualität auszudrücken.

Dieser allgemeine Wunsch nach einem umfassenderen Ausdruck der eigenen sexuellen Wünsche brachte die Hexen dazu, ihre Kenntnisse von den magischen Wirkungen der Natur in die verschiedensten Rezepturen einfließen zu lassen, die sich gerade mit jenem Tabubereich beschäftigten.

Das verbotene Treiben der Hexen hatte schon seit jeher in den Menschen ein besonderes Interesse geweckt. Und so gingen sie hin und erstanden deren Mittelchen, probierten sie aus und übertrieben es mitunter auch, nicht anders als heute, da viele Menschen mit Drogen herumexperimentieren.

Doch was wollten die Hexen mit ihren Rezepturen eigentlich erreichen? Und was wünschten die potentiellen Kunden sich von ihnen?

Ich habe die hier vorgestellten Rezepte nach den jeweiligen Wirkungen, die sie versprachen, in zwölf Gruppen eingeteilt.

Die erste Gruppe umfaßt Rezepte, die das Vergrößern des männlichen Gliedes zum Ziel haben.

Danach folgen Rezepte zur Förderung der Erektion.

Die dritte Gruppe präsentiert sexuell stimulierende Mittel,
das heißt solche mit aphrodisierender Wirkung, obwohl es rein
erotisierende Mittel in Wahrheit nicht gibt. Denn alle bisher ge-
fundenen Aphrodisiaka wie die Spanische Fliege, die Alraune
oder die Yohimbe wirken zwar durchaus sexuell stimulierend,
aber nur aufgrund ihrer toxischen Aktivität im Körper.

In der vierten Gruppe geht es um Rezepte, die die Lust ver-
tiefen.

Die nächste umfaßt Mittel, die den Genuß an der Sexualität
erhöhen.

Im sechsten Abschnitt finden Sie Rezepturen, um die Qualität und die Quantität des Samenflusses zu steigern.

Die siebte Gruppe stellt Rezepte zur Heilung von Frigidität
und Impotenz vor.

Die Mittel hingegen, welche die weibliche Sexualität brem-
sen, nächtlichen Samenfluß verhindern und allzu heftiger Versuchung entgegenwirken sollten, werden in der nächsten
Gruppe aufgeführt.

Schließlich bleibt da noch das Problem der Jungfräulichkeit.
Die Mehrheit der Männer wollte und will die sexuelle Vergangenheit der eigenen Frau kontrollieren. Also entwickelten die
Hexen Möglichkeiten, diese Tatsache ohne direkten Eingriff zu
überprüfen.

Für die Frauen hingegen schufen sie Mittel, wie eine »de-
fekte« Jungfräulichkeit wieder »repariert« werden konnte, so
daß weder der Ehemann noch die Matrone, die mit der Kontrolle der »Intaktheit« beauftragt war, etwas bemerkten.

Ein weiteres »Arbeitsgebiet« war das weite Feld der Monatsblutung, die man entweder herbeiführen oder in ihrer
Stärke abschwächen wollte. Auch die Regelmäßigkeit des Zy-
klus war Hexen-»Aufgabe«.

Und schließlich gab es da auch noch Mixturen, mit denen
man der Sexualität anderer Menschen Schaden zufügen

konnte, indem man sie zum Beispiel mit Impotenz beziehungsweise Frigidität strafte.

Ihre Kenntnis von Heilmitteln und Kräutern sowie ihre ungeheure Phantasie erlaubten den Hexen, für all diese Bereiche
eine Vielzahl von Rezepten zu schaffen, über deren Wert Sie
sich im folgenden ein Bild machen können.

Rezepte zur Vergrößerung des männlichen Organs

25. Zaubertrank zur Vergrößerung des Umfangs

Nimm je drei Unzen von:
Yamswurzel (Dioscorea batatas),
Petersilie (Petroselinum crispum),
feingemahlenen Stalaktiten,
Sumpfporstkraut (Rauschziest; Herba palustris)
weichem Mark vom Hirschhorn,
Bitterer Kreuzblume (Polygala sibirica).

Misch daraus einen mit Reiswein verdünnten Trank.

Wenn ein Mann davon täglich zwei Gläschen trinkt, wird sein Penis immer größer und größer.

K. d. A.: Wissenschaftlich ist die Wirksamkeit dieses Rezeptes nicht nachgewiesen, auch wenn es Anzeichen dafür gibt, daß die Yamswurzel, die Petersilie und die Bittere Kornblume sowohl beim Mann als auch bei der Frau für verstärkten Blutzufluß in den Geschlechtsorganen sorgen und daher anregend wirken.

Dem Mark vom Hirschhorn schrieb man früher aphrodisierende Wirkung zu. Heute ist seine Wirkungslosigkeit in dieser Hinsicht bewiesen.

Die Yamswurzel soll durch Steigerung des Blutzuflusses fähig sein, die Menstruation herbeizuführen und die Geburt zu erleichtern. Für beide Anwendungsbereiche scheint sie jedoch ungeeignet.

Die Petersilie soll die Wundheilung der weiblichen Genitalien fördern. Sie treibt die Leibesfrucht aus, da sie zu heftigen Uterus- und Genitalkrämpfen führen kann. Die Dosis, die dies bewirken kann, ist aber so hoch, daß sie bereits toxisch wirkt. Von Hexen und Hebammen wurde diese Eigenschaft, die hauptsächlich auf den Wirkstoff Apiol, und zwar sowohl das weiße wie das grüne, zurückgeht, häufig genutzt.

Von der Bitteren Kreuzblume glaubte man, daß sie den Milchfluß der Wöchnerinnen erhöhe und die Sexualität stimuliere. Nachgewiesen ist bis heute nur die auswurffördernde Wirkung bei Husten.

Daß den kalziumreichen Stalaktiten allgemein stärkende Wirkung auf das männliche Glied und die Samenproduktion zugeschrieben wurde, lag wohl ausschließlich am analogen Denken dieser Zeit. Keine dieser Eigenschaften ist heute nachzuweisen.

26. Variationen zum vorhergehenden Rezept

- Wer Kinder haben möchte, muß den Anteil an Petersilie verdoppeln.
- Wer sein Glied härter machen möchte, muß die doppelte Menge Bittere Kornblume zugeben.
- Wer sein Glied verlängern möchte, muß den Anteil an Hirschhornmark verdoppeln.
- Soll die Samenmenge vermehrt werden, genügt die doppelte Menge Stalaktitenpulver.

Zwei Gläschen pro Tag, und du wirst dich bald bester Ergebnisse erfreuen können.

K. d. A.: Keines dieser Rezepte hat eine medizinisch nachweisbare Wirkung. Siehe Rezept Nr. 25.

27. Pomaden zum Härtermachen des Penis

1) Reib dein Glied mit einer Pomade aus **Esels- und Gänsefett** ein, und es wird sofort steif werden.
2) Du kannst es auch mit einer Paste aus **heller Tonerde,** die du mit dem **Urin eines jungen Stieres** angerührt hast, massieren, wenn dir das lieber ist.
3) Plinius der Ältere schreibt, daß man sich auch den **Eckzahn eines Krokodils** in den Hintern stecken kann, um dieselbe Wirkung zu erzielen.

K. d. A.: Bei den ersten beiden Rezepten bewirkt bereits die mechanische Bearbeitung des Gliedes den entsprechenden Blutzufluß. Dazu kommt beim zweiten Rezept noch die Suggestivwirkung der magischen Zubereitung.

Sollte das dritte Rezept überhaupt eine gewisse Wirkung erzielen, so beruht diese auf purer Einbildung.

28. Pomade, die den Penis dick und voluminös macht

Nimm je ein Scrupulum von:
Pfeffer (Piper nigrum),
Lavendel (Lavandula angustifolia),
Moschus.

Zerstampf diese Zutaten in einem Mörser zu Pulver.

Von diesem Pulver rührst du gerade so viel in mit **Ingwer** (Zingiber officinale) gewürzten Honig, bis daraus eine streichfähige Pomade wird.

Massiere nun das Glied mit warmem Wasser und bestreiche es mit dieser Pomade.

Bald wirst du sehen, wie dein Penis sich vergrößert.

K. d. A.: Der angestrebte Effekt kann aufgrund der durchblutungsfördernden Massage mit einem »Gleitmittel« durchaus erreicht werden.

Tatsächlich glaubte man vom Pfeffer, daß er die Lust stimuliere, zusammenziehend wirke und auch die Samenproduktion fördere.

Der Lavendel galt als Pflanze, die den Zauber der eigenen Person erhöhte und somit verführerisch auf andere wirkte. Junge Mädchen legten ihn unter das Kopfkissen, um von ihrem Zukünftigen zu träumen. Und Pärchen half er angeblich, ihre Schwierigkeiten zu überwinden. Wissenschaftlich können diese Eigenschaften nicht nachgewiesen werden.

Dem Moschus schrieb man adstringierende Wirkung zu, was den venösen Rückfluß des Blutes aus dem Penis verhindern sollte.

Der Honig wurde benutzt, um das Eindringen des Penis in die Vagina zu erleichtern und auch als »Gleitmittel« während des Masturbierens.

Der Ingwer wirkte durchblutungsfördernd auf die Sexualorgane. Angeblich förderte er auch die Samenproduktion. Letzteres wird von der Wissenschaft allerdings bezweifelt.

29. Behandlung, um ein kleines Glied zum Geschlechtsverkehr bereit zu machen

Massier deinen Penis mit lauwarmem Wasser. Du mußt dabei langsam massieren und dein Glied mit den Fingern umfassen. Reib von unten nach oben, bis dein Organ karmesinrot wird.

Reib es dann ausgiebig mit **Honig** und **Ingwer** (Zingiber officinale) ein, bis es steif genug ist, um in das Weib einzudringen.

K. d. A.: Die hier erzielte Wirkung beruht hauptsächlich auf der mechanischen Bearbeitung des Penis, die von durchblutungsfördernder Wirkung des Ingwer und dem Gleiteffekt des Honigs noch gesteigert wird.

Nähere Informationen zu Honig und Ingwer finden Sie in Rezept Nr. 28.

30. Wie man einen zu weichen Penis härter macht

Such dir eine schöne **Aubergine**, die gerade groß genug ist, um deinen erigierten Penis ganz zu bedecken. Schneid sie der Länge nach in zwei etwa gleich große Hälften. Befrei sie sorgfältig von Kernen. Sie werden sozusagen das Bett für dein Glied sein.

Bereite jetzt eine Paste aus Mehl und Wasser zu, in der du ein wenig **Aloeschalen, Gewürze, zwölf Pfefferkörner** und **Gewürznelken** aufkochen läßt. Füg dem Ganzen noch ein paar Tropfen **Vanilleessenz** zu.

Bestreich nun dein Glied mit dieser Paste und leg dann die beiden Auberginenhälften darüber.

Kurze Zeit darauf wirst du eine gewisse Hitze spüren, die sich ins Unerträgliche steigert, wenn du das Glied zu lange im Bett seines Vergnügens läßt. Außerdem riskierst du damit, daß dein Penis nicht mehr erschlafft. Auch eine Blasenentzündung kann die Folge sein. Daher sollte diese Behandlung nur direkt vor dem Geschlechtsverkehr und höchstens acht oder zehn Minuten lang durchgeführt werden.

Nach der Vereinigung solltest du dein Glied sorgfältig in Malvenwasser baden.

Nach Antonio Greneer ist dieses Rezept hoch wirksam.

K. d. A.: Die Wirkung dieses Rezepts beruht auf der Hitzeentwicklung. Vorsicht: Es kann zu Verätzungen kommen.

Zu den einzelnen Komponenten: Die Aloe (Aloe vera) wirkt festigend. Den Gewürznelken schrieb man starke sexuelle Schwingungen zu, ebenso der Vanille (Vanilla planifolia), die darüber hinaus noch stimulierend wirken sollte. Die Malve (Malva sylvestris) hingegen sorgt für sofortigen Blutabfluß und hilft außerdem noch bei Entzündungen.

Zum Pfeffer siehe Rezept Nr. 28.

31. Wie man den Umfang des männlichen Gliedes vergrößert

Nimm:
den Phallus eines Esels,
zehn Zwiebeln.

Koch diese Zutaten mit ausreichend Mehl.

Füttere mit dieser Mischung acht Monate lang deine **Hühner.**

Sobald sie ein ordentliches Gewicht erreicht haben, bereitest du sie ganz nach deinem Geschmack zu. Iß sodann eine Woche lang nur von diesem Gericht.

In den folgenden Tagen wird dein Penis langsam größer und größer werden.

K. d. A.: Wenn mit dieser Rezeptur überhaupt irgendwelche Ergebnisse erzielt werden, so beruhen sie auf purer Phantasie.

32. Wie man das männliche Glied kräftigt

– Nimm die **Haut eines Geiers** und wickle dein Glied darin ein.
Oder:
– Häute einen Geier ab und verbrenn die Haut.

Sammle die Asche und bewahre sie in einem Gefäß auf.

Rühr dir davon einen Teelöffel täglich in irgendein Getränk oder Nahrungsmittel.

Es gibt noch eine dritte Möglichkeit:

– Rupf einen Geier und gare langsam die Haut. Mit dieser Haut würzt du alles, was du ißt.

Nachdem du diese Rezepturen zum Einnehmen oder Einreiben angewendet hast, wird dein Glied langsam, aber sicher immer größer werden.

K. d. A.: Für die angegebene Wirkung finden sich in diesem Rezept keinerlei nachvollziehbare Grundlagen.

Sowohl die Zutaten als auch die Zubereitungsform sind rein symbolhaft anzusehen. Für eine tatsächliche Wirksamkeit gibt es nicht den geringsten Hinweis.

33. Wie man zu klein geratene Geschlechtsorgane behandelt

Entdeckt ein Mann, daß er von diesem Unglück befallen ist, muß er sich ein gekochtes Gericht aus folgenden Zutaten zubereiten lassen:

Hoden von roten Stieren	*2 Libra,*
menschliche Plazenta	*1 Libra,*
ganze Muskatnüsse (Myristica fragrans)	*10 Stück,*
Pfefferkörner (Piper nigrum)	*10 Stück.*

Der Unglückliche muß all dies seinem Weib zu essen geben.

Sobald diese das Gericht verdaut hat, muß er die Pfefferkörner und die Muskatnüsse aus ihren Fäkalien bergen. Auch den Urin des Weibes muß er in den darauffolgenden 48 Stunden sammeln.

Aus diesen Zutaten muß er sodann ein Elektuar bereiten, indem er sie mit einem Libra **Honig** verrührt und ein Pint Sirup aus **Beifuß** (Artemisia vulgaris) zufügt.

Das Ganze muß dann einige Stunden lang in einem Tongefäß ziehen.

Danach ist das Zaubermittel fertig: Trink davon ein Gläschen pro Tag, bis deine Sexualorgane sich soweit entwickelt haben, daß du deinem Weib beiwohnen kannst.

Ist es das Weib, das von diesem Unglück betroffen ist, so muß sie dieselbe Prozedur befolgen. Statt der Stierhoden nimmt sie allerdings **Eierstöcke von der Kuh.**

Das Ergebnis wird gleichermaßen befriedigend ausfallen.

Wenn beide – Mann und Weib – mit diesem Fluch gestraft sind, so soll der Mann durch den Ehering des Weibes urinieren, den sie ihm hält.

Nach einem Monat unablässigen Ausübens dieser Maßnahme wird der Erfolg sich einstellen.

K. d. A.: Die Behandlung beruht zweifellos auf einem etwas bizarren Symbolismus.

Heute wissen wir, daß die Krux des Infantilismus der Sexualorgane – in bestimmten Fällen – mit hormonalen Gaben behandelt werden kann.

Mittelbar wird dafür Gonatotropin, das heißt die von der Hypophyse produzierten Hormone, eingesetzt; eine direkte Beeinflussung erzielt man mit männlichen beziehungsweise weiblichen Sexualhormonen. Gonatotropin findet sich sowohl in der Plazenta wie im Urin schwangerer Frauen, Sexualhormone in den Hoden beziehungsweise Eierstöcken. Auf die in diesem Rezept beschriebene Weise können sie allerdings nicht gewonnen werden.

Daher fußt das Rezept ausschließlich auf der symbolischen Bedeutung, die man seinen Zutaten zuschrieb. Genitaler Infantilismus, die mangelnde Ausprägung der Sexualorgane, kann so nicht geheilt werden – jedenfalls nach den Erkenntnissen der modernen Wissenschaft.

Es ist jedoch nicht auszuschließen, daß die suggestive Wirkung der Behandlung im Gehirn Botenstoffe aktiviert, welche die Hypophyse zur Produktion der entsprechenden Hormone anregen.

Muskatnüsse beziehungsweise Pfefferkörner aus den Fäkalien einer Frau zu gewinnen ist eine Praxis, die erst am Ende des 14. Jahrhunderts eingeführt wurde. Man nimmt heute an, daß dies vor allem von Kupplerinnen empfohlen wurde, die für Männer willige Frauen suchten.

Die Kupplerinnen gaben den Frauen diese Dinge – »verpackt« in besondere Leckerbissen – zu essen, weil sie hofften, so ihre Ziele besser zu erreichen.

Dabei erscheint die Prozedur im ersten Teil des Rezepts letztlich völlig unnötig, da das Angebot wahrscheinlich ohnehin angenommen worden wäre, war doch das sexuelle Verlangen durch den übermäßigen Gebrauch der Gewürze kräftig stimuliert.

Rezepte zur Förderung der Erektion

34. Pille, die eine befriedigende Erektion herbeiführt

Folgende Zutaten werden dafür benötigt:
4 Teile Cistanche-Soße,
4 Teile Samen von Cuscuta europaea,
4 Teile Petersilie (Petroselinum crispum),
4 Teile Schizandra (Schisandra chinensis),
4 Teile Bittere Kreuzblume (Polygala sibirica),
4 Teile Sumpfporstkraut (Rauschziest; Herba palustris)
und gut getrocknete Rinde von einem Birnbaum.

Zerkleinere die Zutaten, so gut du kannst, und sieb sie dann gründlich durch.

Verrühr die Mischung sodann mit gerade so viel **Honig**, daß du daraus samenähnliche Pillen drehen kannst.

Nimm bei Morgengrauen fünf Pillen ein und knie während des Tages zweimal – mit dem Gesicht nach Osten gewandt – nieder.

Solltest du keine Besserung bemerken, nimmst du täglich vierzehn dieser Pillen ein (sieben + sieben). Die ersten Ergebnisse werden erst nach gut dreißig Tagen fühlbar. Nach einem Monat und zwanzig Tagen wird dein Stengel sich mit aller Gewalt aufrichten.

Auf jeden Fall steigert diese Pille sofort die Lebensenergie im Körper, was zu einer vermehrten Samenproduktion führt. Dein Gesicht bekommt mehr Farbe, du wirst davon stärker und lebhafter.

K. d. A.: Der beschriebene Effekt beruht nur auf Einbildung, auch wenn die verwendeten Zutaten durchaus unterstützend wirken können.

Soße vom Cistanche-Pilz und Schizandra gelten in der chinesischen Medizin als Aphrodisiaka, auch wenn es dafür keinen wissenschaftlichen Beweis gibt.

Die Cuscuta (ein Seidengewächs) soll den Blutzufluß in die Sexualorgane fördern und allgemein reinigende Wirkung haben. Beides wurde wissenschaftlich niemals nachgewiesen.

Der Rinde des Birnbaums hingegen schrieb man adstringierende Kräfte zu, was wohl den venösen Abfluß des Blutes aus dem Penis verhindern sollte.

Petersilie und Bittere Kreuzblume wurden schon im Rezept Nr. 25 erwähnt.

35. Magischer Trunk zur Herbeiführung der Erektion

Zur Zubereitung dieses Trankes braucht man genau fünf Zutaten:
Fleisch vom Cistanche-Pilz, kleingeschnitten und im Mörser zur Soße zerstoßen.

Diese Paste wird sodann durch ein Sieb gestrichen und mit folgenden Zutaten vermischt:
3 Teile Samen von Cuscuta europaea,
3 Teile Bittere Kreuzblume (Polygala sibirica),
4 Teile Petersilie (Petroselinum crispum),
3 Teile Schizandra (Schisandra chinensis).

Diese Mischung wird sodann in Met aufgelöst.

Ein Gläschen von diesem Trank wird dir eine schnellere und stärkere Erektion als üblich bescheren.

K. d. A.: Auch hier beruht die Wirkung wohl hauptsächlich auf dem Suggestiveffekt, auch wenn eine unterstützende Wirkung der Arzneistoffe nicht ausgeschlossen werden kann.

Petersilie und Bittere Kreuzblume haben wir bereits bei Rezept Nr. 25 behandelt. Der Cistanche-Pilz, Cuscuta europaea und Schizandra wurden in Rezept Nr. 34 besprochen.

36. *Wirksamer Trunk bei Schwächung und mangelnder Aktivität der Sexualorgane*

Vermahle das **Horn eines Hirschen** zu Pulver und füge folgendes hinzu:

Wacholderbeeren (Juniperus communis) und Petersiliensamen (Petroselinum crispum),
Schizandra (Schisandra chinensis), kleingeschnitten,
Bittere Kreuzblume (Polygala sibirica),
Stücke von gut getrockneter Birnbaumrinde,
Sumpfporstkraut (Herba palustris).

Bereite nun aus all diesen Zutaten einen Trank. Er wird bei geschwächten und fehlenden Manneskräften Wunder wirken.

In jedem Fall hilft er Männern, deren Stengel sich im Augenblick der Umarmung nicht genügend aufrichtet.

K. d. A.: Die mögliche Wirksamkeit dieses Trankes beruht zum einen auf den Suggestivkräften des magischen Rezeptes, zum anderen auf dem Effekt der verwendeten Arzneistoffe.

Dem Wacholder beziehungsweise dem in seinen Beeren enthaltenen Wirkstoff schrieb man sexuell stimulierende und menstruationsfördernde Wirkung zu.

Nähere Informationen zum Hirschhorn, zur Petersilie und zur Bitteren Kreuzblume finden Sie in Rezept Nr. 25.

Schizandra und Birnbaumrinde werden in Rezept Nr. 33 ausführlicher besprochen.

37. Magischer Trunk für einen Penis, der träge bleibt oder sich aufrichtet, aber nie genügend hart wird, so daß die Umarmung keine Freude mehr bereitet

Nimm:
2 Teile Schizandra (Schisandra chinensis),
mindestens 4 Teile Samen von Cuscuta europaea,
4 Teile Petersilie (Petroselinum crispum)
und 4 Teile von Citrus ichangensis.

Vermahl die Zutaten zu Pulver, sieb sie gut durch und vermisch sie mit Reiswein. Von diesem Trank nimm nur dreimal täglich einen Eßlöffel ein.

So hat auch der Präfekt von Szechuan getan, und er befruchtete seine Frauen noch im Alter von über siebzig Jahren.

K. d. A.: Dieses Rezept hat wohl in erster Linie einen suggestiven Effekt, auch wenn die arzneilichen Wirkstoffe diesen durchaus unterstützen könnten.

In der chinesischen Medizin schreibt man Citrus ichangensis die Kraft zu, müde Männer wieder munter und Frauen leidenschaftlicher zu machen. Diese Eigenschaften konnten wissenschaftlich niemals nachgewiesen werden.

Zur Petersilie siehe Rezept Nr. 25, zur Schizandra und zur Cuscuta siehe Rezept Nr. 30.

38. Pomade, die impotenten Männern erneut zur Erektion verhilft

All diejenigen, deren Penis sich nicht mehr aufrichtet, sollten dem vorhergehenden Rezept folgendes hinzufügen:

3 Teile Asiarum sieboldi,

3 Teile pulverisierten Petersiliensamen (Petroselinum crispum), dessen grobe Bestandteile gründlich durchgesiebt wurden.

Verrühr sämtliche Zutaten gründlich mit aufgeschlagenen, sehr frischen **Spatzeneiern**, so daß eine dicke Paste entsteht.

Diese vermischst du mit Schweinefett zu einer fetten Pomade.

Trag diese auf dein Glied auf, bevor es zur Umarmung kommt. Wenn dein Penis danach nicht mehr schlaff wird, mußt du ausgiebige Waschungen mit eiskaltem Wasser vornehmen.

K. d. A.: Hier beruht die Wirksamkeit wohl nur auf dem rein mechanischen Einfluß.

Asiarum sieboldi soll erotisierende Wirkung aufweisen, was jedoch nie bewiesen wurde.

Zur Petersilie siehe Rezept Nr. 25.

39. Pomade zur Stärkung der Erektion

Rühre eine Pomade aus:

Honig	*eine Unze,*
Muskatnuß (Myristica fragrans)	*ein Scrupulum,*
gemahlenem schwarzen Pfeffer	
(**Piper nigrum**)	*ein Scrupulum,*
Moschus	*ein Scrupulum.*

Etwa eine halbe Stunde vor der Umarmung reibst du mit dieser Pomade dein Glied ein: Es wird sich mühelos versteifen, so daß dir ungekannte Kräfte zufließen.

K. d. A.: Pfeffer, Muskatnuß und Moschus fördern durchaus den Blutzufluß zum Penis, doch hier dürfte die Wirkung wohl hauptsächlich auf das Reiben zurückzuführen sein.

Der Honig, der in der Antike, vor allem in Griechenland, benutzt wurde, dient als Gleitmittel. Er sorgt für eine gute Lösung der Stoffe, die die Blutzufuhr fördern, wie zum Beispiel Pfeffer (vor allem schwarzer), Muskatnuß, Moschus. Auf diese Weise wird ihre Anwendung – ob äußerlich oder oral – weniger schmerzhaft.

Die sogenannte »Muskatbutter«, das heißt das fette Öl der Muskatnuß, wirkt sexuell stimulierend.

Zum schwarzen Pfeffer siehe Rezept Nr. 28. Hier soll noch darauf hingewiesen werden, daß sein durchblutungsfördernder Effekt stärker ist als der anderer Pfefferarten.

Nähere Informationen zu Honig und Moschus finden Sie in Rezept Nr. 28.

40. *Erektionsfördernde Creme*

Verrühr mit einem Rosenzweig mittlerer Größe je zwei Unzen süßen und herben Honig. Nimm dazu ein gläsernes Gefäß und ein Wasserbad, da die Honigsorten sich gut vermischen müssen.

In den noch lauwarmen Honig mischst du nun:
eine Handvoll Blätter der roten Rose (Rosa gallica officinalis), die im Schatten getrocknet wurden,
2 Unzen Weizenschrot,
eine gute Handvoll Kalmussamen (Acorus calamus),

ein paar Malven- oder Basilikumblättchen (Malva sylvestris oder Ocimum basilicum).

All dies wird mit einem halben Rührlöffel kaltgepreßtem Olivenöl verrührt.

Diese Paste trägst du nun auf die Eichel auf, und zwar beginnend mit der Spitze, bis die ganze Eichel bedeckt ist.

Warte ein paar Minuten, bis die Creme eingezogen ist, dann können die erotischen Spiele beginnen.

K. d. A.: Die verschiedenen Bestandteile der Creme können durchaus einen lokalen Effekt haben. Jedenfalls dürfte eine Erektion sich mit hautreizenden Substanzen wie Kalmus, Mehl und Basilikum leichter einstellen.

Auch die mechanische Wirkung beim Eintrocknen der Creme wirkt stimulierend auf die Hautoberfläche.

Die Blätter der roten Rose (Rosa gallica officinalis) üben eine tonisierende und erfrischende Wirkung aus.

Auch das Eindringen wird durch den Honig erleichtert. Körperwärme und die rhythmische Bewegung beim Geschlechtsverkehr lösen die Wirkstoffe von Honig und Malve und üben noch einen zusätzlichen Reiz aus.

Die Bestandteile des Weizenschrots unterstützen die Reibung und erhöhen das Vergnügen des Mannes.

Dieses Rezept, das bereits im alten Griechenland verwendet wurde, scheint sowohl für geschwächte Männer als auch für Frauen mit zuwenig Vaginalsekret nützlich zu sein.

41. *Heilmittel bei zu schwacher Erektion*

Koch zwanzig Eier und füge folgendes hinzu:
Myrrhe (Commiphora molmol),
große Stücke von Zimtrinde (Cinnamomi cortex),
Pfeffer (Piper nigrum).

Von dieser köstlichen Speise ißt du an mehreren aufeinanderfolgenden Tagen (fünf bis sieben an der Zahl). Spätestens am
achten Tag wirst du die Wirkung verspüren. Dein Glied wird
sich öfter aufrichten und stärker sein als früher.

K. d. A.: Zum Suggestiveffekt kommt noch die unbestreitbar
stimulierende Wirkung von Pfeffer und Zimt. Allgemein kann
man davon ausgehen, daß diese Unmenge von Eiern zu einer
generellen Kräftigung führt.

Das Gummiharz der Myrrhe wird durch Einschneiden der
Rinde des Myrrhenstrauchs gewonnen. In der Mythologie
wurde Myrrha von Aphrodite mit einer inzestuösen Zuneigung
zu ihrem Vater bestraft. Ohne sein Wissen vollzog sie die Vereinigung mit ihm. Als er sie deshalb mit dem Schwert verfolgte,
bat sie die Götter, sie in den gleichnamigen Strauch zu verwandeln.

Es existieren zwei Typen von Myrrhe: Zum einen Commiphora molmol, die uns bekannte Myrrhe, welche zum Beispiel bei Ausbleiben der Menses und Einleiten der Geburt
hilft und in vielen Salben verwendet wird. Zum anderen die
sogenannte »falsche Myrrhe« (Commiphora africana oder
micul), die ein äußerst terpenhaltiges ätherisches Öl enthält
und deshalb bereits im alten Ägypten wegen ihres Wohlge-
ruches als Parfüm eingesetzt wurde. Dies ist wohl die Myrrhe,
welche die Weisen aus dem Morgenland dem Jesuskind mit-
brachten.

Man behauptet, daß es die eigene Attraktivität erhöht, wenn man sich den Körper mit Myrrhe salbt. Allerdings soll dies nicht für die Einahme gelten, was in unserem Rezept der Fall wäre.

Der Zimt, der – wie der häufig verwendete Name Ceylonzimt besagt – aus Sri Lanka stammt, wird ebenfalls schon seit sehr langer Zeit als sexuelles Stimulans benutzt. Früher trug man ihn in Säckchen bei sich. Als Räucherwerk vermag er durch seinen Duft durchaus zu erregen.

Zum Pfeffer siehe Rezept Nr. 28.

Rezepte mit erotisierender Wirkung

42. Zaubertrank, der Schüchterne feurig und Gefühlskalte leidenschaftlich macht

Laß **Meeresfrüchte** auf kleiner Flamme mit **Salz, Pfeffer, Anis** und **Kümmel** beziehungsweise Kreuzkümmel garen. Gib etwas **Lorbeer** und zwei Stangen **Staudensellerie** zu.

Laß alles gut durchgaren und gieß dann die Brühe durch ein Sieb. In der so erhaltenen Mischung läßt du eine Stunde lang die **Hoden eines zweijährigen Hahnes** ziehen.

Sodann wird noch einmal gefiltert. Gieß die Flüssigkeit in **Wein aus Ischia,** in den du vorher einige geriebene **Trüffeln** eingelegt hast. Gib ein paar Stücke **Alraunenwurzel** zu und laß das Ganze eine Nacht lang ziehen. Dann ist die Mischung fertig und kann genossen werden.

Nimm vor jeder sexuellen Begegnung davon einen Eßlöffel ein: Bist du selbst schüchtern oder gefühlskalt, wird dieser Trank dich entflammen. Ist es dagegen die von dir begehrte Person, die deiner Leidenschaft gleichgültig gegenübersteht, mußt du ihr nur ein Glas von dieser Mixtur zu trinken geben, und ihre Leidenschaft wird sich unverzüglich entzünden und jeden wie auch immer gearteten Widerstand überwinden.

K. d. A.: Die Wirkung dieses Trankes beruht hauptsächlich auf dem Suggestiveffekt, den zum Beispiel die Hoden des Hahns (siehe dazu Rezept Nr. 53) ausüben. Doch ist nicht auszuschließen, daß eine unterstützende Wirkung von den anderen Bestandteilen ausgeht.

Die Alraunenwurzel (Mandragora officinarum) ist auf jeden Fall giftig.

Den Gewürzen Anis (Pimpinella anisum), Thymian (Thymus vulgaris) und Lorbeer (Laurus nobilis) schrieb man so mancherlei magische Wirkung zu, unter anderem auch die Erregung der Lüste. Das mag wohl hauptsächlich an ihrem Wohlgeschmack und ihrem Duft liegen. (Siehe dazu Rezept Nr. 21.) Die Blätter dieser Duftpflanzen müssen allerdings nachts geerntet werden. Eine unmittelbar erotisierende Wirkung konnte wissenschaftlich nicht nachgewiesen werden.

Der Kümmel, und zwar sowohl der helle Kreuzkümmel (Cuminum cynimum) wie der gewöhnliche schwarze Kümmel (Carum carvi), galt schon in der Antike als Aphrodisiakum, weshalb er zu einem wichtigen Bestandteil erotisierender Tränke wurde. Diesen Ruf verdankt er allerdings nicht seinen wissenschaftlich nachweisbaren Wirkstoffen.

Anders ist es mit den restlichen Bestandteilen der Mixtur: Meeresfrüchte, Wein und Trüffel wirken eindeutig sexuell stimulierend.

Die Alraune stellen wir Ihnen unter den Hexengiften näher vor.

43. Elixier, das in der Hochzeitsnacht aus schüchternen Brautleuten feurige Liebende macht

Leg zu Vollmond folgende Zutaten in ein Gefäß mit altem Branntwein ein und laß sie dort fünfzehn Tage lang ziehen:
Gewürznelken (Caryophylli flos),
eine Muskatnuß (Myristica fragrans) ohne Schale,
Zimt (Cinnamomum verum),
Pfeffer (Piper nigrum),
Anis (Pimpinella anisum),

Koriander (Coriandrum sativum),
Kardamom (Elettaria cardamomum),
Ingwer (Zingiber officinale),
12 kleingehackte Hoden vom Hahn,
eine Unze von männlicher Alraunwurzel (Mandragora
officinarum).

Gib noch ein wenig **Moschus** und **Ambra** zu.

Passier das Ganze dann durch ein doppelt gefaltetes Tuch.

Danach gießt du die Flüssigkeit durch ein Tuch von feinem Leinen, auf das du etwa zwölf süße Mandeln legst.

Wiederhol dies so lange, bis die Flüssigkeit klar ist.

Von diesem Trank gibst du den Brautleuten nach dem Hochzeitsmahl einen ganzen Krug voll zu trinken. (Oder anderen Liebenden nach der Mahlzeit, die der ersten gemeinsamen Liebesnacht vorangeht.)

Bevor sie sich zu Bett begeben, verabreichst du ihnen noch einmal von diesem Elixier, um ihre Sinne zu erwecken und neue Phantasien in ihnen entstehen zu lassen.

K. d. A.: Die Formel für diesen Zaubertrank kann wissenschaftlich nicht bestätigt werden, obwohl man einigen der Zutaten durchaus aphrodisierende Wirkung zuschreibt. Auch hier liegt die Hauptwirkung wohl in der Suggestivkraft.

Tatsächlich besteht die Zubereitungsanweisung aus einer Menge geheimnisvoller Maßnahmen, welche die Phantasie wohl entsprechend anregen. Auch die diabolischen Kräfte des Übernatürlichen finden Eingang, Kräfte, deren williges Werkzeug seit jeher die Hexen sind. All diese Dinge addieren sich zur empirisch nachweisbaren erotisierenden Wirkung einzelner Zutaten, die den Blutzufluß zu den Genitalien steigern, noch hinzu.

Auch von Kardamom, Koriander und Ambra glaubte man,

daß sie sexuell erregend wirkten und die Samenproduktion stimulierten. Wissenschaftlich läßt sich ein derartiger Effekt jedoch nicht nachweisen.

Die Muskatnuß wird in Rezept Nr. 38 näher behandelt, der Zimt in Nr. 39, die Gewürznelken in Nr. 30, der Anis in Nr. 22, Pfeffer, Ingwer und Moschus hingegen in Nr. 28. Zu den Hoden des Hahnes siehe Rezept Nr. 53.

44. Erotisierender Trank

Pflücke bei aufgehender Sonne **drei Früchte von der Alraune** und wickle sie in Blätter von **Eisenkraut**.

Laß sie dergestalt bis zum nächsten Tag liegen, so daß sie in einem lauen Lüftchen ein wenig trocknen können. Preß dann alles aus, so daß du einen dicken Saft erhältst.

In der Zwischenzeit nimmst du sechs Körner von »lapis magneticus«, vom **Magnetstein**, und mahlst sie, so gut du kannst wenigstens zwölf Stunden lang (am Stück!).

Verrühr den Magnetstein mit dem Pflanzensaft. Nimm dazu einen Löffel aus unbehandeltem Holz.

In einem anderen Gefäß sammelst du sodann das **Blut sieben männlicher Spatzen**, das du ihnen aus dem linken Flügel abzapfst. Misch dieses Blut gründlich unter die Magnetstein-Mixtur.

Nun versetzt du den so gewonnenen Trank noch mit 57 Gran **Ambra**, sieben Gran **Moschus**, 386 Gran vom besten **Zimt**, ein paar **Gewürznelken** und **Aloe** nach Geschmack. Danach rührst du zwölf Saugnäpfe von den **Tentakeln eines Polypen** ein, die du vorher in vierundzwanzig Gran **Honig** aus Narbonne und 500 Gran **Radix apurina** eingelegt hast.

Dieser Mischung fügst du eine Unze Zucker zu, den du in einem Glas guten Kreterweines aufgelöst hast.

Zerstoß die Mixtur nun in einem Marmormörser. Mit einem silbernen Löffel gibst du das Ganze nun in ein Terrakottagefäß. Koch den Trank nun so lange, bis daraus ein dicklicher Sirup wird.

Nun mußt du diesen nur noch durch ein seidenes Tuch passieren.

Bewahr den Trank in einem Gefäß aus Gold oder Silber auf und halte ihn immer frisch.

Die so gewonnene Menge reicht für Hunderte von Menschen. Um verbotene Gelüste zu wecken, genügt bereits ein Gläschen. Danach wird jede sexuelle Begegnung die allergrößte Befriedigung verschaffen.

K. d. A.: Ein Trank mit starker Suggestivwirkung, die von der erotisierenden Kraft der Alraune noch unterstützt wird.

Dem Magnetstein wurden vielerlei magische Kräfte zugeschrieben, so auch jene, die Anziehung zwischen den Geschlechtern zu verstärken.

Eine ähnliche Wirkung sagte man auch dem Polypen nach, der mit seinen Tentakeln helfen sollte, die geliebte Person einzufangen.

Von der Radix apurina hingegen glaubte man, sie lasse die Scham schwinden und sei daher für jede Art der Grenzüberschreitung geeignet.

Von Eisenkraut (Verbena officinalis), Vogelblut, Ambra, Moschus, Zimt (Cinnamomum verum), Gewürznelken (Caryophylli flos) und Aloe (Aloe vera) war in den vorangehenden Rezepten schon ausführlich die Rede.

45. Trank zur Steigerung des Liebesfeuers

Nimm:

3 Tropfen Blut von deinem rechten kleinen Finger,
Flügel und Krallen der Fledermaus, kleingehackt,
eine halbe geriebene Muskatnuß (Myristica fragrans).

Übergieß dies alles mit **Orangenblütenessenz** und vermische es
zu gleichen Teilen mit **Zimt** und **Ingwer**.
   Verabreiche das Elixier in einem Krug Bier.
   Bald wird das stärkste Liebesfeuer die betreffende Person
ergreifen.

K. d. A.: Die Wirkung dieses Rezepts beruhte wohl hauptsächlich auf Einbildung, auch wenn Muskatnuß, Zimt (Cinnamomum verum) und Ingwer (Zingiber officinale) hier durchaus
hilfreich waren, weil sie für einen leicht gesteigerten Blutzufluß
in den Genitalien sorgten.
   Bier kann – wie alle alkoholischen Getränke – in einer bestimmten Atmosphäre und einem bestimmten Seelenzustand
dafür sorgen, daß der Trinkende sich euphorisiert fühlt.
   Was die bedauernswerte Fledermaus betrifft, so finden Sie
dazu bereits in Rezept Nr. 5 einige Informationen. Zur Muskatnuß siehe Rezept Nr. 39, zur Orangenblütenessenz Nr. 23,
zum Zimt Nr. 41 und zum Ingwer Rezept Nr. 28.

46. Elixier, das die Sinne entflammt

alkoholischer Auszug
   von Anemonenwurzel   *1 Unze,*
alkoholischer Auszug
   von Beifuß   *1 Unze,*

alkoholischer Auszug
   von Safran   *1 Unze,*
alkoholischer Auszug
   von Spanischer Fliege (1%)   *1 Unze,*
Diese Zutaten rührst du in
   Vanillewasser ein   *3 Unzen.*

Danach gibst du zu:
alkoholischen Auszug von Wacholder   *⅓ Libra,*
Zuckersirup   *⅔ Libra.*

Auf diese Weise bereitest du ein Elixier zu, von dem du ein bis vier Eßlöffel täglich einnimmst.

So wird deine Lust gesteigert, und die Freuden, die du zu bereiten imstande bist, gehen ins Unermeßliche: Dein Partner wird immer zu dir zurückkehren.

K. d. A.: Hier ist die vorhergesagte Wirkung aufgrund der Zusammensetzung durchaus möglich. Spanische Fliege (Lytta vesicatoria) ist hier in der nicht giftigen Dosierung von 0,25 g enthalten. Wie gesagt sind 0,6 g Spanische Fliege bereits giftig, tödlich dagegen sind erst 1,5 g.

Die Anemone sollte aufgrund ihres Duftes sexuell anregend wirken.

Beifuß (Artemisia vulgaris), Safran (Crocus sativus), Wacholder (Juniperus communis) und Vanille (Vanilla planifolia) wurden in anderen Rezepten bereits vorgestellt.

47. Elixier zur Erweckung einer glühenden Leidenschaft

Nimm:
**ausreichend Sekret aus der Vagina (bzw. der Vorhaut),
dem du einige wenige Tropfen reinen Alkohol zufügst.**

Laß nun diese intimen Flüssigkeiten zehn Tage lang ziehen.
   Danach hackst du folgende Zutaten klein:
**Selleriewurzel (Apium graveolens),
Basilikum (Ocimum basilicum),
Drachenwurz (Dracunculus vulgaris bzw. Calla palustris).**

Gieß nun **Kümmelöl** zu der alkoholischen Paste, um das Ganze
zu einer glatten Mixtur zu machen.
   Stell daraus ein Elixier her.
   Zum Einnehmen mischst du nicht mehr als zehn Tropfen in
ein beliebiges Getränk. Dieses Elixier ruft brennende Leidenschaften und glühende Obsessionen hervor.

K. d. A.: Auch wenn Kümmel, Basilikum, Sellerie und Vaginalsekrete beziehungsweise Smegma schon im antiken Rom zur
Herstellung von Liebestränken benutzt wurden, ist die Wirkung dieses Elixiers doch in erster Linie eine suggestive.
   Auch der Drachenwurz schrieb man die Kraft zu, das männliche Glied zu stärken. Dies geht hauptsächlich von der analogen Form ihrer Wurzel aus, die einer Schlange ähnelt.

48. Erotisierender Aufguß

Laß folgende Zutaten zehn Minuten lang kochen:
**Galgant (Galangae rhizoma),
Pfefferkörner (Piper nigrum),**

Gewürznelken (Caryophylli flos),
Kardamom (Elettaria cardamomum),
Anis (Pimpinella anisum),
Muskatnuß (Myristica fragrans),
Ingwer (Zingiber officinale),
Früchte des Lorbeerbaums (Laurus nobilis),
Drachenwurz (Dracunculus vulgaris bzw. Calla palustris).

Laß alles auf kleiner Flamme langsam einkochen. Auf diese Weise erhältst du ein Infus, das du gründlich filtern und in einem Glasgefäß aufbewahren sollst. Verschließ es gut und laß es eine Nacht lang unter einem Möbelstück stehen.

Trinkst du vor der Vereinigung davon ein Gläschen, so wirst du eine unmittelbare und starke Lust empfinden. Wie ein Gladiator wirst du deine Tigerin zähmen.

K. d. A.: Die Bestandteile dieses Trankes wurden in den anderen Rezepten bereits ausführlich besprochen, daher sei hier nur gesagt, daß dieser Trank – wenn man von gewissen Übertreibungen absieht – durchaus halten kann, was er verspricht.

49. Natursäfte zur Stimulierung der Sexualität

Der hier angesprochene »Natursaft« ist der **Urin des Partners,** von dem man wie von fast allen Körpersäften aus dem Genitalbereich (Sperma, Smegma, Vaginalsekret und Menstruationsblut) seit jeher glaubt, er würde sexuell stimulieren. Der Urin kann getrunken (vielleicht mit einem geschmacklichen Korrektiv versetzt) oder getrocknet unter das Essen gemischt werden. In flüssigem Zustand kann er auch äußerlich angewandt und entweder durch die Schleimhäute im Anal- beziehungsweise Genitalbereich oder über die Haut aufgenommen werden.

Nimmt man die in den Körpersäften enthaltenen, angeblich erotisierenden Stoffwechselprodukte der Keimdrüsen beziehungsweise der Hypophyse allerdings oral zu sich, so wird ihre Wirkung durch die Magensäure zunichte gemacht, da diese sie völlig zerstört.

Die Auswirkung des Urins – und der anderen Sekrete – auf Sexualität und Fruchtbarkeit können also nur suggestiver und psychologischer Natur sein. Sie mögen durch das Gefühl der auf die Haut des Partners tropfenden Flüssigkeit ausgelöst werden. Im folgenden Rezept sind sie dazu gedacht, die verschiedenen Körperhöhlungen zu füllen: die Vulva, den Anus, den Nabel, den Mund.

Vor der Vereinigung, wenn die Sehnsüchte beider Partner sich gegenseitig steigern, setzt sich die Partnerin (oder der Partner) nackt über ein Becken, das auf einem Dreifuß steht. (Heute nutzt man dazu sinnvollerweise das weitaus bequemere Bidet.)

Im ersten Fall uriniert der Mann auf die Vulva beziehungsweise den Nabel der Frau oder auf andere erogene Zonen wie die Brust, den Anus und den Mund.

Sitzt hingegen der Mann über dem Becken, so ist es die Frau, die beispielsweise sein Glied oder andere erogene Zonen mit ihrem Urin badet.

Beide Partner werden daraufhin eine ungekannte Lust verspüren.

Das Glied des Mannes wird sich schnell und lange aufrichten. In den Organen der Frau werden die Säfte anfangen zu fließen.

K. d. A.: Diese Prozedur ist wirkungsvoll und keiner der beiden Partner trägt dabei ein Risiko.

Der Effekt ist wohl hauptsächlich ein psychologischer, auch wenn einige der Traktate, in denen sich diese Vorgehensweise fand, von einer den Blutfluß zu den Geschlechtsorganen fördernden, hautreizenden Wirkung der einzelnen Bestandteile des Urins ausgehen. Die im Urin gelösten Substanzen bewirken außerdem eine natürliche Öffnung der Schamlippen sowie eine stärkere Zusammenziehung der Vagina. So wird eine Situation des Hinauszögerns geschaffen, in der sich allmählich Spannung aufbauen kann.

Sexualforscher und Anhänger dieser Praxis nennen sie auch »den Goldregen«.

50. Elektuar zur Erregung der Sinne

Nimm:
Spargelsamen (Asparagus officinalis),
Samen der Stinkmorchel (Phallus impudicus),
Samen von Guarana (Paullinia cupana),
Betelnuß (Areca catechu),
Samen von Palma Christi (Ricinus communis),
Ingwer (Zingiber officinale),
Kardamom (Elettaria cardamomum),
Samen der Gartenrauke (Eruca sativa),
Karottensamen (Daucus carota),
Zwiebelsamen,
Samen von Siler montanum,
Wegwartensamen (Cichorium intybus),
Brennesselsamen (Urtica dioica),
Vogelzungen,
Zucker.

Vermahl zuerst alle Zutaten langsam zu einem galenischen Sirup. Nimm sodann davon morgens und nachmittags drei Scrupula mit Milch ein. Nach siebenundzwanzig Tagen wird in dir eine starke Lust erwachen, so daß du dich nach einer Vereinigung sehnst.

K. d. A.: Einige Bestandteile dieses Rezeptes sind durchaus imstande, die Libido zu schüren. Doch auch hier dürfte die Hauptwirkung der Phantasie zukommen.

Der Spargel beispielsweise enthält erotisierende Wirkstoffe. Auch das Guarana wirkt leicht stimulierend. Frischer Arecasamen (Betelnuß) ist hochgradig giftig, da auf die zunächst erregende Wirkung die Paralyse folgt. (Siehe auch alles, was wir zum Thema »Betel« in Rezept Nr. 7 ausgeführt haben.)

Auch der Samen der Palma Christi, besser bekannt unter dem Namen Rizinussaat, ist sehr giftig. (Siehe dazu das Kapitel über Hexengifte.) Rizinusöl wurde fälschlicherweise ebenfalls für sexuell stimulierend gehalten.

Auch den folgenden Pflanzen wurden erotisierende Kräfte zugeschrieben, die bis heute nicht nachgewiesen werden konnten: Gartenrauke, Karotte, Zwiebel, Siler montanum (eine Ligusterart) und Wegwarte.

Nähere Informationen zu Brennessel, Ingwer, Kardamom und Stinkmorchel finden Sie in den anderen Rezepten.

51. Elektuar zur Steigerung der Libido

Nimm:
verlesene Samen von Sescli marsiliense,
von der Rauke (Eruca sativa),
vom Anis (Pimpinella anisum),
vom Lein (Linum usitatissimum),
vom Pfeffer (Piper nigrum),
von der Dalmatinischen Insektenblume (Chrysanthemum
    cinerariifolium),

vom Sesam (Sesamum indicum)
und Asche von verbranntem Mehl.

Mische alles gründlich durch, bevor du es fein zerstampfst. Gib
dann das Pulver in ein Terrakottagefäß, in dem du vorher Sesamöl, Penidia (gekochter Maiszucker) und Honig zu gleichen
Teilen verrührt hast.

Mische daraus nun den galenischen Sirup. Füll ihn in einen
Schlauch aus Ziegenhaut und Pergamentpapier und bewahr ihn
im Dunkeln auf.

Vor jeder sexuellen Begegnung trinkt man davon ein Gläschen.

Der Sirup erweckt die Lust, und ihre Befriedigung wird dir
viel Freude bereiten.

K. d. A.: Auch hier ist die Wirkung in erster Linie auf den Suggestiveffekt der Mixtur zurückzuführen, auch wenn bestimmte
Bestandteile des Elektuars wie beispielsweise die Samen von
Sescli Marsiliense (fenchelähnlich), Pfeffer, Dalmatinischer Insektenblume und Penidia durchaus einen Zufluß von Blut zu
den Genitalien fördernden Effekt haben können.

Sescli Marsiliense sollte angeblich stimulierend wirken. Dasselbe trifft auf die Dalmatinische Insektenblume und den gekochten Malzzucker zu.

Leinsamen und Honig (siehe Rezept Nr. 27) wirken erfrischend, schmerzstillend und entzündungshemmend. Diese beiden Bestandteile neutralisieren die Reizwirkung, die Pfeffer, Insektenblume und Sescli Marsiliense auf die Schleimhäute der
Verdauungswege ausüben.

Vom Sesam behauptete man, daß er alle Türen öffne. Und
zwar nicht nur die zu den monetären Schätzen wie im Märchen
von Ali Baba und den vierzig Räubern aus »Tausendundeiner
Nacht«, sondern eben auch die Tore zu den Reichtümern kör-

perlicher Vergnügungen, die so nur von den wenigsten je erforscht wurden.

Mehr zu Anis finden Sie im Rezept Nr. 21, zur Rauke in Rezept Nr. 50.

52. Elektuar zur Förderung der Libido

Nimm:
Rosinen,
Karotten (Daucus carota) aus dem eigenen Garten, von denen
    du nur die Schale reibst, das Mark jedoch wegwirfst.

Füge nun folgendes hinzu:
ein Libra Gummi arabicum (Acaciae gummi dispersione
    desiccatum).

Schütte die Mischung nun in eine Pfanne aus Zinn, die du vorher mit Sesamöl eingefettet hast.

Laß nun das Ganze ausreichend schmoren. Gib danach etwa drei Libra **Honig** hinzu.

Nun rühre, bis die Zutaten zu einem dicklichen Sirup eingekocht sind.

Rühre sodann **fünf Eigelb** ein.

Nimm die Pfanne vom Feuer und gib folgendes zu:
Calaf,
Brennesselsamen (Urtica dioica),
langen Pfeffer (Piper longum),
Zimt (Cinnamomum verum),
Gewürznelken (Caryophylli flos),
Samen vom wilden Senf (Raphanus sativus),
Zwiebelsamen,
Blätter vom Eisenkraut (Verbena officinalis).

Verrühr das Ganze gut und bereite daraus den galenischen Sirup zu. Wenn er fertig ist, gibst du ihn in ein Glasgefäß und bewahrst ihn an einem kühlen, geheimen Ort auf.

Ein Teelöffel davon vor dem Liebesakt, und du wirst willig und voll süßer Überraschungen sein.

K. d. A.: Wenn hier überhaupt eine Wirkung auftritt, beruht sie in der Hauptsache auf der Phantasie des Anwenders. Unterstützt wird diese durch den Blutzufluß zu den Sexualorganen fördernden Effekt verschiedener Bestandteile wie Brennessel, Pfeffer, Zwiebel und Zimt.

Rosinen, Karotten, Gewürznelken, Zimt, Calaf (Folia salix syriaca; Blätter einer Weidenart) und Rettich schrieb man erotisierende Wirkung zu, was allerdings niemals bewiesen werden konnte.

Die Zwiebel, der man bereits in der Antike eine Unmenge magischer Kräfte nachsagte, wurde aufgrund ihrer reinigenden und antitoxischen Eigenschaften seit jeher benutzt, um die Reizwirkung der Aphrodisiaka abzuschwächen. Außerdem sollte auch sie erotische Kräfte wecken. Meiner Meinung nach wird sie in diesem Rezept gerade wegen dieser Eigenschaften benutzt.

Sesam, Pfeffer, Brennessel und Eisenkraut werden in anderen Rezepten näher beschrieben.

53. Aphrodisierendes Elektuar

Nimm:
Blätter des Eisenkrauts (Verbena officinalis),
Wurzeln von Mannstreu (Eryngium campestre),
eingelegten Ingwer (Zingiber officinale),
ein Dekokt aus Hahnhoden und Milch,

ein Filtrat aus Zapfen der Strandkiefer, die du vorher in Milch
  eingelegt hast,
Mandelkuchen,
einen Tag lang in Honig eingelegte Walnüsse (Juglans regia),
Zwiebelsamen.

Hack die festen Zutaten so klein wie möglich und laß sie in
einem Krug aus dunklem Glas einen Bodensatz bilden.

Schütte die Flüssigkeit ab und mische alles gut durch.

Nach zehn Tagen mischst du das Ganze zu gleichen Teilen
mit einem Sirup aus eingelegter Zedernrinde. Verrühr alles
lange und gründlich, dann ist dein wunderbares Elektuar fertig.

Ein Gläschen nach jeder Mahlzeit, und du wirst den Stachel
des Fleisches wieder verspüren.

K. d. A.: Die psychologisch stimulierende Wirkung wird durch
den leicht aphrodisierenden Effekt einzelner Bestandteile unterstützt.

Die Hoden des Hahnes üben allerdings keinerlei Wirksamkeit aus, da ihr Hormongehalt aufgrund der oralen Einnahme
durch den Magensaft vollkommen zunichte gemacht wird.
Auch die Zubereitung des Rezeptes selbst würde sie schon zerstören.

Auch dem Mannstreu schrieb man bis heute unbewiesene
erotisierende Kräfte zu.

Die anderen Komponenten wurden bereits in anderen Rezepten vorgestellt.

54. Elektuar, das die Sinne reizt

Nimm:
eingelegte Stinkmorchel (Phallus impudicus),
eingelegtes Zitronat (Citrus medica),
in Honig eingelegte Walnüsse (Juglans regia),
in Honig eingelegte Pinienzapfen (Pinus pinea),
für kurze Zeit in etwas Butter angeröstete Pistazien,
ein Dekokt aus Schildkrötenfleisch mit Maiglöckchen
    (Convallaria majalis),
Zimt (Cinnamomum verum).

Nun verrührst du die einzelnen Zutaten so lange miteinander, bis sie eine einheitliche Masse ergeben.

Gieß Mannstreu-Sirup hinzu und bereite aus dem Ganzen einen galenischen Sirup. Fülle diesen in ein Gefäß aus Ton, das du mit umgedrehtem Schafsleder verschließt.

Nach zwanzig Tagen ist das Elektuar fertig. Nimm davon bei Sonnenuntergang täglich einen Teelöffel: Schon nach kurzer Zeit wirst du heftige und anhaltende Sehnsüchte verspüren.

K. d. A.: Auch hier ist die Wirkung wohl eher dem Suggestiveffekt zuzuschreiben.

Einige der Komponenten wie beispielsweise Stinkmorchel und Zimt galten allerdings bereits im alten Rom als sexuelle Stimulanzien.

Die Zitronatzitrone betrachtete man, vor allem wenn sie mit Pinienzapfen, Walnüssen und Wacholder kombiniert wurde, als gutes Gegenmittel gegen Sterilität. Angeblich stimulierte sie sowohl die weibliche als auch die männliche Sexualität.

Die stark aphrodisierende Wirkung der Schildkröte ist bekannt und wird seit Jahrhunderten genutzt.

Alle anderen Komponenten wurden bereits in anderen Rezepten näher behandelt.

55. *Aphrodisiakum in Pulverform*

Nimm:
Pulver von einer getrockneten Kröte,
Rattenschwänze,
das Fleisch eines Salamanders,
ein Haar von einem Gehenkten.

Misch alles gut durch und füge dann hinzu:
Arsen,
Quecksilber,
Eisenkraut (Verbena officinalis),
Oregano (Origanum vulgare),
Minze (Mentha arvensis oder spicata).

Zerstampf nun das Gemisch in einem Mörser zu Pulver. Du kannst damit Speisen würzen oder es in einer beliebigen Flüssigkeit auflösen. Es sollte etwa eine Stunde vor der geplanten Vereinigung eingenommen werden. Dann wird es die Sinne des Betreffenden heftig aufstacheln.

K. d. A.: Je nach Dosis kann dieses Rezept toxisch wirken, da es hochgiftige Bestandteile wie Arsen und Quecksilber enthält.

Obwohl einige der Komponenten die Durchblutung der Genitalien fördern, beruht seine Wirkung in erster Linie auf Einbildung.

Der beigefügte Oregano wirkt entzündungshemmend und erfrischend. Außerdem hält er die Sinne wach.

Die Minze verdankt ihren Namen der Nymphe Mintha, einer

Tochter des Unterweltflusses Kokytos, dem Fluß des Jammers. Da der Gott der Unterwelt Pluto sich in sie verliebte und so die Eifersucht seiner Frau Proserpina erregte, wurde die arme Mintha von dieser in eine Pflanze verwandelt. Zu den stark schmerzstillenden und heilenden Kräften der Minze soll sich ein gewisser erfrischender Effekt gesellen, den ihre Wirkstoffe angeblich auf die Sexualorgane ausüben.

Von pulverisierten Kröten und Eisenkraut war bereits in anderen Rezepten die Rede.

56. *Erotisierendes Pulver*

Hier handelt es sich um ein Präparat, das Madame de Montespan für den Sonnenkönig Ludwig XIV. zubereiten ließ.
Pulver von der Spanischen Fliege (Lytta vesicatoria),
kleingehackte Pflaumen,
Eisenspäne.

Das Ganze wird gründlichst vermischt, dann getrocknet und schließlich zu Pulver vermahlen.

Dieses Pulver wurde dem nichtsahnenden Sonnenkönig regelmäßig zu den Mahlzeiten verabreicht, um so seinen sexuellen Appetit ständig wachzuhalten.

K. d. A.: Auch diese Mischung kann in der entsprechenden Dosis giftig sein.

Ludwig XIV. von Frankreich mochte zwar kaputte Zähne haben, doch sein Magen war – wie bereits erwähnt – offensichtlich aus Stahl. Nur so ist es zu erklären, daß die regelmäßig verabreichten Eisenspäne ihm keinen größeren Schaden zufügten.

Die Spanische Fliege ist hoch toxisch, doch benutzte Madame

de Montespan das Gift nur in geringen Dosen, um ihrem Geliebten keinen Schaden zuzufügen und trotzdem ihre Ziele zu erreichen.

Ihre Ratgeber waren augenscheinlich davon überzeugt, daß Pflaumen und Eisenspäne Kraft verliehen und so die Sexualität stärkten.

57. Erotisierender Balsam

Misch die folgenden aromatischen Essenzen:
Rose,
Jasmin,
Orangenblüte,
Liebstöckel,
Wacholder
und Vanille.

Gieß die Mischung in Öl von süßen Mandeln und bewahre den so erhaltenen Balsam in einer Amphore aus Ton auf, die du mit in Olivenöl getränktem Pergament versiegelt hast.

Wann immer du deine Sinne erwecken möchtest, ölst du mit dem Balsam deine erogenen Zonen ein.

Ein unstillbares Verlangen wird dich erschauern lassen.

K. d. A.: Prüft man die Wirkstoffe der verwendeten Essenzen, so liegt die versprochene Wirkung durchaus im Bereich des Möglichen. Denn wer immer auch erotisierende Mittel zubereitet beziehungsweise verwendet, vertraut darauf, daß sie wirken. Die durch die Duftstoffe angeregten Sinne tun dazu noch ein übriges.

58. *Lotion, die aus einer unerfahrenen, schüchternen Braut ein feuriges Weib macht*

Bevor du dich deinem Liebsten hingibst, leg einen Zweig **Lavendel** unter sein Kopfkissen, so daß entspannende Düfte ihn umfächeln.

Nimm dann deine Waschungen vor. Nimm dazu zwei Krüge Wasser, in denen du mindestens sieben Stunden vorher folgendes aufgelöst hast: **acht Unzen Honig, eine Handvoll Rosenblätter, zwei gute Handvoll Kamillenblüten und -blätter sowie Eisenkraut, ein großes Büschel Basilikumblätter und ein paar Petersilienblättchen.**

Laß das Ganze einige Zeit ziehen. Bevor du es nun durch ein Tuch aus rohem Hanf gießt und filterst, drehst du dem Gefäß mit der Flüssigkeit den Rücken zu und wirfst über deine Schulter **zwanzig Gewürznelken** und **sieben weiße Pfefferkörner** hinein. Dabei zählst du mit lauter Stimme jedes Korn und jede Nelke.

Die unerfahrene und schüchterne Frau, die du bisher warst, wird verschwinden und einem feurigen Weib Platz machen.

K. d. A.: Das ganze Rezept und die Mechanismen seiner Zubereitung bauen auf einen wohlkalkulierten psychologischen Effekt. Doch auch die Mischung seiner Bestandteile eignet sich zur Steigerung der Sinnenlust. So übt der Lavendel (Lavendula angustifolia), der dem Mann unters Kopfkissen gelegt wird, durchaus einen leicht erotisierenden und gleichzeitig entspannenden Einfluß aus.

Beruhigend, entzündungshemmend und schmerzstillend wirken dagegen folgende Substanzen: Malve (Malva sylvestris), Kamille (Matricaria chamomilla) und Honig. Der Honig übt zudem einen anregenden und stärkenden Effekt aus.

Ähnliches gilt für die Rosenblätter, die ebenfalls erotisierend wirken, sowie für das Eisenkraut (Verbena officinalis), die Arnika (Arnica montana), das Basilikum (Ocimum basilicum) und die Petersilie (Petroselinum crispum).

Gewürznelken (Caryophylli flos) und weiße Pfefferkörner (Piper album) hingegen wirken lokal stimulierend.

Trotz dieses entzündungsähnlichen Effekts kann sich das weibliche Sexualorgan hier ohne Schmerzen ganz öffnen, da die vorher besprochenen Zutaten der Mixtur den negativen Auswirkungen der Reizung entgegenarbeiten.

59. Erotisierendes Bad

Nimm je eine Handvoll:
Zimt (Cinnamomum verum),
Lavendel (Lavandula angustifolia),
Rosmarin (Rosmarinus officinalis),
Basilikum (Ocimum basilicum),
und Kalmusstiele (Acorus calamus).

Laß die Kräuter- und Gewürzmischung in zwei Pint Regenwasser aufkochen. Gieß den Aufguß in ein Tongefäß ab. Bedecke dieses mit einem Teller und laß die Mixtur darin zehn bis fünfzehn Minuten ziehen.

Gieß die Mischung durch ein Jutetuch ab. Die so gewonnene Flüssigkeit mischst du unter dein warmes Badewasser. Bleib etwa eine Viertelstunde im Bad liegen.

Ein leichtes und angenehmes »Ameisenlaufen« stimuliert dabei deine Haut und Schleimhäute. Langsam, aber sicher wird der Funke in dir erwachen.

K. d. A.: Der versprochene Effekt kann sich mit Hilfe dieser Zutaten ohne Probleme einstellen. Die durch das Bad hervorgerufene Entspannung sowie die durch die Düfte angeregte Phantasie dürften ein übriges dazu tun.

60. *Waschung zur Stimulierung der Lust*

Nimm:
zwei Wurzeln von Cyperus longus,
Veilchenwurzel (Iris florentina),
Kalmus (Acorus calamus),
Blätter vom Sadebaum (Juniperus sabina),
Nadeln vom Rosmarin (Rosmarinus officinalis),
Blätter vom Heilziest (Stachys oder Betonica officinalis),
Blätter von der Poleiminze (Mentha pulegium),
Blätter vom Holunder (Sambucus nigra),
Blätter der Bergminze (Satureja calamintha),
Binsenblätter,
sieben Lorbeerbeeren (Laurus nobilis),
zehn Kreuzkümmelsamen (Cuminum cynimum),
zehn Koriandersamen (Coriandrum sativum).

Schneid die Blätter klein und zerstoß sie in einem Steinmörser zusammen mit den Körnern. Gieß das Ganze mit Quellwasser auf und setz es in einem mit Ziegenhaut bedeckten Gefäß aus Terrakotta zum Kochen auf. Koch die Flüssigkeit auf ein Drittel der Menge ein.

Gieß das Dekokt durch ein feines Netz ab und füg, sobald es abgekühlt ist, zehn Tropfen Branntwein zu.

Benutz diese Flüssigkeit zur Waschung deiner intimen Stellen etwa eine halbe Stunde vor der sexuellen Vereinigung.

Deine Weiblichkeit wird daraus große Vorteile ziehen: Sie wird erwachen und voller Erregung sein.

K. d. A.: Viele der hier erwähnten Bestandteile sind schwache Aphrodisiaka, die ohne weiteres den versprochenen Effekt hervorrufen können. Auch die mechanische Wirkung der Waschung selbst mag dabei eine gewisse Rolle spielen.

Die Erdmandel beziehungsweise ihre Wurzeln gelten als stärkender und weichmachender Bestandteil von Salben, Duftölen und Tonika mit lokal begrenzter Wirkung. Sie sollen darüber hinaus die Menstruation fördern und sexuell stimulierend wirken.

Der Heilziest, dessen heilende Eigenschaften uns bereits durch das in der Gegend des heutigen Portugal lebende Volk der Vetonen (woraus sich auch das lateinische Synonym »Betonica« ableitet) überliefert wurden, wird hauptsächlich äußerlich angewendet. Er macht die Schleimhäute weich und heilt Abschürfungen und andere äußere Wunden.

Meiner Meinung nach wird er in diesem Rezept hauptsächlich aufgrund dieser wundheilenden Kräfte eingesetzt.

Den Binsenblättern beziehungsweise -blüten sagt man ebenfalls nach, daß sie Haut und Schleimhäute durchlässiger und aufnahmefähiger machen sollten. Sie gelten als optimales Reinigungsmittel für die vaginalen Schleimhäute, da sie angeblich den zersetzenden Kräften der Vaginalsekrete zu widerstehen vermochten. Darüber hinaus besitzen sie dieselbe Wirkung wie der Heilziest.

61. Räucherwerk zur Opferung an die Göttin Aphrodite

Zerkleiner und vermisch mit eigenen Händen folgende Zutaten:

Sandelholz (Santalum album)	*ein Teil,*
Zimtrinde (Cinnamomi cortex)	*zwei Teile,*
Muskatnuß (Myristica fragrans)	*ein halber Teil,*
Damiana (Tumera aphrodisiaca)	*ein halber Teil,*

Rosmarin (Rosmarinus officinalis)   *eine Prise,*
Koriander (Coriandrum sativum)   *eine Prise,*
Liebstöckel (Levisticum officinale)   *eine Prise.*

Zerstampf alles in einem Mörser aus Kampferholz. Gib dann zehn Tropfen **Rosenöl** dazu.

Auf diese Weise hast du »die Essenz der Aphrodite« hergestellt. Leg dieses Räucherwerk nun in eine silberne Schale.

Streu davon nun immer wieder eine kleine Prise in ein mit Kohle gefülltes Räucherbecken.

Die daraus entstehenden Düfte werden deine Sinne entflammen und dich an ungekannte Freuden denken lassen.

K. d. A.: Dies ist durchaus möglich. Der durch die vorhandenen Wohlgerüche gereizte Geruchsnerv leitet die erotisierende Botschaft nämlich unmittelbar ans Gehirn weiter, wo sie die Zone des Thalamus beziehungsweise Hypothalamus anregt.

Diese Methode der sexuellen Stimulierung war bereits im alten Ägypten gebräuchlich. Sie wurde vor allem von den Priestern eingesetzt, welche den Anhängern der von ihnen praktizierten Kulte eine gewisse Erregung vermitteln wollten.

62. Weihrauch der Liebe

Nimm:
Sandelholz (Santalum album)   *ein Teil,*
Zimtrinde (Cinnamomi cortex)   *ein Teil,*
Anis (Pimpinella anisum)   *eine Prise,*
Muskatnuß (Myristica fragrans)   *eine Prise,*
Koriander (Coriandrum sativum)   *eine Prise,*
Kardamom (Elettaria cardamomum)   *eine Prise,*
Kalmus (Acorus calamus)   *eine Prise.*

Zerkleiner alle Zutaten und misch sie mit dem aromatischen Öl des **Thymians** (Thymus vulgaris) und dem roten **Harz des Drachenbaums** (Dracaena), so daß daraus eine weiche Paste entsteht.

Dies ist der sogenannte »Weihrauch der Liebe«, den du nach und nach in einem Kohlebecken verbrennen sollst.

Der aufsteigende Duft wird dir die Sinne vernebeln.

K. d. A.: Dies ist durchaus möglich. Sämtliche Räucherungen beeinflussen die Psyche günstig und sorgen so zum Beispiel für erhöhte Konzentration. In China etwa gehörten seit Konfuzius' Zeiten Weihrauch und eine Räucherschale zur unverzichtbaren Ausrüstung der Dichter, Denker und Gelehrten.

63. *Hippomanes*

Das **Hippomanes** galt bereits im Mittelalter als ungeheuer wirkungsvolles Heilmittel bei sexuellen Problemen. Glaubt man den entsprechenden Textbelegen, so ist das Hippomanes das stärkste aller je in diesem speziellen Bereich der Magie eingesetzten Mittel.

Was ist nun das Hippomanes? Die in die Kunst der Magie Eingeweihten halten es für eine runde, schwarze Wucherung am Kopf mancher neugeborener Fohlen, die in etwa aussieht wie eine getrocknete Feige. Es war sehr selten, denn nur eines von tausend Fohlen wies angeblich diese Besonderheit auf.

Es war also eine Beule oder Warze, welche die besondere Eigenschaft haben sollte, heftige Leidenschaften zu wecken.

Um entsprechend wirken zu können, muß das Hippomanes zu Pulver zerkleinert und mit dem Blut der begehrten Person verrührt werden. Dann gibt man es in roten Wein und verabreicht es wie folgt: Ein Drittel muß der Verliebte trinken und zwei Drittel die begehrte Person.

K. d. A.: Fast alle magischen Bücher loben das Hippomanes in den höchsten Tönen. Unglücklicherweise wurde – auch von den am Thema Interessierten – bei nicht einem einzigen Fohlen je solch ein Auswuchs festgestellt. Im Gegensatz dazu meinen Zauberer und Hexen aller Zeiten, daß es diese mythische Beule gibt und daß sie sie regelmäßig jenen verabreicht hätten, deren liebendes Sehnen unerwidert blieb. Sollte dies tatsächlich der Fall sein, so ist die Wirkung dieses Pulvers rein psychologisch. Angesichts der Tatsache, daß es ein Hippomanes ganz offensichtlich nicht gibt, bleibt es für immer ein Rätsel, welche Mittel tatsächlich verwendet wurden.

64. *Legendäre Speise zur Erweckung des sinnlichen Feuers*

Laß ein Stück Fleisch vom **Hippomanes** in einem Topf aus neuer, frisch glasierter Terrakotta trocknen.

Laß bei abnehmendem Mond das Ganze mehrere Tage ruhen.

Was dann noch übrigbleibt, mischst du in ein Ragout aus Gänseklein oder Fasan, das du zusammen mit der von dir begehrten Person ißt. Die Wirkung tritt sehr schnell ein. Ihr werdet eins sein, noch bevor ihr das Ragout verdaut habt, und euer Vergnügen wird grenzenlos sein.

K. d. A.: Das legendäre Hippomanes mag hier einen gewissen Suggestiveffekt ausgeübt haben, falls es – und ich betone! – falls es ein solches je gegeben hat. (Siehe dazu das vorhergehende Rezept.)

65. *Erotisierendes Mittel*

Nimm das **Gehirn eines noch nicht getauften Säuglings.** Wälze es in Mehl, bevor du es mit **Vipernfleisch** und **getrockneten Spinnen** füllst.

Bestreue das Gehirnchen mit im Mörser zerkleinertem **Fünffingerkraut** (Potentilla reptans).

Iß vor jeder sexuellen Begegnung einen Bissen von dieser Leckerei, und deine Freuden werden unermeßlich sein.

K. d. A.: Petronilla aus Meath, die für diese – vollkommen abwegige – Zauberformel verantwortlich zeichnet, wurde wegen Hexerei lebendig verbrannt.

Aus verständlichen Gründen kann dieses Rezept in unseren Tagen nicht mehr nachgekocht werden. Zum einen wegen der horrenden Zutaten, zum anderen, weil es schlicht keinerlei Wirkung zeigen würde.

Dem Gehirn ungetaufter Säuglinge wurde ebenso wie Spinnen und Vipern ungeheure magische Kräfte zugeschrieben, die sich auch auf den Bereich der Erotik erstrecken sollten.

Vom Fünffingerkraut wurde bereits in Rezept Nr. 5 ausführlicher berichtet.

66. *Erotisierendes Mittel*

Nimm:

das Gehirn eines noch ungetauften Säuglings.

Säubere es äußerlich, bevor du es mit **Wiesenkräutern** und einem großen Strauß **Petersilie** würzt und mit **roten Würmern,** getrocknet und gerieben, bestreust.

Koch alles lange in der Schädelschale eines Verbrechers, der vom Scharfrichter geköpft wurde.

Gieß das Ganze mit im Eichenfaß gereiftem **Rotwein** auf, bevor du es ißt.

Nach kurzer Zeit wirst du ein starkes Verlangen spüren, das du voller Leidenschaft befriedigen kannst.

K. d. A.: Die Dame, die dieses Rezept erfand, war Lady Kyteller. Sie mußte Irland verlassen, um dem Scharfrichter zu entgehen, und suchte Zuflucht in England.

Das Rezept kann getrost als Auswuchs einer blühenden Phantasie bezeichnet werden und könnte heute auch nur mehr schwerlich nachgekocht werden.

Denn aus Gründen, die wir alle wohl problemlos nachvollziehen können, sind die beiden Hauptzutaten heute nicht mehr so ohne weiteres greifbar.

Dem Gehirn eines noch nicht getauften Säuglings sowie dem Schädel eines geköpften Verbrechers schrieb man starke, vom Teufel inspirierte Zauberkräfte zu: Man dachte, daß diese beiden Ingredienzen die Sinne in einem Maße entfesseln würden, das weit jenseits aller Vorstellungskraft Sterblicher läge. Der erotisierende Effekt des Weines sowie die bereits besprochene Wirkung der Petersilie (Petroselinum crispum) trugen ebenfalls dazu bei.

67. *Erotisierende Pastete*

Nimm:
**das gekochte Fleisch eines Diebes,
die Haut eines Laubfrosches.**

Zerkleinere beides solange in einem Gefäß aus Terrakotta, bis daraus eine Pastete wird.

Füge nun folgendes hinzu:

**Dekokt aus Efeu (Hedera helix),
Meerträubel (Ephedra distachya),
Eisenhut (Aconitum napellus),
Wasserschierling (Cicuta venosa)
und Krötengift.**

Vor jeder Umarmung ißt du davon einen Löffel. Auf diese Weise wird sie dir immer als besonders aufreizend und befriedigend im Gedächtnis bleiben.

K. d. A.: Die Pastete ist giftig, da sie eine größere Menge hochtoxischer Substanzen enthält.

Der Effekt dürfte vermutlich auf die psychisch stimulierende Wirkung der enthaltenen Drogen zurückzuführen sein, wenn man von der Suggestivwirkung einiger Bestandteile einmal absieht.

Dies sind vor allem das Fleisch eines Diebes, die Haut eines Laubfrosches und das Krötengift. All diesen Bestandteilen wurden starke Zauberkräfte zugeschrieben, die ihnen durchweg vom Teufel verliehen worden waren. Aus diesem Grund sollten sie heftige erotische Ekstasen bewirken.

Der Efeu und seine kleinen, giftigen Früchte standen im Ruf, Fruchtbarkeit und liebende Zuwendung zu steigern und folglich für mehr eheliche Treue zu sorgen. Das Dekokt des Efeus trugen Frauen auf ihre Fettpölsterchen und die von Cellulitis befallenen Körperteile auf. Mit besserem Aussehen wollten sie so die Aufmerksamkeit des Mannes erregen. Damit der Efeu auch seine magischen Kräfte voll entfalten konnte, schnitt man ihn eine Stunde vor Sonnenaufgang und mit nach Osten gewandtem Gesicht.

Der Meerträubel – der bereits vor 60 000 Jahren von unseren urzeitlichen Vorfahren in Shandidar zu rituellen Zwecken verwendet wurde – wird auch heute noch zu vielerlei therapeutischen Zwecken genutzt. Als Infus oder Dekokt hat er auch erotisierende Eigenschaften, da er nämlich die zentral stimulierende Substanz Ephedrin enthält.

Eisenhut, Wasserschierling und Krötengift werden im Kapitel über Hexengifte näher behandelt.

68. *Erotisierendes Gericht*

Hierbei handelt es sich um ein einfaches Kochrezept, das leicht umzusetzen ist und niemandem weh tut.

Schneid **Tulpenzwiebeln** in dünne Scheiben und bereite einen Salat daraus, den du mit **Austern** (in der richtigen Jahreszeit) oder **Kaviar, Trüffeln** und **Hummer** ißt, wenn du aus einer Umarmung mehr machen möchtest. Vorher mußt du das Ganze allerdings noch mit fruchtigem **Schaumwein** tränken.

Denselben Effekt erzielt man, wenn man zum Essen einen trockenen, griechischen Weißwein trinkt.

K. d. A.: Dieses Rezept übt ganz unzweifelhaft eine erotisierende Wirkung aus, da fast alle Bestandteile leichte Aphrodisiaka sind.

Rezepte zur Steigerung der Sexualkräfte

69. Elektuar, das den Koitus feuriger werden läßt

Röste in einem Tongefäß einen **Salamander.**

Sobald er richtig braun ist, fügst du folgendes hinzu:
Mark vom linken Bein eines Ziegenbocks,
Wolfshaare, die du vorher mit Zypernpulver vermischt hast
(eine pudrige Mischung aus Reis- und Stärkemehl, die vor
allem kosmetischen Zwecken dient).

Rühr aus diesen Zutaten einen dicken Brei.

In diesen mischst du dann ein halbes Libra **Honig** und ein
Pint **Safransirup.**

Dieses Elektuar läßt du sieben Tage lang in einem geschlossenen Krug ziehen.

Danach ist das Heilmittel fertig.

Rühre davon immer vor der Vereinigung mit deinem Partner
einen Eßlöffel voll in ein Glas Vin Santo (süßer, harziger Wein
aus der Gegend um Siena) und trink dieses auf einen Zug aus.
Eure Begegnung wird feurig und leidenschaftlich verlaufen, so
daß Körper und Seele gleichermaßen zufriedengestellt sind.

K. d. A.: Hier kann man wohl von einem starken Suggestiveffekt ausgehen, der durch die Verwendung des Vin Santo unterstützt wird.

Wein und andere alkoholische Getränke üben seit jeher auf
den, der sie genießt, eine erhebende Wirkung aus, die durch die
Beimischung von Drogen und anderer Zutaten aus der Hexen-

küche noch gesteigert werden kann. Denken wir nur an die wesentlichen Zutaten, die Kleopatra in ihren Wein mischen ließ: Opium, Stechapfel und Bilsenkraut ergeben den Wein Kleopatras. Die nördlichen und asiatischen Völker hingegen kannten zu diesem Zweck nur das Extrakt des Fliegenpilzes, das sie in einen regelmäßig genossenen Likör mischten.

Der Salamander, das Mark aus dem linken Bein eines Ziegenbocks, die Wolfshaare und das Zypernpulver (Puder von der Insel Zypern, in deren Gewässer die schaumgeborene Venus das Licht der Welt erblickte) sind die magischen Bestandteile dieses Trankes, welche die sexuellen Kräfte steigern sollen.

70. *Wundertrank, mit dessen Hilfe ein Mann die Vereinigung jede Nacht mindestens zehn Mal vollziehen kann*

Pflück bei Neumond ein paar Stiele des **Sumpfporstkrautes** (Herba palustris). Achte darauf, daß die Sonne im Stier steht.

Misch vorher folgende Zutaten zu gleichen Teilen zusammen:

Pilze,
Petersilie (Petroselinum crispum),
Bittere Kreuzblume (Polygala sibirica)
Zitronenmelisse (Melissa officinalis),
und Drachenbaum (Dracaena).

Damit der Trank sofort wirken kann, müssen die Zutaten alle gründlich zu Pulver vermahlen worden sein.

Verrühr nun alles in einem Terrakottakrug mit gutem Kreterwein, so daß du einen wirksamen Trank erhältst.

Laß diesen nun sieben Wochen ruhen. Dann ist das Wundermittel fertig.

Nimm davon dreimal täglich einen Löffel. Diese Dosis ist ausreichend, um dich mindestens zehn Mal pro Nacht deinen verschiedenen Gefährtinnen beiwohnen zu lassen. Du wirst dich nicht ausruhen müssen, und deine Kräfte werden niemals nachlassen.

Man sagt, daß der edle Ts'ao, ein berühmter Chinese, nach Anwendung dieses Trankes siebzig seiner Konkubinen in einer Nacht befriedigen konnte.

K. d. A.: Dieses Rezept kann unmöglich wirken.

Zum einen wird die Wirkung der in diesem Trank verwendeten sexuellen Stimulanzien (wie beispielsweise der Bitteren Kreuzblume) ohnehin kontrovers diskutiert, zum anderen wären sie sowieso nicht in der Lage, in diese Richtung zu wirken, weil ihr entsprechender Wirkstoffgehalt viel zu schwach ausgeprägt ist. Und nicht einmal die heftigste Suggestivwirkung kann die von Ts'ao berichteten Wunder hervorbringen.

Von der Zitronenmelisse und ihren aromatischen Ölen glaubte man, sie würden Liebe und Leidenschaft anregen. Tatsächlich ließ man sie häufig einige Tage lang in kretischem Wein ziehen, um so ein erotisierendes Getränk zu erhalten.

Der Drachenbaum oder Dracaena (was im Griechischen »drachenförmig« bedeutet) erinnert in seiner Form eben an dieses mythische Wesen. Das aus ihm gewonnene Harz ist von rötlicher Farbe und wird »Drachenblut« genannt. Es vermittelt angeblich geradezu übernatürliche sexuelle Kräfte. Doch weder die Zitronenmelisse noch der Drachenbaum sind in der Lage, derartige Wunder zu bewirken.

71. *Zaubertrank, der die Zeit der Umarmung verlängert*

Nimm:
Sesamsamen (Sesamum indicum),
Spatzeneier,
ein Infus vom Alpenveilchen (Cyclamen europaeum).

Bereite aus diesen Zutaten einen Trank zu, indem du sie in ge-
zuckerte Milch rührst.
Gib nun folgende Ingredienzen hinzu:
Butter von der Büffelkuh,
Blüten vom wilden Senf (Rapa sativa espinosa),
Weizenmehl
und grüne Bohnen (Phaseolus vulgaris).

Laß alles miteinander aufkochen und wieder abkühlen. Das
Ganze mußt du drei Wochen lang ruhen lassen.
   Danach kannst du die Flüssigkeit trinken. Auch die festen
Bestandteile sind wirksam. Nimm beides etwa eine halbe
Stunde vor der Vereinigung mit deiner Liebsten ein. Du wirst
niemals müde werden, so daß eure Begegnungen lange dauern
werden, wobei eure Lust keine Grenzen kennt.

K. d. A.: Die Wirkung dieses Mittels ist fast ausschließlich psychologisch zu sehen. Die einzelnen Bestandteile sollen die Kraft
der Leidenschaft erhöhen und die Emotionen schüren.
   Spatzeneiern und den Blüten des wilden Senfs sagte man
nach, daß sie belebend wirken sollten.
   Noch stärker wirken soll das Alpenveilchen, das in der magischen Tradition als Pflanze der Liebe gilt.
   Butter aus der Milch der Büffelkuh sowie Weizenmehl und
grüne Bohnen kräftigen angeblich.
   Zum Sesam siehe Rezept Nr. 45.

72. *Trank zur Förderung des Koitus*

Nimm zu je gleichen Teilen:
Kräuter und Blätter von Sträuchern der Bergwelt,
Brennesselsamen (Urtica dioica),
Ingwer (Zingiber officinale),
Stinkmorchel (Phallus impudicus),
Pinienzapfen und Pinienkerne (Pinus pinea).

Um die Kerne aus den Pinienzapfen zu befreien, mußt du sie eine Zeitlang auf den Ofen legen. Danach kannst du die Pinienkerne von ihrer Umhüllung lösen. Für das Rezept wird aber beides verwendet, Hülle und Kern.

Danach zerstampfst du alle Zutaten im Mörser. Misch alles mit Butter und rühr dann zum Weichmachen etwas Honig unter die Paste. Laß nun alles im Wasserbad weich werden, so daß du daraus einen Trank bereiten kannst.

Nimm davon mindestens fünfzehn Tage lang je einen Teelöffel vor den Mahlzeiten ein.

Danach wird dir die Vereinigung leichter fallen, und deine sexuellen Leistungen werden ungeheuer steigen.

K. d. A.: Obwohl dieser Trank durchaus eine leichte erregende Wirkung auf die Sexualorgane ausüben kann, da er die Blutzufuhr entsprechend steigert, beruht seine Aktivität wohl hauptsächlich auf einem psychologischen Effekt.

Gerade der Brennessel sagt man nach, daß sie den Rückfluß des Blutes aus den Genitalien verhindern soll, was dort einen schwachen Blutstau bewirkt.

Der Name Phallus impudicus geht auf die lateinische Bezeichnung für das männliche Glied zurück. Im Französischen nennt man diesen Pilz, die Stinkmorchel, auch »Phallus de chien«, da seine Wurzeln den Sexualorganen der Hunde gleichen. Man behauptet von ihm, daß er die Produktion von Sperma begünstige und auf diese Weise Fruchtbarkeit und Sexualität fördere. Seine bei Abtreibungen verwendete Unterart Nidus avis unterscheidet sich von der Stinkmorchel durch die Anordung der Wurzeln, die einem Vogelnest ähneln. Auch dieser Pilz wurde gelegentlich verwendet, um den Blutzufluß zu den Sexualorganen zu steigern. Eine weitere Unterart, Eritonio bifoglia, wird wegen ihrer Wurzelform *dens canis* (Hundezahn) genannt. Sie sollte die Wundheilung feiner Fissuren an den Genitalien fördern und die Schleimhäute weich machen.

Auch der Pinie, genauer gesagt ihrem Harz, ihren Kernen und deren Umhüllung, sagte man nach, daß sie die Samenproduktion steigern und die Sexualität begünstigen solle.

Ingwer und Honig haben wir bereits in den vorangegangenen Rezepten vorgestellt.

73. Nektar zur Steigerung des Begehrens

Nimm je zwei Unzen:
Butter von der Büffelkuh,
Honig,
Zucker,
Süßholz bzw. Lakritze (Glykyrrhiza glabra).

Misch alles in einer Schüssel aus Holz.
Nach drei Tagen gibst du zu:

Fenchelsaft (Foeniculum vulgare)	*3 Scrupula,*
Ziegenmilch	*eine Unze.*

An diesem Punkt ist der Nektar, der deine sexuellen Kräfte steigern soll, fertig. Du wirst von der unglaublichen Wirkung überrascht sein.

K. d. A.: Natürlich kann man auch hier wieder von einer stark suggestiven Wirkung ausgehen, doch bei diesem Rezept kommt unzweifelhaft sowohl eine gewisse spezifische, aber auch eine unspezifische Wirkung der einzelnen arzneilichen Komponenten hinzu:

Das Süßholz wird aufgrund seiner schmerzstillenden und wundheilenden Eigenschaften bevorzugt zur Behandlung von Magen- und Zwölffingerdarmgeschwüren eingesetzt, doch sollte es auch Männern mehr sexuelle Kraft verleihen und Frauen leidenschaftlicher machen. Im übrigen sollte man es auch dem geliebten Menschen eingeben, um zu verhindern, daß dieser einen betrog. Auf diese Weise wurde das Zusammenleben der Paare intensiviert. Leider scheinen all diese Wirkungen nur Produkte magischer Phantasien zu sein.

Dem Fenchel hingegen schrieb man sexuell stimulierende Eigenschaften zu. In dieser Hinsicht ähnelt er dem Sellerie, den wir bereits in Rezept Nr. 1 näher besprochen haben.

Auch von den anderen Bestandteilen des Rezeptes war bereits auf den vorhergehenden Seiten die Rede.

74. *Pulver zur Stärkung sexuell geschwächter Männer*

Vermahl das **Horn eines Hirschen** mit langem Schwanz sehr gründlich zu feinem Pulver.

Vermische nun zehn Unzen davon mit einer Unze von der Wurzel des wilden **Eisenhutes** (Aconitum nappelus), die du vorher kleingeschnitten hast.

Dieser Mischung gibst du nun Blätter, Blüten und Beeren von der **Myrte** (Myrtus communis) zu, die du zuerst in Regenwasser eingeweicht und dann im Schatten getrocknet hast.

Verrühr das Ganze dann mit einem Sublimat von:
Rosenwasser aus Rosa gallica officinalis (Mairose),

**Palmenzweigen (Phoenix),
Olivenblättern und -früchten (Olea europaea).**

Nimm davon zwanzig Tage lang drei Mal täglich je einen gehäuften Teelöffel, und deine Manneskraft wird von neuem erstehen. Hilft vor allem bei frühzeitiger Vergreisung.

K. d. A.: Zur Suggestivwirkung kommen noch andere Komponenten: So kann der Eisenhut, wenn er lokal aufgetragen wird, eine gewisse unspezifische Reizwirkung ausüben und daher für sexuelle Erregung sorgen. Es ist jedoch anzumerken, daß er hoch giftig ist. Für einen Menschen ist bereits eine Dosis von 1 mg gefährlich, und schon 4 mg wirken tödlich.

Die Myrte, die als Pflanze der Artemis, der Göttin ewiger Schönheit, heilig war, wurde astrologisch der Venus, der Göttin der Liebe, zugeordnet. Aus diesem Grund schrieb man ihr auch doppelte Wirkung zu: Sie sollte zum einen sexuelle Kraft und Wollust stärken, zum anderen für ewige Jugend sorgen.

Rosa gallica officinalis, der roten Rose des Mittelalters, sagte man nach, daß sie die erotische Anziehungskraft stärke. Gleichzeitig galt sie als Symbol der Liebe, für deren glückliche Seite die Blüten und für deren Schmerzen die Dornen der Rose stehen sollten. Und mit den Dornen der Rose stach sich der willige Teufelsschüler, um den Pakt mit seinem düsteren Herrn zu unterzeichnen, der ihm ebenfalls ewige Jugend, Schönheit und Liebe sichern sollte.

In der Antike stand der Olivenbaum für Weisheit, Gerechtigkeit und Frieden, da er der Göttin Athene heilig war. Aus diesem Grund wurden seinen Früchten auch enorme Heilkräfte zugeschrieben: Sie sollten bis ins hohe Alter Gesundheit und Beweglichkeit, sowohl in geistiger als auch in körperlicher Hinsicht, gewährleisten.

75. Abwandlung des vorhergehenden Rezepts

Da der **Eisenhut** giftig ist, kann das vorhergehende Rezept wie folgt abgewandelt werden:

Röste das aus dem **Hirschhorn** gewonnene Pulver über großer Flamme so lange, bis es gelb wird.

Auf diese Weise kannst du den gefährlichen Eisenhut weglassen und erzielst trotzdem dieselbe Wirkung.

K. d. A.: Dieses Rezept beruht ausschließlich auf seiner psychologischen Wirkkraft. Es gibt keinerlei Beweis, daß Hirschhorn oder die anderen Zutaten erotisierend wirken und einem erschöpften Mann seine Kräfte zurückgeben können.

76. Pulver zur Steigerung der Männlichkeit

Stich dich an einem Freitag im Frühling in den Finger und sammle ein paar Tropfen deines eigenen **Blutes** in einem Schälchen. Vermische es mit **frischem Sperma**.

Laß diese Mischung nun neben dem Herd eintrocknen. Rühr sie dann in einen kleinen Topf, in den du bereits **zwei Hoden vom Hasen** und die **Leber einer Taube** gegeben hast.

Laß nun alles zu feinem Pulver eintrocknen.

Dann fügst du hinzu:

Pulver von Hibiskusblüten (Afrikanische Malve)
und getrocknete Endivienblätter (Cichorium endivia).

Verrühre nun gründlich alle Zutaten.

Bereits ein halbes Quentchen von diesem Wundermittel wird deine Manneskraft außerordentlich steigern. Wenn du damit noch nicht zufrieden bist, nimmst du dieselbe Dosis drei Tage hintereinander ein. Dies wird deine Kräfte verzehnfachen.

K. d. A.: Wenn dieses Rezept eine Wirkung aufweist, beruht sie auf rein suggestiven Elementen. Die Hoden des Hasen verlieren ihren gesamten Hormongehalt, wenn sie getrocknet und pulverisiert werden. Ein weiteres tun dazu noch die Magensäfte: siehe den Kommentar zu Rezept Nr. 66.

Die Hibiskusblüte, vor allem die rote, wurde in den vergangenen Jahrhunderten häufig zu liebesmagischen Zwecken eingesetzt. Das Infus galt als hochgradig erotisierend und war deshalb den Frauen im alten Ägypten verboten. Außerdem sollte die Hibiskusblüte die sexuelle Vereinigung intensivieren. Daher gab man sie vorzugsweise vor der Hochzeitsnacht beziehungsweise anderen amourösen Begegnungen mit noch jungfräulichen Mädchen.

Dem Endiviensalat sagte man – aufgrund seines bitteren Geschmacks – nach, daß er das Begehren steigern und die Liebeskraft erhöhen solle, wenn man beim Ernten ein gewisses Ritual beachtete. Die dergestalt wirksame Pflanze durfte nur dann geschnitten werden, wenn die Sonne im Zeichen des Krebses stand und kein Lüftchen sich regte. Äolus mußte sogar bereits seit mindestens vierundzwanzig Stunden aufgehört haben zu blasen, damit die magischen Kräfte dieser Pflanze nicht verlorengingen.

Die Person, welche die magisch wirksame Pflanze schnitt, mußte sich die Hände in einem Becken aus Gold oder Hirschhorn gewaschen haben. Sodann mußte sie die Endivienpflanze in einer flachen Schale unter dem Bett aufbewahren, in dem die Vereinigung stattfinden würde. Da die Blätter des Endiviensalates nur dann wirkten, wenn sie frisch getrocknet waren, nimmt man an, daß sie mindestens jeden zweiten Tag geschnitten worden waren.

Was die Komponenten Sperma und Blut betrifft, möchte ich auf die vorhergehenden Rezepte verweisen.

77. *Balsam zur Steigerung der Liebesleidenschaft*

Verrühr gründlichst folgende Zutaten:
das Sperma eines Hengstes,
Johanniskrautöl (Hypericum perforatum),
Öl der Zibetkatze,
aromatische Essenz des Muskatellersalbeis (Salvia sclarea),
aromatische Essenz des Jasmins (Jasminum grandiflorum),
aromatische Essenz der Orangenblüten (Citrus aurantium),
aromatische Essenz des Kardamoms (Elettaria cardamomun).

Verarbeite diese Zutaten in einem Terrakottatopf.

Hast du alles gründlich verrührt, so mische tierisches Fett darunter, bis daraus ein Balsam wird, den du zehn Tage lang im Osten des Hauses, in der stillsten Ecke aufbewahrst.

Etwa eine Stunde vor der Vereinigung bestreichst du mit diesem Balsam den großen Zeh deines linken Fußes und deine Nieren. Du wirst sofort eine enorme Kraft fühlen, die deine amourösen Begegnungen zu langen und überraschenden Abenteuern werden läßt.

K. d. A.: Suggestiveffekt, der von der medizinischen Wirkung einiger Komponenten gefördert wird.

Das Öl der Zibetkatze sammelt sich in winzigen Taschen unterhalb des Anus, in welchen die Duftdrüsen sitzen. Es ist von cremiger Konsistenz und fast weiß, wenn es herausgeholt wird. Sein Geruch ist eher unangenehm und ziemlich stark. Der Alterungsprozeß bewirkt eine gewisse Gelbfärbung.

Die Parfümeure haben es mit anderen duftenden Essenzen gemischt, so daß sein Geruch für die menschliche Nase angenehm wird. Es bewirkt einen leichten Reiz des Geruchsnervs, wodurch die Zentren des Thalamus und Hypothalamus stimuliert werden, was wiederum einen sexuellen Reiz hervorruft.

Aus diesem Grund gilt das Öl als hervorragendes Aphrodisiakum und Tonikum.

Dem Muskatellersalbei sagte man nach, daß er einen starken sexuellen Appetit auslösen könne, vor allem wenn er mit Wein vermischt wurde. Seine duftenden Öle sollten als Stimulans wirken und sexuelle Erregung auslösen.

Dasselbe gilt für den Jasmin und seine ätherischen Öle. Vor allem im Orient wurde dem Duft des Jasmins hochgradig erregende Wirkung zugeschrieben: Er sollte die Sinne entflammen und so die Phantasie des Liebhabers anregen.

Die anderen Komponenten wurden bereits früher vorgestellt.

78. Creme zur Steigerung des Liebesvermögens

Leg folgende Zutaten in Vaseline ein:
Ingwer (Zingiber officinale),
Pulver von Fliederblüten (Syringa vulgaris),
Chrysanthemenblüten (Chrysanthemum), die vorher in einem
    Mörser aus Olivenholz zerrieben wurden,
ein paar schwarze Pfefferkörner (Piper nigrum),
die mit Urin gefüllte Blase eines Schakals.

Laß das Ganze ein paar Stunden ziehen, bevor du es mit **Kamelfett** weiter verarbeitest.

Danach besitzt du eine Creme, die du auf dein Glied streichst, wann immer du es prall willst. Wenn dir das noch nicht genügt, kannst du auch die Hoden einreiben: Deine sexuellen Möglichkeiten werden sich vertausendfachen.

K. d. A.: Wenn sich bei dieser Creme ein gewisser Effekt ergibt, so ist er wohl eher auf den mechanischen Reiz des Einreibens zurückzuführen. Doch auch die einzelnen Bestandteile können eine bestimmte psychologische beziehungsweise stimulierende Wirkung ausüben.

Pulver von Flieder- und Chrysanthemenblüten gelten seit alters her als stark erotisierend. Man sagt beidem sogar nach, daß es zu wahrhaft orgiastischen Zuständen führen könne.

Gleiches gilt für die bereits in den vorausgehenden Rezepten näher beschriebenen Komponenten.

79. *Mittel zu Stärkung der Männlichkeit*

Besorg dir den **Penis eines Wolfes** und schneid ihn mit einem scharfen Messer der Länge nach von oben bis unten auf.

Laß ihn dann wie ein Stück Fleisch eine Stunde lang in einer Marinade ziehen, die du wie folgt zubereitest: Nimm das beim Aufschneiden vergossene Blut, gieß es in eine Schüssel und gib den Saft zweier Zitronen dazu.

Sobald deine Manneskraft nachläßt, verschlingst du mit einem Bissen den ganzen Wolfspenis. Innerhalb weniger Minuten werden deine Kräfte zurückkehren, und zwar stärker als je zuvor.

K. d. A.: Das Einlegen in saure Marinade zerstört ebenso wie der Magensaft jeden hormonellen Inhaltsstoff, den das Glied des armen Tieres je besessen haben mag. Der angekündigte Effekt entspringt, so er überhaupt existiert, ausschließlich dem Reich der Phantasie.

80. Mittel zur Stärkung des sexuellen Verlangens

Brate dir in einer gußeisernen Pfanne, die du mit frischem Fett und **menschlichem Sperma** eingeölt hast, **zwanzig Eier.**

Wenn das Ganze fest zu werden beginnt, fügst du ein Libra **Honig** zu. Rühr danach alles gut durch und laß es abkühlen.

Iß von dieser Speise nun soviel du irgend vermagst. Nur ein Happen Brot soll dir als Löffel dienen. Wenn du dich daran hältst, wirst du dich bald wie ein brünstiger Löwe fühlen.

K. d. A.: Vorstehendes Rezept verfügt über eine hohe Suggestivkraft. Die versprochene Steigerung der Sexualkräfte kann durch aspezifische Wirkung erzielt werden.

Honig, Met und die anderen Produkte der Bienen – ganz besonders das Gelee royale – werden seit grauer Vorzeit in allen Kulturen zur Förderung von Sexualität und Erotik eingesetzt.

Vielleicht liegt das daran, daß damit die Königin gefüttert wird. Da sie von ungeheuer vielen Drohnen befruchtet wird, um ganzen Völkern das Leben zu schenken, muß – so glaubte man – an dieser Speise etwas Besonderes sein, das sie zur Verwendung als Stimulans geeignet machte. Aus diesem Grund wird alles, was von Bienen stammt, schon seit jeher als Kräftigungsmittel bei körperlicher Schwäche benutzt und natürlich auch zur Stärkung sexuellen Verlangens verwendet.

81. Stärkendes, wohlschmeckendes Heilmittel

Koche etwa 1½ Libra **Spargel** und gieß ihn ab. Brate ihn sodann im **Fett vom Ziegenbock,** in das du ein wenig **Urin einer Jungfrau** gemischt hast. Laß das Ganze dann etwas abkühlen, bevor du es mit sieben **Eigelb** und drei Handvoll **Kümmel** verrührst.

Nun ist das Gericht fertig.

Iß an vier aufeinanderfolgenden Tagen davon, dann wirst du die Wirkung deutlich spüren: Deine geschwächte Manneskraft wird sich wieder einstellen.

K. d. A.: Auch hier kommt zum unzweifelbaren Suggestiveffekt noch die mögliche – aspezifische – Wirkung verschiedener Zutaten wie Spargel, Eier und Bocksfett.

Vom Urin der Jungfrauen glaubte man, daß er voll positiver Schwingungen stecke, welche in der Person, die ihn zu sich nahm, einen regelrechten Schub sexuellen Verlangens auslösen könnten.

82. Mittel, *das geschwächten Männern ihre Kräfte zurückgibt*

Nimm das Ei einer weißen Henne und laß es genau zwanzig Tage ausbrüten.

Danach müßte das **Küken** im Embryonalzustand sichtbar sein. Würze es, bevor du es ißt, mit **Kümmel** (Carum carvi), **Alraunenwurzeln** (Mandragora officinarum) und in Scheiben geschnittener **Iriswurzel** (Iris germanica).

Wickle es in ein **Lotusblatt** (Nelumbo nucifera) und verschließ das Ganze mit einem Spießchen aus **weißem Sandelholz** (Santalum album).

Nimm diesen Bissen zusammen mit deinem Morgengetränk beziehungsweise mit ein wenig Brühe oder Milch zu dir. Schon nach kurzer Zeit wird sich deine Manneskraft stärker denn je wieder einstellen.

K. d. A.: Reiner Suggestiveffekt! Bei einigen der Bestandteile kann jedoch auch eine spezifische arzneiliche Wirkung festgestellt werden.

Kümmelsamen galten, wenn sie in Milch gekocht wurden, als starkes Aphrodisiakum und Tonikum bei Körperschwäche. Die Asche des Kümmelsamens hingegen sollte, wenn sie vom Geliebten auf das Gesicht seiner Angebeteten aufgetragen wurde, ewige Schönheit garantieren.

Iriswurzeln sowie Sandelholz und Lotusblätter wurden von den Hexen während ihrer nächtlichen Rituale häufig verwendet. Diese Duftmischung sollte die Phantasie beflügeln und eine geeignete Atmosphäre für orgiastische Feste schaffen, bei denen alles möglich war. Diese bis heute unbewiesen gebliebene Wirkung versuchten die Hexen auch auf Rezepte zu übertragen, die geschwächten Männern ihre Kräfte zurückgeben sollten. Wurde die Iriswurzel mit ihren eigenen Blättern vermischt, sollte sie amouröse Intrigen fördern und die Komplizen solcher Abenteuer schützen.

Der Lotus gilt seit jeher als energetisierend, belebend und schwach erotisierend – all diese Eigenschaften konnten jedoch wissenschaftlich niemals nachgewiesen werden. Die Annahme ging wohl ursprünglich von der analogen Form der Lotusblüte und der weiblichen Geschlechtsorgane aus. Homer hingegen spielte in seiner Odyssee darauf an, daß die Lotusblüte demjenigen, der sie ißt, das Gedächtnis raubt. Auch dieses Phänomen konnte niemals bewiesen werden.

Das weiße Sandelholz galt wegen seines ausgeprägten Duftes als geeignetes Räucherwerk zur Förderung sexueller Begegnungen.

Wie alle Embryonen, so wirkt auch der Kükenembryo aufgrund seiner Inhaltsstoffe stärkend, wachstumsfördernd und befruchtend.

Die anderen Elemente wurden bereits auf den vorhergehenden Seiten beschrieben.

83. Erotisierendes Tonikum

Nimm:

Damiana (Tumea aphrodisiaca)	*eine Handvoll,*
Kolanüsse (Semen colae)	*fünf Stück,*
Selleriesamen (Apium graveolens)	*eine Prise,*
Harz des Drachenbaums (Dracaena)	*eine Unze,*
Liebstöckel (Levisticum officinale)	*eine Handvoll,*
Zitronenmelisse (Melissa officinalis)	*eine Handvoll.*

Zerkleinere sorgfältig alle Zutaten und gieß darüber:

Wein des Hippokrates	*zwei Pint,*
Wein von der Insel Samos	*zwei Pint.*

Laß nun alles zwei Wochen lang in einer gut verschlossenen Amphore ziehen. Schüttele die Mixtur hin und wieder.

Danach ist das Heilmittel fertig. Wenn du davon vor jeder Vereinigung zwei Gläschen trinkst, wird deine Manneskraft sich verzehnfachen.

K. d. A.: Daß die Manneskraft sich verzehnfachen würde, ist sicher etwas zuviel versprochen, doch kann eine gewisse spezifische Wirkung der einzelnen Komponenten nicht geleugnet werden: Vor allem der Wein, die Kolanüsse und die Zitronenmelisse sind durchaus in der Lage, die Sexualkräfte anzufachen.

Rezepte zur Steigerung des Vergnügens beim Koitus

84. *Trank zur Erhöhung der Sinnlichkeit*

Nimm die **Hoden eines Widders** oder eines **schwarzen Ziegenbocks.**

Koch sie in gezuckerter Milch, bis sie zu Brei werden.

Dieser dicken Brühe fügst du nun **Saft des Aprikosenbaums** (Prunus armeniaca) und mehrere Blütenstände des **Schmetterlingsflieders** (Buddleia davidii) zu, die du vorher gesammelt hast, als die Sonne mittags im Zenit stand und die Schmetterlinge die Pflanze angeregt umtanzten.

Verrühr nun alles langsam und gründlich.

Laß die Mixtur sechs oder sieben Stunden ziehen und bereite dann einen Trank daraus. Bewahr diesen sieben Tage lang in einem Gefäß aus dunklem Glas auf.

Danach ist der Trank fertig. Nimm ihn eine Stunde vor der Vereinigung in kleinen Schlucken zu dir. Beachte dabei, daß die Begegnung an einem Freitag stattfinden muß.

Der Trank steigert die Sinnlichkeit, so daß die sexuelle Vereinigung lange und leidenschaftlich gerät und dich zutiefst befriedigt.

K. d. A.: Dieses Rezept baut hauptsächlich auf die psychologische Wirkung der »magischen« Komponenten.

Der Kochvorgang zerstört nämlich jeglichen Hormongehalt der Grundzutaten. Da der Trank letztendlich oral konsumiert wird, tut die Magensäure ihr übriges dazu.

Nichtsdestotrotz beruht das Ganze auf einer gewissen theo-

retischen Grundlage, nämlich die Verabreichung von Sexualhormonen zum Zwecke der Steigerung der Manneskraft.

Die in der Mixtur enthaltenen pflanzlichen Bestandteile hingegen sind durchaus in der Lage, erotisierend zu wirken.

Von der Aprikose beispielsweise glaubte man, daß sie – vor
allem als Saft – schön und anziehend mache. Dies geht wohl
hauptsächlich auf ihren Duft zurück. Die orangegelbe Frucht
hingegen sollte auf beide Geschlechter sexuell stimulierend wirken und das Verlangen steigern.

Der Schmetterlingsflieder beziehungsweise seine Blütenstände
(Blüten, Frucht und Blätter) ziehen mit ihrem betäubenden Duft
viele Schmetterlinge an. Das analoge Denken macht daraus eine
Anziehungskraft auf das andere Geschlecht, dem man mit Hilfe
dieser Pflanze unwiderstehlich erscheinen sollte, was angeblich
zu heroischen Leistungen auf sexuellem Gebiet befähigte.

Die moderne Wissenschaft konnte diese Errungenschaft bisher in keiner Weise belegen.

Meiner Auffassung nach sollten jedoch die Studien auf diesem Gebiet intensiviert werden: So starke Duftstoffe, die bestimmte Insekten unwiderstehlich anlocken, enthalten nämlich
Pheromone (hormonähnliche Stoffe), die auch beim Menschen
erotisierend wirken könnten. Deren chemische Struktur sollte
meiner Meinung nach genauer analysiert werden, um die aktiven Moleküle herauszufinden.

85. *Elektuar zur Steigerung der weiblichen Lust*

Nimm:

Anis (Pimpinella anisum)	*eine Prise,*
Kalmus (Acorus calamus)	*eine Prise,*
Vanille (Vanilla planifolia)	*eine Prise,*
Koriander (Coriandrum sativum)	*eine Prise.*

Vermisch die Zutaten miteinander, bevor du sie zerkleinerst.

Vermahl dann alles fein in einem Mörser, bis nur noch ein duftendes Pulver übrig ist.

Gieß nun alles in eine Karaffe aus dunklem Glas und gib ein Libra **Honig** und ein Pint Sirup vom **Mannstreu** hinzu.

Nun bist du mit der Zubereitung des Elektuars fertig. Es muß nun noch fünfzehn Tage lang im Dunkeln durchziehen.

Willst du es anwenden, so rühr es vorher im Uhrzeigersinn um und streich es dann mit einem Spatel auf dein Glied. Es bewirkt, daß du tiefer als je zuvor in das Geschlecht deines Weibes eindringst und ihr zusammen unermeßliche Freuden erfahrt. Möglicherweise hat sie sogar einen Mehrfachorgasmus.

K. d. A.: Die Wirkung beruht hier zunächst auf der gesammelten Wirkung aller Zutaten: Honig und Sirup wirken als Gleitmittel und beruhigen gleichzeitig die von den vier restlichen Zutaten gereizten Schleimhäute. Sämtliche Zutaten wurden bereits in den vorangegangenen Rezepten genauer vorgestellt.

Darüber hinaus sei noch angemerkt, daß der Honig seit Jahrtausenden auf die weibliche Klitoris aufgetragen wird, um den Koitus angenehmer zu gestalten.

86. Elektuar, das auf die Freuden des Koitus vorbereitet

Ingredienzen:
Rettichwurzel (**Raphanus sativus**),
Kalmuswurzel (**Acorus calamus**),
Kreuzkümmelsamen (**Cuminum cynimum**),
Brennesselsamen (**Urtica dioica**),
eine getrocknete Ingwerpflanze (**Zingiber officinale**),
eine getrocknete Schafgarbenpflanze (**Achillea millefolium**),
Knoblauchpreßsaft (**Allium sativum**),

gemahlener Koriander (Coriandrum sativum),
getrockneter Anissamen (Pimpinella anisum).

Hack alle Zutaten klein und vermisch sie gut miteinander.
Dann fügst du hinzu:
gekochten Malzzucker (Penidia),
Sesamöl (Sesamum indicum),
schäumendes Bier.

Bewahr das Elektuar zehn Tage lang im Dunkeln auf, da einige
der Komponenten lichtempfindlich sind.

Wenn du danach vor jeder sexuellen Vereinigung einen Eßlöffel einnimmst, wirst du bald spüren, wie deine Freude daran
steigt.

K. d. A.: Fast alle Zutaten weisen hier erotisierende beziehungsweise anregende Wirkung auf. Dazu kommt noch die
psychologisch stimulierende Wirkung, die ein in Zusammensetzung und Zubereitung so komplexes Rezept aufweist.

Der Rettich weckt – als Gewürz verwendet – die Lebensgei-
ster. Er soll das Verlangen steigern und so das mit der Vereinigung verbundene Vergnügen erhöhen.

Der Ingwer, auch dies eine Gewürzpflanze, elektrisiert jeden
Teil des Körpers, vor allem aber die Sexualorgane.

Die Schafgarbe galt bereits in der Antike als Aphrodisiakum.

Der Knoblauch, der von den Ärzten des alten Ägyptens als
Stärkungsmittel verwendet wurde, war der Ceres heilig, der
Göttin der Fruchtbarkeit. Auch heute noch wird er zu diesem
Zweck eingesetzt, doch die mittlerweile entdeckten medizini-
schen Qualitäten dieser Pflanze reichen noch sehr viel weiter.

Und auch der Koriander wurde aufgrund seines ungewöhn-
lichen Duftes schon von den Pharaonen als erotisches Stimu-

lans eingesetzt. Weitaus häufiger jedoch verschrieb man seine Wurzel zur Erhöhung der Spermaproduktion – was auf den großen griechischen Arzt Dioskurides zurückgeht.

Die anderen Komponenten wurden bereits in den vorhergehenden Rezepten beschrieben.

87. *Pomade zur Steigerung der weiblichen Lust*

Bereite aus **Honig** und dem **Öl der Zibetkatze** eine Pomade.

Rühr etwas **graue Ambra** und den pulverisierten **Huf eines jungen Bocks** darunter.

Vermisch dies mit ein wenig **Peperoni** und dem **Morgenurin eines Menschen**.

Bevor du dich nun mit deinem Weib vereinigst, reibst du dir mit dieser Mixtur die Eichel ein. So kannst du während des Aktes seine Schleimhäute reizen, was ihm ein ungeheures Vergnügen bereiten wird.

K. d. A.: Die Wirkung beruht sowohl auf der mechanischen Wirkung des Einreibens als auch auf der chemischen Wirkung der einzelnen Substanzen. Diese Pomade bewirkt eine leichte Reizung der Schleimhäute an den Geschlechtsorganen, ein leichtes Kitzeln oder »Ameisenlaufen«, das eine vollkommene Erregung der Sinne bewirkt

Peperoni und das aus ihnen gewonnene pikante Gewürz, der scharfe Paprika, wirken beide fördernd auf die sexuelle Aktivität. Lokal angewendet kann er bereits in geringer Dosierung die Schleimhäute des Urogenitalbereichs enorm reizen. Vorsicht! Hier muß wirklich auf eine entsprechend niedrige Dosierung geachtet werden, da eine höhere Dosis bei lokaler Anwendung Verbrennungen, bei Einnahme Schäden der Leber, Nieren oder des Magen-Darm-Traktes zur Folge haben kann.

Dem Huf eines jungen Bocks kommt allerdings nur Symbol-funktion zu. Er ist das magische Element in dieser Mixtur.

Zu den anderen Bestandteilen der Mischung wurde bereits in den vorhergehenden Rezepten Stellung genommen.

Rezepte zur Beeinflussung von Qualität und Quantität der Samenflüssigkeit

88. Elektuar zur Steigerung der Samenproduktion beim Mann

Nimm:

Samen von Brennessel (Urtica dioica) und Kardamom (Elettaria cardamomum),

Frucht und Wurzel vom Koriander (Coriandrum sativum), in Wein eingelegt,

eine weiße Zwiebel (Allium cepa),

schwarzen Pfeffer (Piper nigrum),

weißen Pfeffer (Piper album),

ein paar Körner Stinkasant (Ferula asafoetida),

die Zunge eines Singvogels (z.B. Stieglitz, Lerche, Nachtigall),

das Gehirn eines Spatzen,

die Hoden eines Hahns.

Vermisch alles gut miteinander und rühr dann zusammen mit Butter aus Kuhmilch ein Elektuar. Laß dieses zwanzig Tage lang in einem Terrakottagefäß ziehen.

Nimm davon fünfzehn Tage lang je einen Teelöffel zu den Mahlzeiten.

Das Elektuar vermehrt deine Samenflüssigkeit. Deine Liebesnächte werden voller Leidenschaft und Überraschung sein.

K. d. A.: Was die Menge des Spermas angeht, so kann die Wirkung nur als rein suggestiv bezeichnet werden, wenn sie überhaupt eintritt. Die von Dioskurides in dieser Hinsicht so sehr geschätzte Korianderwurzel hat nachweisbar überhaupt keinen derartigen Effekt. Die Qualität der Begegnungen hingegen kann durch die Verwendung einzelner Zutaten wie Kardamom, Pfeffer und Brennesselsamen durchaus gesteigert werden.

Der Stinkasant, genauer gesagt sein festkörniges Harz, enthält ein ätherisches Öl, das bewiesenermaßen sexuell stimulierend wirkt.

Zu den anderen Komponenten finden Sie weitere Informationen in den vorhergehenden Rezepten.

89. Elektuar für all diejenigen, deren Samen zu scharf für ihre Bettgenossin ist

Leg zunächst **Pinienzapfen** (Pinus pinea) und Fruchtfleisch vom **Kürbis** (Cucurbita maxima) – jedes für sich – süß ein. Füg dann folgendes hinzu:
Kohl (Brassica oleracea),
Lattich (Lactuca sativa),
Honig,
Fleisch von der Meeresschildkröte, das du mit Gerste gekocht hast.

Vermisch nun alles mit Büffelmilch.

Gieß nun alles mit einem Krug **Beifußsirup** (Artemisia vulgaris) auf, um ein Elektuar zu erhalten. Dieses bewahrst du nun in einem Tongefäß sieben Tage lang auf.

Nimm von der Mischung eine halbe Stunde vor jeder Mahlzeit einen großen Löffel ein, und zwar mindestens fünfzehn Tage lang.

Danach wird deine Liebste deinen Samen weit weniger ätzend finden als sonst.

K. d. A.: Daß diese Mischung in der Lage ist, der übermäßigen Säure des Spermas abzuhelfen, darf bezweifelt werden. Hat ein Mann jedoch dieses Problem, so kann dieses Rezept gefahrlos ausprobiert werden, da es zumindest nicht giftig ist und daher nicht schaden kann.

Im östlichen Kulturkreis hielt man den Kürbis aufgrund seiner enormen Samenproduktion für ein Aphrodisiakum, das sogar während tantrischer Rituale konsumiert wurde. Aus diesem Umfeld stammt auch das Gerücht, daß Frauen, die sich einen bestimmten Bettgenossen wünschten, Kürbissamen kauten, um ihr Ziel zu erreichen. Diese und andere erotisierende Wirkungen der Kürbisgewächse konnten wissenschaftlich niemals nachgewiesen werden.

Auch das Fleisch der Meeresschildkröte galt als sexuelles Stimulans.

Die anderen Ingredienzen wurden bereits früher ausführlich geschildert.

Rezepte gegen Frigidität und Impotenz

90. *Zaubertrank gegen Gefühlskälte bei Frauen*

Vermische:
eine Handvoll Salbei (Salvia officinalis),
eine Handvoll Malvenblätter (Malva sylvestris),
eine Handvoll Thymian (Thymus vulgaris),
Pulver von der Spanischen Fliege (Lytta vesicatoria) in
   nichttoxischer Dosierung,
Rinde von der Yohimbe (Pausintalia yohimba) in niedriger
   Dosierung,
pulverisierte Jakobsmuschel,
zerkleinertes Fleisch von Weichtieren,
Blütenblätter der Sonnenblume (Helianthus annuus),
Agavendestillat, in das du einen Wurm gelegt hast.

Laß alles zusammen fünfzehn Minuten lang in Regenwasser aufkochen.

Gieß die Mischung durch ein Sieb und bewahr sie neben deinem Körper auf.

Bereite diesen Trank drei Tage nacheinander zu, und zwar jeweils zwei Stunden vor dem Geschlechtsakt.

Trink die Mixtur, wenn du dich hingelegt hast. Du mußt dabei auf der rechten Seite liegen und die Hüften leicht durchdrücken.

Wenn du genau das tust, was dir gesagt wurde, wird die Gefühlskälte dich verlassen.

Ein guter Rat: Wiederhol die Prozedur des öfteren.

Nota bene: Sobald du alle Zutaten für das Rezept zusammen hast, mußt du sieben Mal um dein Haus herumgehen, bevor du den Trank zubereitest.

K. d. A.: Die Wirkkraft dieses Tranks ist auf die Suggestivebene beschränkt, kann also nur dann einen Effekt erzielen, wenn die Frigidität psychisch bedingt ist, was allerdings meist der Fall ist.

Einige der aufgeführten Zutaten unterstützen diese Wirkung noch mit ihren nachweisbaren erotisierenden Eigenschaften: Yohimbe, Spanische Fliege und die Sonnenblume.

Wenn die Dosierung für die Spanische Fliege und die Sonnenblume zu hoch gewählt sind, kann das Rezept giftig werden.

Die Muschel, die seit jeher als Abbild der weiblichen Sexualorgane gilt, ist mythologisch mit der Venus verbunden. Die Legende berichtet, daß die Göttin einer Muschel aus Schaum entstiegen sein soll, nachdem der enorme Penis des Uranos nach seiner Entmannung durch seinen Sohn Kronos ins Mittelmeer (den bildlichen Schoß der Mutter Erde) gefallen war. Über diese offenkundigen mythologischen Beziehungen zur Göttin der Liebe hinaus wird die Muschel jedoch auf der ganzen Welt als Symbol des erotischen Vergnügens betrachtet. Aus diesem Grund hält man sie auch für fähig, das sexuelle Feuer wiederzuerwecken, wenn es einmal erloschen ist. Diese Eigenschaften konnten wissenschaftlich allerdings nie bewiesen werden.

Die Blütenblätter der Sonnenblume gelten als erotisierend und kräftigend. Gekocht sollen sie fruchtbar machen, wenn das Kochwasser getrunken wird. Doch auch gebraten und mit Pfeffer gewürzt sagt man ihnen diese Wirkung nach. Wohl ebenfalls aufgrund der enormen Samenproduktion gelten Sonnenblumensamen und ihr Öl als Fruchtbarkeit bringend.

Die Damiana, die ihren Namen von einem katholischen Missionar in Mexiko erhielt, der damit den heiligen Damian, den

Schutzgott der Apotheker, ehren wollte, weist eine ungeheure Menge therapeutischer Eigenschaften auf, die teils auch schon wissenschaftlich nachgewiesen wurden. Nur die Wirkung als Aphrodisiakum läßt sich bisher in keinem der isolierten Wirkstoffe erkennen.

Die Agave beziehungsweise ihr alkoholisches Destillat sollte angeblich eine positive Wirkung auf die Genitalien ausüben, die von dem darin eingelegten Wurm noch erhöht wurde.

92. *Venerischer Balsam für frigide Frauen*

Zerstoß einzeln folgende Komponenten:

Wurzel der Dalmatinischen	
Insektenblume (Chrysanthemum	
cinerariifolium)	*eine Unze,*
Wolfsmilch (Euphorbia)	*eine Unze,*
Spanische Fliege (Lytta vesicatoria)	*eine halbe Unze.*

Vermisch alles in einem Gefäß aus glasiertem Ton. Gieß dann mit zwei Libra Malvasierwein oder spanischem Wein auf.

Laß das Ganze nun im bedeckten Gefäß auf kleiner Flamme kochen, bis die Flüssigkeit auf etwa die Hälfte eingekocht ist.

Gib dann vier Unzen **Olivenöl** zu.

Koch die Mischung nun weiter ein, bis der wäßrige Anteil völlig verdampft ist.

Was übrigbleibt, läßt du nun auf kleiner Flamme schmelzen, bis es ganz flüssig ist.

Während die Mixtur nun abkühlt, gibst du folgendes hinzu:

weißes Wachs	*je eine Unze,*
Ameisenöl	
Muskatnußöl (Myristica fragrans)	*eine halbe Unze,*
Bibergeil	*eineinhalb Unzen,*

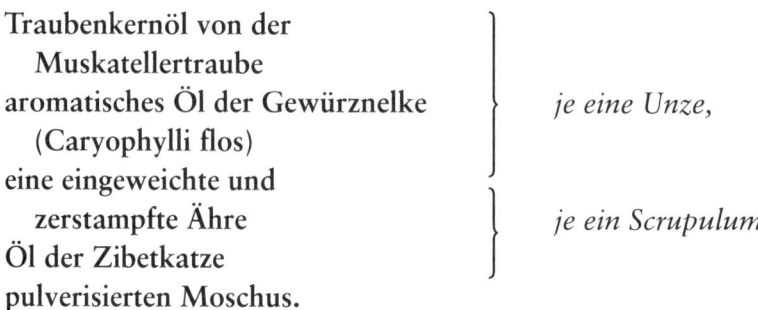

| Traubenkernöl von der Muskatellertraube aromatisches Öl der Gewürznelke (Caryophylli flos) | *je eine Unze,* |
| eine eingeweichte und zerstampfte Ähre Öl der Zibetkatze | *je ein Scrupulum* |

pulverisierten Moschus.

Verrühr alles zu einem Balsam. Bewahr diesen in einem gut verschlossenen Gefäß auf. Wenn es soweit ist, ölst du damit die Genitalien und den großen Zeh des rechten Fusses ein.

Daraufhin wird die Frau die sexuelle Vereinigung mit aller Kraft wünschen. Darüber hinaus wird sie für dich und deine Partnerin voller Überraschungen und ungekannter Lüste sein.

K. d. A.: In diesem Rezept wird die mechanische Stimulierung durch das Auftragen des Balsams auf der erogenen Zone der äußeren Genitalien kombiniert mit der Verwendung diverser erotisierender Substanzen wie zum Beispiel die Spanische Fliege. Dazu kommen noch leicht wirksame Substanzen wie Muskatnuß, Ameisenöl, Bibergeil, Muskatellertraube, Moschus und das Öl der Zibetkatze. Bereits die Herstellung übt eine gewisse Suggestivwirkung aus, wodurch es durchaus zu dem versprochenen Effekt kommen kann.

Wolfsmilch ist ein gummiartiges Harz, das durch Einschneiden der Rinde des Euphorbienbaumes gewonnen wird. Dieser Substanz wurden früher sowohl aphrodisierende als auch menstruationsfördernde Eigenschaften zugeschrieben. Diese ließen sich wissenschaftlich niemals nachweisen.

Wachs als hartes, ölhaltiges Produkt von gelblicher Farbe, das von Bienen hergestellt wird, wurde häufig zum Verschließen kleinerer Wunden und Abschürfungen eingesetzt.

Die weiteren Bestandteile werden an anderer Stelle ausführlicher beschrieben.

93. *Mittel gegen Frigidität bei Frauen*

Verrühre gründlich folgende Zutaten:

Zimttinktur	*sechs Scrupula,*
Infus von Kaffee	*eine Unze,*
Sirup aus Gummiharz	
(**Asa foetida**)	*eine Unze und ein Drittel,*
Alkohol	*zwei Unzen und zwei Drittel,*
Rum	*fünf Unzen,*
Wasser	*fünf Unzen.*

Bereite daraus einen Trank zu, den du in ein Tongefäß gießt. Wart ab, bis Vollmond ist. Während der ersten fünf Tage stellst du das Gefäß ins Fenster, nachdem du es in ein Stück deiner Unterwäsche eingewickelt und mit deinem Lieblingsduft besprengt hast.

Danach ist das Heilmittel fertig. Rühr davon ein bis drei Eßlöffel in ein alkoholisches Getränk, das du während des Abendessens zu dir nimmst, so wird in dir eine erotische Neugierde erwachen, die ihresgleichen sucht und dir ständig ungewöhnliche Freuden bereitet.

Ein guter Rat: Wiederhol die Prozedur, falls nötig.

K. d. A.: Die Wirkung dieses Tranks beruht unzweifelhaft auf reiner Suggestion. Weder Alkohol noch Zimt sind hier in ausreichendem Maße vorhanden, um tatsächlich eine stimulierende Wirkung auszuüben. Dasselbe gilt für den Kaffee. Nichtsdestotrotz können diese Stimulanzien das Eintreten des Versprochenen zumindest ein wenig unterstützen, indem sie die auf psychologischen Faktoren beruhende Wirkung verstärken.

Denn der Kaffee, besser gesagt die Kaffeebohnen, enthalten Koffein, ein Alkaloid, welches das zentrale Nervensystem, also auch die für erotische Empfindungen zuständigen Nervenstränge, anregt. Diese Eigenschaft soll hier nicht verschwiegen werden, da sie zum einen die Suggestivwirkung des Trankes erhöhen, zum anderen das Begehren auch direkt steigern kann.

Eine meiner Patientinnen erzählte mir einmal, daß sie häufig, wenn sie eine Tasse Filterkaffee getrunken hatte, ein starkes sexuelles Verlangen empfand, das sie sofort befriedigen mußte.

Wobei hier natürlich zu bemerken bleibt, daß eine derartige Wirkung des Kaffees sich nur bei bestimmten, dafür sensibilisierten Personen einstellt. (Was im übrigen auf die meisten medizinisch wirksamen Substanzen zutrifft.)

94. Mittel zur Heilung von Frigidität

Verschaff dir:
Hoden eines Gänserichs,
den mit verschiedenen Gewürzen zubereiteten Bauch eines
   Hasen,
Salat aus Rauke (Eruca sativa), Stinkmorchel (Phallus
   impudicus) und Sellerie (Apium graveolens) mit Rosenessig
   gewürzt.

Laß alles langsam einkochen.

Wenn du dieses Wundermittel abends zu dir nimmst und dabei viel roten Wein trinkst, wird in dir die Lust erwachen, sobald du dich zu Bett begibst, und dich mit ihren tausend Flammen umzüngeln.

K. d. A.: Auch hier ist die Wirkung vornehmlich eine psychologische, auch wenn sie von einzelnen Komponenten wie Gewürzen und Sellerie unterstützt wird.

Die Gewürze der Liebe sind folgende: Anis, Basilikum, Kalmus, Zimt, Kardamom, Koriander, Galgant, Liebstöckel, Muskatnuß, Paprika, Petersilie, Rosmarin, Vanille, Ingwer und Safran.

Der Einsatz von Gewürzen zu erotischen Zwecken hat eine lange Tradition und breitete sich sprunghaft aus, als der Handel mit Indien und anderen orientalischen Ländern seinen Aufschwung nahm. Auch nach der Entdeckung Amerikas ist eine deutliche Zunahme in der Verwendung dieser Rezepturen zu beobachten. Einige Probandinnen berichten, daß diese Gewürze – äußerlich angewandt – ein angenehmes Kribbeln in der Gegend um das Perineum herum verursachen.

95. *Infus zur Heilung von Impotenz und Frigidität*

Bereite ein Infus aus folgenden Zutaten:
sieben Prisen Bohnenkraut (Satureja officinalis),
zwei Prisen Rosmarin (Rosmarinus officinalis),
zwei Prisen Pfefferminze (Mentha piperita),
zwei Prisen Eisenkraut (Verbena officinalis),
ein Teelöffel schwarzer Pfeffer (Piper nigrum),
etwa 20 Körnchen Senfsamen (Brassica alba oder nigra),
eine Handvoll Blütenblätter von der Sonnenblume
   (Helianthus annuus),
auf zwei Pint Wasser.

Laß alles zusammen ein paar Minuten kochen. Gieß es dann in ein Gefäß aus dunklem Glas und laß die Flüssigkeit darin mindestens eine Nacht ruhen.

Davon trinkt man vierzig Tage lang zweimal täglich ein Schälchen voll.

Nach diesen vierzig Tagen ersetzt du für drei Tage diese Mischung gegen die folgende: Bereite einen Infus aus **Bohnenkraut, Basilikum, Rosmarin, Anis und Salbei**. Nimm je eine Prise auf eine Schale Wasser und trink diese Mixtur nur abends.

Wenn du dich an diese Regeln hältst, wird Eros zu dir zurückkehren und in dir neue Lüste wecken, an die du bisher nicht einmal zu denken gewagt hast.

K. d. A.: Suggestivwirkung, die von vielerlei Stimulanzien unterstützt wird, welche sowohl bei Männern als auch bei Frauen wirken.

Die meisten der Komponenten wurden bereits in den vorhergehenden Rezepten kommentiert.

Das Bohnenkraut galt jahrhundertelang als äußerst wirksames Erotikum, dessen anregende Wirkung auch lokal, das heißt an den Genitalien direkt, eingesetzt wurde. Sicher ist, daß die Pflanze eine leicht desinfizierende Wirkung ausübt. Ihre Wirkung als Stimulans konnte wissenschaftlich leider niemals bewiesen werden.

96. Zaubertrank gegen Impotenz

Vermische:

Zimt (Cinnamomum verum)	*drei Unzen,*
Kardamom (Elettaria cardamomum)	*zwei Unzen,*
Galgant (Galangae rhizoma)	*zwei Unzen,*
Gewürznelken (Caryophylli flos)	*zehn Stück,*
Pfeffer (Piper nigrum)	*zehn Scrupula,*
Muskatnuß (Myristica fragrans)	*sechs Scrupula,*

graue Ambra	*vier Gran,*
Moschus	*vier Gran,*
Alkohol	*zwei Fojette (altrömisches*
	Hohlmaß, etwa ½ l),
Ingwer (**Zingiber officinale**)	*zehn Scrupula,*
Senf (**Brassica alba** oder **nigra**)	*zwölf Scrupula.*

Rühr noch eine Libra **Honig** und zwei große Becher **Beifuß-sirup** darunter. Den so gewonnenen Trank gießt du in eine kleine Korbflasche aus grünem Glas.

Diese Korbflasche stellst du nun in die Sonne, und zwar fünf Tage lang für jeweils mindestens vier Stunden. Auf diese Weise wird aus dem von dir bereiteten Trunk ein Heilmittel. Gieß dann vor der Vereinigung etwa ein Fojett mit ca. einem halben Liter Rotwein auf und trink dies. Deine Erektion wird größer sein denn je, und du wirst ohne Schwierigkeiten in dein Weib eindringen können.

K. d. A.: Vornehmlich psychologischer Effekt, der von der arzneilichen Wirkung einiger erotisierender Substanzen in dieser Mixtur (zum Beispiel Alkohol) getragen wird.

Wenn die Impotenz des Mannes psychisch verursacht ist, kann dieses Rezept durchaus eine gewisse Wirkung zeitigen. Geht sie hingegen auf eine organische Erkrankung zurück, so ist es absolut wirkungslos.

97. *Pulver zur Verhütung von Impotenz*

Nimm zu gleichen Teilen:
langen Pfeffer (Piper longum)
Zimt (Cinnamomum verum),
Anis (Pimpinella anisum),

Gewürznelken (Caryophylli flos),
Kardamom (Elettaria cardamomum),
Muskatnuß (Myristica fragrans).

Vermisch zuerst alles gut, bevor du es zu Pulver zerreibst. Bewahr dieses Pulver einige Tage lang in einer verschlossenen Glasflasche auf. Nun kannst du mit der Kur beginnen: Würze jede deiner Mahlzeiten mit zwei Scrupula dieser Mischung. Auf diese Weise kannst du der Impotenz vorbeugen.

K. d. A.: Diese Mischung ist nicht so sehr geeignet, der Impotenz vorzubeugen, sondern hat durch ihre anregenden Eigenschaften eher aphrodisierende Wirkung. Die Verabreichungsvorschriften sorgen für einen »täglichen Schub«.

98. Öl zur Heilung von Impotenz

Besorg dir:

aromatisches Öl der Gewürznelke (Caryophylli flos)	*ein Viertel Scrupulum,*
Sonnenblumenöl (Helianthus annuus)	*zehn Scrupula,*
aromatisches Öl des Kardamoms (Elettaria cardamomum)	*zwei Scrupula,*
Senföl (Brassica alba oder nigra)	*ein Scrupulum,*
Rettichessenz (Raphanus sativus)	*zwei Scrupula,*
aromatisches Öl von Safran (Crocus sativus)	*ein Scrupulum,*
Kajeputöl (Melaleuca leucadendra)	*ein Viertel Scrupulum,*
aromatisches Öl von Majoran (Origanum majorana)	*ein Scrupulum,*

aromatisches Öl von Niaouli
   (Melaleuca viridiflora)   *zwei Unzen,*
Terpentinöl (Terebinthina
   aetheroleum)   *eine Unze.*

Gieß dazu noch drei Unzen Öl und laß diese Mischung in einer dunklen Flasche fünfzehn Tage lang an einem dunklen Ort stehen.

Danach gibst du noch ein paar **Haare deiner Liebsten** hinzu und sprichst dabei folgende Formel:

»Mögen diese Haare meine Impotenz vertreiben. Möge die Liebe geneigt sein.«

Dann ist das Heilmittel fertig. Reib damit dein Glied ein, bevor du die Vereinigung vollziehen möchtest, und deine Erektion wird stark und dauerhaft sein.

K. d. A.: Die Wirkungsbasis dieser Rezeptur ist vielfältig: Da ist zum einen der mechanische Reiz durch das Einreiben. Dazu kommt noch die durchblutungsfördernde Wirkung ihrer Komponenten. Und schließlich darf man auch hier den Suggestiveffekt nicht vernachlässigen.

Trotz alledem tritt die versprochene Wirkung nur dann ein, wenn die Impotenz vorübergehend, also reversibel (heilbar) ist. Dies ist nur der Fall, wenn sie psychischen Ursprungs sein sollte. Bei organischen Ursachen erzielt diese Rezeptur hingegen keinerlei Effekt.

Kajeput, Majoran, Niaouli und Terpentinöl erhöhen den Blutzufluß zu den Genitalien und fördern daher den zur Erektion nötigen Blutstau. Darüber hinaus wirken sie noch anregend auf die Geschlechtsorgane. Vorsicht ist allerdings geboten, wenn Sie dieses Rezept ausprobieren wollten: Zu große Mengen der angegebenen Substanzen verursachen Verbrennungen an den Schleimhäuten.

Das aromatische Öl der Gewürznelke enthält ein Alkaloid mit halluzinogener Wirkung: das Eugenol. Da dieser Stoff hochgradig toxisch ist, darf er nur in sehr begrenzten Mengen verabreicht werden.

Mittel gegen übermäßige Wollust

99. Elektuar zur Abschwächung allzu heftigen weiblichen Begehrens

Verschaff dir:
Extrakt vom Stinkkraut (Chenopodium vulgaria),
eingelegte Blüten weißer Seerosen (Nymphaea alba),
Kamillenblüten (Matricaria chamomilla),
Giftlattich (Lactuca virosa),
Schneerose (Schwarze Nieswurz oder Helleborus niger;
    Blätter und Blüten),
Wurzel der Schneerose (s. o.), die in einer Vollmondnacht
    ausgegraben wurde,
Kampfer (Cinnamomum camphora),
Baldrian (Valeriana officinalis),
Sperma eines jungfräulichen Kalbes.

Gib alles in ein Tongefäß und verrühr es gründlich miteinander, bevor du ein Libra **Honig** dazugibst. Am Ende mischst du noch **Heidelbeersirup** darunter.

Auf diese Weise entsteht ein Elektuar, das du in einem Ballon aus dunklem Glas im Heuschober ruhen läßt.

Nimm davon zwei- bis dreimal täglich einen Teelöffel voll. Dann kann dir kein Verlangen mehr etwas anhaben.

K. d. A.: Der Suggestiveffekt ist hier offenkundig. Gefördert wird er noch durch die Wirkung des Spermas und des Extrakts vom Stinkkraut. Dazu kommt noch der Effekt von einigen sogenannten »Anti-Aphrodisiaka«, beziehungsweise Beruhigungs-mitteln.

Das Stinkkraut heißt auf italienisch »vulvaria«, was sich dar-auf bezieht, daß man in früheren Zeiten dachte, es stärke die Vulva. Aus diesem Grunde gilt es schon seit jeher als ideales Mittel, um weibliche Wesen vor der Versuchung zu bewahren. Wissenschaftlich konnte dieser Effekt niemals nachgewiesen werden.

Auch der Kampfer wurde – neben seinen zahlreichen wei-teren medizinischen Indikationen – als Anaphrodisiakum ein-gesetzt. Diese Wirkung konnte jedoch niemals wissenschaftlich nachgewiesen werden.

Die bei weitem wichtigste Komponente im Hinblick auf die Eindämmung übermäßiger weiblicher Lüste war jedoch die Blüte der weißen Seerose, da man ihr beruhigende, ja fast nar-kotisierende Wirkung nachsagte. Dies führte dazu, daß sie im Mittelalter als das Anaphrodisiakum schlechthin galt, ein Ruf, der sich im übrigen in der Populärmedizin bis heute gehalten hat. Die moderne Medizin ist im Hinblick auf diese spezielle Wirkung der weißen Seerose jedoch eher skeptisch. Der Phar-makologe Declerc beispielsweise hält diese angebliche Wirk-kraft für völlig aus der Luft gegriffen.

Die aspezifisch beruhigende Wirkung des Trankes, die durch-aus mit einem dämpfenden Einfluß auf das sexuelle Verlangen einhergehen kann, geht denn wohl auch mehr auf andere Kom-ponenten wie Kamille, Baldrian, Giftlattich und Nieswurz zurück, die man im übrigen auch manchmal – vielleicht aus symbolischen Gründen – als »Wolfsmännchen« bezeichnet.

Der Giftlattich war schon Dioskurides bekannt, der ihn *Tri-dax agria* nannte. Auch er schrieb dieser Pflanze stark narkoti-sierende und beruhigende Wirkung zu. Im Mittelalter wurde er sehr häufig benutzt, obwohl seine Giftigkeit bekannt war. Die heilige Hildegard von Bingen hatte sie bereits in den Regeln für ihren Konvent beschrieben. Er muß vom gewöhnlichen wilden Lattich, dem Eskariol, unterschieden werden, der völlig harmlos ist. Im 18. Jahrhundert fiel diese Pflanze der Vergessenheit anheim, um erst gegen Ende des 19. Jahrhunderts wiederentdeckt zu werden. Damals verwendete man sie, um aus ihr ein *lactuarium* genanntes Extrakt zu brauen, das als Ersatz für Opium eingesetzt wurde.

Die Schneerose (schwarze Nieswurz) ist eine hochgiftige Pflanze. Ihr Rhizom ist schwarz, wohingegen die Blüten der Wildform weiß sind. (In Italien ist allerdings die Unterart mit roter Blüte weiter verbreitet, weshalb diese Pflanze in älteren Kräuterbüchern auch manchmal als »Cavolo rosso«, Rotkohl, bezeichnet wird.) In der Antike benutzte man die Schneerose, um damit psychische Krankheiten zu heilen. Herkules soll auf diese Weise von seinem Wahnsinn befreit worden sein. In der Mythologie benutzte der Seher Melampus die Nieswurz, um die Töchter des Königs Proitos dem Irrsinn zu entreißen. Er gab ihnen Milch von Ziegen zu trinken, die zuvor in einem Schneerosenfeld geweidet hatten. Auch Mattioli bestätigte im 16. Jahrhundert, daß die Schneerose Krankheiten des Geistes heilen könne. Um der giftigen Wirkung zu entgehen, empfahl er nur kleine Dosen.

Diese Heilwirkung der schwarzen Nieswurz wird heute von der Wissenschaft nicht anerkannt. In diesem Rezept entbehrt die Verwendung jedoch nicht einer gewissen Logik. Krautige Bestandteile und die Wurzel der Schneerose werden hier eingesetzt, um den »Wahnsinn« zu heilen, der Frauen befallen haben mußte, die – wie bei Nymphomaninnen üblich – ein zu heftiges Begehren erkennen ließen.

Die erste pharmakologische Beschreibung des Baldrians findet sich bei dem ägyptischen Arzt Isaak dem Hebräer. Dies zeigt, daß jene Pflanze bereits bei den Griechen häufig verwendet wurde. Auch im Mittelalter gehörte sie zu den beliebtesten

Heilpflanzen, hauptsächlich wegen ihrer vorwiegend sedieren-
den Effekte, die man damals irgendwelchen »magischen« Bestandteilen zuschrieb. Sie sollte für ein ruhiges und wohlgesetz-
tes Leben sorgen. Tatsächlich geht der lateinische Name des
Baldrians, Valeriana, auf das lateinische Verbum »valere« zurück, das soviel bedeutet wie »gutgehen«. Die beruhigende
Wirkung, der die Pflanze ihre Aufnahme in dieses Rezept verdankt, wurde auch von der modernen pharmakologischen Forschung bestätigt.

Dasselbe gilt im übrigen auch für die Kamille.

100. Elektuar, um zu heftiges Begehren im Zaum zu halten

Besorg folgende Zutaten:
Giftlattich (Lactuca virosa),
Portulak (Portulaca),
Blüten der weißen Seerose (Nymphaea alba),
Kampfer (Cinnamomum camphora),
Samen vom Keuschlamm (Agnus castus; Mönchspfeffer),
pulverisierter Achat,
Herz einer Wachtel (und zwar eines männlichen Tieres, wenn
    das Rezept für eine Frau gedacht ist, und umgekehrt).

Rühr alles gut zusammen und verbrenn es dann zu Pulver.

Dieses Pulver mischst du dann mit **Wolfsfett**, dem du zwei
Pint **Heidelbeersirup** zufügst.

Auf diese Weise stellst du ein Elektuar her, das du in einem
Tongefäß zehn Tage lang kühl und dunkel aufbewahrst.

Danach ist das Heilmittel fertig zum Gebrauch. Kurmäßig
nimmst du davon zweimal täglich einen Teelöffel. Wenn du hingegen sofort Hilfe brauchst, weil du dich nicht mehr zurück-

halten kannst, betupfst du damit – ohne zu reiben – deine äußeren Genitalien.

In beiden Fällen werden deine niederen Instinkte und jegliche
Wollust, die du empfinden magst, sofort gebändigt.

K. d. A.: Natürlich baut auch dieses Rezept auf einer gewissen
»magischen« Suggestivwirkung auf. Diesem Zweck dient beispielsweise das Herz der Wachtel und das Wolfsfett. Doch kann
der anaphrodisierende Effekt der anderen Komponenten hier
durchaus unterstützend wirken.

Pulverisierter Achat gilt übrigens in den meisten Rezept-
büchern als erotisches Stimulans und nicht als Anaphrodisiakum. Wissenschaftlich nachgewiesen ist keine der beiden Heilwirkungen.

101. Heilmethode bei zu heftiger Versuchung

Bleib bis zum Abend nüchtern. Brat dir dann in einer Pfanne
einen **Grünspecht**. Würz diesen leckeren Happen mit Samen
vom **Keuschlamm** (Agnus castus).

Sobald du die Speise verzehrt hast, nimmst du den **Zahn**
eines soeben verstorbenen Mannes und verbrennst ihn. Atme
den Rauch so tief wie möglich ein.

Dann legst du unter dein Kopfkissen einen mit **Quecksilber**
gefüllten Strohhalm.

Leg dich sodann in deinem Bett auf den Rücken und warte
vertrauensvoll. Bald werden die Versuchungen innen und
außen verschwinden und dich nicht mehr belästigen.

K. d. A.: Dieser Vorgang beruht rein auf suggestiven Methoden. Der verspeiste Vogel gilt seit jeher als phallisches Symbol
und wird durch das Keuschlamm, dem – wie bereits der Name

sagt – starke anaphrodisierende Kräfte zugeschrieben werden, neutralisiert. Schließlich wird Quecksilber eingeatmet, das auch noch die letzten erotischen Gedanken abtöten soll. Diese Inhalation ist im übrigen alles andere als ungefährlich, da das Quecksilber (siehe dazu auch das Kapitel über Hexen und ihre Gifte) hochgradig toxisch ist.

Der Rauch eines Zahnes enthält zwar vermutlich einige organische Substanzen, da der Zahn ja einem erst kürzlich Verschiedenen entnommen werden muß. Trotzdem ist die angestrebte Wirkung auch hier eine rein magische.

Auf pharmakologischer Ebene wirkt hier nur das Keuschlamm, dessen Berühmtheit auf anaphrodisierendem Gebiet von der Wissenschaft allerdings nicht bestätigt werden kann. Im Mittelalter schrieb man der Pflanze übrigens beide Wirkungen zu. Sie galt zum einen als beruhigend, zum anderen als erotisch stimulierend. Sie sollte sogar die Fruchtbarkeit steigern.

102. *Behandlung gegen nächtliche Samenergüsse*

Um nächtliche Samenergüsse zu verhindern, mußt du Atemübungen machen, und zwar möglichst tief und regelmäßig.

Die Einatmung erhöht dabei den Druck der »Schöpferkraft«, die ihren Sitz im Unterbauch hat. Diese wandert sodann durch einen feinstofflichen Kanal vom unteren Ende der Wirbelsäule ganz allmählich nach oben in den Kopf.

Die Ausatmung hingegen führt die Energie wieder nach unten zurück. Diese abwechselnden Atembewegungen sollten so lange durchgeführt werden, bis die Schöpferkraft vollkommen gereinigt ist und sich in Lebenskraft verwandelt. An diesem Punkt und in dieser Form kann sie bis ins feinstoffliche Zentrum des Gehirns vordringen und sich zu spiritueller Kraft wandeln.

Rolle nun 36mal die Augen von links nach rechts und 24mal

von rechts nach links. Jedes Augenrollen sollte langsam ausgeführt werden. Atme dabei einmal vollständig ein und aus.

Auf diese Weise steigt die spirituelle Kraft in die Schamgegend hinab und wird dort fixiert und stabilisiert.

An diesem Punkt nimmst du ein Glas von folgendem, genau wie angegeben zubereiteten Infus zu dir:

Blüten von der weißen Seerose
   (Nymphaea alba),
Wurzel der Schneerose　　　　　　*je eine Handvoll.*
   (Helleborus niger),
Blätter vom Giftlattich
   (Lactuca virosa),

Hack alles fein, bevor du es verrührst und zusammen mit zwei Pint Wasser in ein Tongefäß gießt.

Laß alles fünf Minuten lang kochen und gieß es dann durch ein geweihtes Tuch ab. Fang die Flüssigkeit in einem Gefäß aus dunklem Glas auf.

Den so gewonnenen Trank bewahrst du zehn Tage lang auf.

Danach ist der Trank gebrauchsfertig.

Beides zusammen – das Infus und die Atemübungen – werden weitere nächtliche Samenergüsse verhindern.

K. d. A.: Diese Behandlungsmethode wurde mehrfach getestet, wobei niemals ein befriedigendes Ergebnis erzielt werden konnte. Das bedeutet freilich nicht, daß diese Übungen bei für feinstoffliche Praktiken sensibilisierten Menschen keine Wirkung zeitigen und den versprochenen Effekt bringen können.

Das Infus soll dabei wohl ebenfalls »anti-aphrodisierende« Wirkung haben. Ein derartiger Effekt seiner Bestandteile konnte jedoch wissenschaftlich niemals nachgewiesen werden. Außerdem ist der Giftlattich in bestimmten Dosen toxisch.

Rezepte zur Feststellung der Jungfräulichkeit

103. *Pulver zur Feststellung der Jungfräulichkeit*

Nimm die **Blüten der wilden Lilie** (Lilium selvaticum), die du zu Asche verbrannt hast. Löse einen Eßlöffel dieses Pulvers in einem Pint Wasser auf.

Gib nun das Infus nachts bei abnehmendem Mond dem Mädchen zu trinken, dessen Jungfräulichkeit in Frage steht.

Wenn das Hymen (Jungfernhäutchen) nicht mehr ganz ist, wird sie danach Wasser lassen müssen.

K. d. A.: Auch hier zeitigten entsprechende Versuche nur negative Ergebnisse. Der theoretische Unterbau dieses Rezeptes kann etwa wie folgt zusammengefaßt werden: Man glaubte, daß die wilde Lilie wassertreibende Wirkung habe, der Urin jedoch durch ein intaktes Hymen blockiert werden müßte.

Dieser Glaube ist ganz offensichtlich unbegründet.

104. *Prozedur zur Feststellung der Jungfräulichkeit*

Besorg dir **weiße Ambra** und zerstoß sie im Mörser zu Pulver.

Davon nimmst du dann etwa so viel, wie ein Goldstück wiegt, und löst es in einem Krug Regenwasser auf.

Gib diesen Trank nun dem Mädchen zu trinken, dessen Jungfräulichkeit du feststellen möchtest.

Wenn sie bereits defloriert wurde, wird sie innerhalb einer Stunde Wasser lassen müssen.

Ist sie dagegen noch Jungfrau, wird sie ohne Probleme ihr Wasser halten können.

Doch es gibt noch eine andere Möglichkeit, wie du diese intimen Geheimnisse herausfinden kannst.

Vermahle folgende Substanzen zu Pulver:

den Samen der Kaurimuschel (Porzellanschnecke),

Blätter bzw. Wurzel des Hopfens (Humulus lupulus).

Verrühr eines der beiden Pulver in einen Topf mit Hühnerbrühe.

Gib diese Brühe dem Mädchen zu trinken.

Sie verfügt über dieselbe Wirkkraft wie die oben geschilderte.

K. d. A.: Die beiden vorstehenden Rezepte sind nicht nur wisschenschaftlich ohne jede Basis, sie entbehren darüber hinaus noch jeglicher Logik.

Gibt man diese Brühe einer verheirateten Frau zu trinken, so stellt sich häufig sogar der gegenteilige Effekt ein, was bedeutet, daß sie danach sehr wohl in der Lage ist, das Wasser länger als eine Stunde zu halten.

Weiße Ambra unterscheidet sich von grauer nicht nur durch die Farbe, sie ist darüber hinaus auch ärmer an Wirkstoffen. Früher schrieb man ihr kräftigende Eigenschaften zu. Sie sollte Freude verschaffen, da sie angeblich die Zellproduktion der Sexualorgane erhöht. Darüber hinaus sollte sie als Antidot gegen Gifte wirken und Frauen feuriger machen. Sie verströmt einen sehr süßen, weichen Duft, aber was hier wohl am meisten zählt, ist, daß man sie für wassertreibend hielt. Keine dieser Eigenschaften wurde je wissenschaftlich nachgewiesen.

Die Kaurimuschel, das Gehäuse der Porzellanschnecke, galt als Aphrodisiakum und Diuretikum (wassertreibendes Mittel), da Muscheln der Venus heilig waren. Die Logik des Rezeptes sieht vor, daß die diuretische Wirkung durch ein intaktes Jungfernhäutchen außer Kraft gesetzt wird. Diese Eigenschaft läßt sich wissenschaftlich natürlich nicht nachweisen.

Dasselbe gilt für den Hopfen.

105. *Infus und Prozedur, welche die Feststellung erlauben, ob ein Mädchen noch unberührt ist*

Nimm eine Elle weißen Faden und miß damit den Hals des Mädchens ab.

Nimm den Faden dann doppelt so lange, wie du gemessen hast. Gib dann den Faden dem Mädchen, das die Enden zwischen den Zähnen halten muß.

Versuch nun, dem Mädchen den Faden über den Kopf zu ziehen, während sie ein Infus aus den **Blättern der wilden Lilie** (Lilium selvaticum) trinkt.

Wenn der Kopf des Mädchens leicht durch den Faden paßt, ist sie keine Jungfrau mehr. Hat sie hingegen Schwierigkeiten mit dem Faden, so kannst du sicher sein, daß sie noch unberührt ist.

K. d. A.: Dieses Rezept findet seinen gedanklichen Hintergrund im Glauben der damaligen Zeit, daß Frauen, die bereits sexuellen Verkehr gehabt hatten, eine größere Schilddrüse hätten. Logischerweise hätten sie damit auch einen dickeren Hals bekommen.

Ein Faden, der doppelt so viel maß wie der Halsumfang des Mädchens, mußte daher bei einem weiblichen Wesen, das bereits defloriert worden war, leicht über den Kopf gehen, da der Halsumfang ja angeblich größer war. Bei einer Jungfrau hingegen war der Halsumfang »normal«, und sie bekam den Kopf nicht durch die Schlinge.

Diese Methode führt leider nur sehr selten zum gewünschten

Ergebnis. Es gibt nämlich eine Menge unberührter Mädchen mit vergrößerter Schilddrüse und dem entsprechenden Halsumfang.

Die Blätter der wilden Lilie haben keinerlei Einfluß auf die Jungfräulichkeit eines Mädchens.

106. *Dekokt zur Verengung der weiblichen Natur*

Nimm:

Johannisbrotsamen (Ceratonia siliqua)	*ein Gran,*
Fruchtfleisch eines Granatapfels (Punica granatum)	*ein Gran,*
Veilchenessenz (Viola odorata)	*eine Unze.*

Koch all dies in Quellwasser auf, dem du **Weidenharz** und **Gummi arabicum** zugefügt hast.

Nimm ein Sitzbad in dem noch warmen Dekokt, so daß die intimen Partien vollständig bedeckt sind.

Dabei muß die Flüssigkeit so heiß wie irgend möglich sein, ohne jedoch Verbrennungen zu verursachen.

Sollte die Flüssigkeit abkühlen, mußt du sie von neuem erwärmen und die Prozedur wiederholen, bis deine Scheide so eng ist, wie du es wünschst.

Danach kannst du mit deinem Liebsten zusammen sein, und er wird dich für eine Jungfrau halten.

Eure Umarmung wird lange dauern und voller Lust sein, da das Eindringen des Mannes durch die Prozedur erschwert wird.

K. d. A.: Der zusammenziehende Effekt des Dekokts geht hauptsächlich auf die lokale Wirkung des Harzes beziehungsweise des Gummi arabicums zurück. Diese beiden Substanzen werden flüssig, wenn sie erhitzt werden, und ziehen sich beim

Erkalten zusammen. Der Überzug, der dadurch auf der Vaginalschleimhaut entsteht, macht die Öffnung enger und kann unter Umständen sogar eine Art Häutchen bilden.

Der Granatapfel hat wohl eher symbolische Bedeutung. Er wurde bis weit in die Renaissance als Aphrodisiakum betrachtet, da er angeblich aus dem Blut des Bacchus entstand, der sich beim Anblick der Venus erregte. Er galt als Symbol der Vereinigung zweier Götter. Deshalb sollte er auch den Menschen, die seine Früchte aßen, eine erotische Erfahrung bescheren und sie zugleich zum gemeinsamen Lachen anregen.

Diese aphrodisierenden Kräfte schrieb man zwar allen Teilen der Pflanze zu, am häufigsten verwendet wurde aber zweifelsohne der Saft, aus dem man einen fruchtigen Most gewann.

Dem Johannisbrotbaum, der diesen Namen trägt, weil man glaubte, der Heilige habe davon bei seinem Aufenthalt in der Wüste gegessen, schrieb man bei lokaler Anwendung eine starke adstringierende (zusammenziehende) Wirkung auf die weiblichen Sexualorgane zu. Dabei sollte die Frucht der Schoten die höchste Wirksamkeit besitzen.

So hat das Rezept zum einen das Ziel, das sexuelle Vergnügen zu erhöhen, zum anderen soll es die Vagina enger machen und unter Umständen sogar das Vorhandensein eines Hymens und somit eine intakte Jungfräulichkeit vortäuschen.

107. Wie man die verlorene Jungfräulichkeit zurückgewinnt

Besorg dir:
eine halbe Unze gebenedeite Erde aus Venedig,
eine halbe Schale Milchsaft von Spargelblättern (Asparagus officinalis),
eine viertel Unze Bergkristall, zermahlen und in Zitronensaft

oder Saft von grünen Pflaumen (Prunus domestica)
aufgelöst,
**Eiweiß von einem frischen Ei, vermischt mit ein wenig
Hafermehl.**

Knete alle Zutaten zusammen zu einem kleinen, nicht zu weichen Ball.

Diesen Ball führt man nun in die Vagina des deflorierten
Mädchens ein, die man vorher mit Ziegenmilch ausgewaschen
hat. Vergiß nicht, die Schleimhäute vorher mit einer Pomade
aus Fischleim einzustreichen.

Diese Prozedur führst du heimlich vier bis fünf Mal durch.
Danach wird keine Matrone der Welt behaupten können, sie
habe das Mädchen nicht jungfräulich gefunden.

Ein anderes Mittel mit ähnlichen Eigenschaften ist Spargelwasser, das mit Zitronensaft aufgekocht wurde. Vermische es
mit Myrrhenharz oder einem anderen gummiartigen Harz wie
zum Beispiel dem der Lärche, der Pinie oder anderer Koniferen
und spüle damit mehrfach die Vagina des Mädchens.

K. d. A.: Die Pomade sorgt dafür, daß das vorher verfertigte
Bällchen an den Resten des Hymens kleben bleibt. Zu diesem
Zweck enthält es auch klebrige Substanzen wie Eiweiß und den
Milchsaft des Spargels. Das Bällchen, das aufgrund des Kri-
stallpulvers und der Erde eine relativ feste Konsistenz hat, kann
so kurzzeitig das Hymen ersetzen.

Dasselbe gilt für die zweite Rezeptur: Der Zitronensaft wirkt
adstringierend, das Spargelwasser dient als Kleber, und die jeweils beigefügten Harze bilden eine klebrige Masse, die sich
zum Häutchen formen kann.

Bei diesen Rezepten handelt es sich ganz unzweifelhaft um
die Vorläufer heutiger (operativer) Methoden der Rekonstruk-
tion eines beschädigten Hymens.

Rezepte bei Menstruationsbeschwerden

108. Elektuar zur Herbeiführung der Menstruation

Nimm:

Mannstreuwurzel (Eryngium campestre)	*ein Gran,*
Wurzel des Ackerpastinaks (Pastinaca sativa)	*ein Gran,*
Myrrhenharz (Commiphora molmol)	*drei Gran,*
Zimt (Cinnamomum verum)	*zwei Gran,*
aromatisches Öl der Petersilie (Petroselinum crispum)	*ein Scrupulum,*
aromatisches Öl der Weinraute (Ruta graveolens)	*zehn Tropfen,*
Safranpulver (Crocus sativus)	*ein Gramm.*

Verrühre alle Zutaten gut miteinander und bereite daraus mit **Beifußsirup** (Artemisia vulgaris) ein Elektuar. Sobald dies geschehen ist, kannst du das Heilmittel einsetzen. Nimm es morgens zu dir und verrühr es in ein wenig **Hippokrates-Wein** (Medizinalwein nach einem Rezept von Hippokrates), Dekokt von **Poleiminze** (Mentha pulegium) oder **Bergminze** (Satureja calamintha), ganz wie es dir gefällt.

Am nächsten, spätestens am übernächsten Tag wirst du deine Regelblutung bekommen.

K. d. A.: Einige Komponenten dieses Elektuars wirken durchaus menstruationsfördernd, so daß der angestrengte Effekt aufgrund der Arzneimittelwirkung erzielt werden kann. Allerdings funktioniert das nur, wenn die Regelstörung vorübergehend ist, das heißt, die Regelblutung sich verzögert.

Solange Abtreibungen nicht verboten waren, wurde das in der Petersilie enthaltene Apiol sowie die Weinraute beziehungsweise der Safran verstärkt zu diesem Zweck eingesetzt. Danach hat die Verwendung dieser Substanzen in Italien nahezu vollständig aufgehört, was sehr wohl seine Vorteile hat, denn sie sind durchweg giftig und damit gefährlich.

Die Poleiminze wird heute noch als krampflösendes und regelförderndes Mittel benutzt.

Dem Harz der Myrrhe, das durch Einschneiden der Rinde des gleichnamigen Baumes gewonnen wird, wurden seit jeher emmenagogische (menstruationsfördernde) Eigenschaften zugeschrieben, eine Wirkung, die leider niemals nachgewiesen wurde.

Auch der Ackerpastinak (ebenso wie der wilde Pastinak) wurde als menstruationsförderndes Mittel benutzt, was wissenschaftlich jedoch nicht nachvollziehbar ist.

Dasselbe gilt für die Bergminze.

109. Menstruationsförderndes Elektuar

Besorg dir:
Preßsaft vom Mannstreu
   (Eryngium campestre),
Preßsaft vom Salzkraut
   (Salicornia alba),   *je zwei Gran*
Preßsaft von der Poleiminze
   (Mentha pulegium),
Zimt (Cinnamomum verum)
Myrrhenharz (Commiphora
   molmol)   *ein Gran,*

Samen vom Schwarzkümmel

    (Nigella damascena)   *ein Gran,*

aromatisches Öl des Sadebaums

    (Juniperus sabina)   *zehn Tropfen,*

aromatisches Öl der Weinraute

    (Ruta graveolens)   *zehn Tropfen,*

aromatisches Öl der Ringelblume

    (Calendula officinalis)   *zehn Tropfen,*

Menstruationsblut   *zehn Tropfen.*

Zuerst vermischst du alle Zutaten gründlich. Gieß dann mit der gleichen Menge **Bergminzensirup** (Satureja calamintha) auf, um daraus ein Elektuar zu bereiten.

Bewahr dieses nun acht Tage lang im Dunkeln in einem Gefäß aus dunklem Glas auf.

Danach kannst du jeden Morgen davon etwas nehmen. Trink darauf ein wenig Hippokrates-Wein.

Bald wird sich deine Monatsblutung einstellen.

K. d. A.: Dieses Rezept ist – im Gegensatz zu Rezept Nr. 108 – sicherlich wenig wirksam, da ihm die emmenagogischen Wirkstoffe der Petersilie fehlen.

Tatsächlich wurden auch Schwarzkümmel und Salzkraut zu diesem Zweck herangezogen. Ihr Effekt ist jedoch zweifelhaft.

Der Sadebaum, eine Wacholderart, besitzt zwar für sich genommen durchaus menstruationsfördernde Eigenschaften. Im Vergleich mit anderen Pflanzen fallen diese jedoch denkbar gering aus. Lokal angewendet hingegen kann er viel Gutes bewirken. Man nimmt dazu eine einprozentige Lösung und macht damit einen Wickel. Der Sadebaum ist – innerlich angewendet – sehr schädlich für die Nieren und den Verdauungsapparat. Außerdem ist er – wie die Petersilie – in größeren Mengen zur

Abtreibung der Leibesfrucht geeignet, auch wenn er in solchen Dosen giftig ist.

Die Ringelblume mit ihren vielen heilenden Eigenschaften wurde unter anderem auch bei den verschiedensten Menstruationsstörungen verwendet.

Das Menstrualblut der Frau enthält Hypophysenhormone (das Follikelhormon und das stimulierende Lutein), welche bei Frauen, deren Körper zu wenig von diesen Substanzen produziert, durchaus die Zyklusblutung herbeiführen können. In diesem Rezept ist die Menge des Blutes und damit der darin enthaltenen Hormone jedoch so gering, daß sie dafür nicht ausreichen würde. Außerdem müssen Hormone, um auf diese Weise wirken zu können, sorgfältig auf eine bestimmte Art und Weise extrahiert und an ganz bestimmten Tagen per Injektion verabreicht werden.

Sollte dieses Rezept also irgendeine Wirkung haben, so beruht sie rein auf psychologischen Faktoren.

110. Einreibung zum Herbeiführen der Monatsblutung

Nimm:

Blätter vom Sadebaum (Juniperus sabina)	*eine Handvoll,*
Myrrhe (Commiphora molmol) Aloe (Aloe vera) Krokus (Crocus sativus)	*je ein Teelöffel,*
Bibergeil	*vier Tropfen,*
Mariendistel (Sylibum marianum) Eibisch (Althea officinalis)	*acht Tropfen.*

Vermisch alles gut, bevor du es am Ofen eintrocknen läßt und danach zu Pulver mahlst. Misch dieses Pulver dann in eine Salbe aus Aloe vera.

Dann fügst du hinzu:

Walrat,
Kapernöl, } *je einen Teelöffel.*
Weinrautenöl (Ruta graveolens)

Schon ist die Salbe fertig. Zur Anwendung gibst du sie in ein Pessar.*

Führe das Pessar in die Vagina ein und laß es solange darin, bis das Medikament ganz aufgenommen wurde.

Ein guter Rat: Wenn die Wirkung sich nicht sofort einstellt, mußt du den Vorgang wiederholen.

Bald wird die Regelblutung einsetzen.

K. d. A.: Wenn es sich bei den Störungen nur um eine Verzögerung der Regelblutung handelt, kann dieses Rezept durchaus wirksam sein.

Sind die Probleme dagegen psychisch bedingt, kann der Suggestiveffekt sich positiv bemerkbar machen.

Sadebaum, Myrrhe, Aloe, Krokus und Weinraute, die wir bereits in den vorhergehenden Rezepten erläutert haben, sind hier die eigentlich menstruationsfördernden Bestandteile.

Der Mariendistel, die dem Kampfer ähnelt, wurden vermutlich aus diesem Grund ebenfalls menstruationsfördernde Eigenschaften zugeschrieben, die jedoch bis heute nicht nachgewiesen werden konnten.

---

* Die Pessare, um die es hier geht, sind kleine, pyramidenförmige Vorrichtungen aus Holz, die etwa die Länge eines mittelgroßen Fingers haben. An der Grundfläche sind zwei Schnürriemen befestigt. Wie die modernen Pessare werden sie am Muttermund appliziert, um Medikamente in die Gebärmutter einzuführen.

Der Eibisch wirkt aufweichend und befeuchtend auf die Schleimhäute. Vielleicht wurde er deshalb in das vorliegende Rezept aufgenommen.

Bibergeil entstammt einer der drei Membranen – und zwar der am weitesten innen liegenden – der sogenannten »Bibertaschen«. Sie enthalten die Hoden des Bibers. Den Naturforschern der Antike war dies offensichtlich entgangen. Sie glaubten, daß Biber keine Hoden hätten.

Normalerweise wird als Bibergeil die salbenartige Flüssigkeit bezeichnet, die sich in diesen Taschen bildet. Doch sowohl der Membran als auch der Flüssigkeit schrieb man die verschiedensten heilkräftigen Eigenschaften zu. Die stärkenden und menstruationsfördernden Kräfte schrieb man hingegen nur der äußerlich angewandten Flüssigkeit zu – was dieses Rezept widerspiegelt. Die medizinischen Fähigkeiten beider Substanzen konnten jedoch niemals nachgewiesen werden.

Walrat besteht aus weißen Schuppen fester Konsistenz. Es entsteht aus der Gehirnflüssigkeit des großen Schwertwals (Orka).

Auch diese Substanz stattete der Volksmund mit allerhand Eigenschaften aus. Walrat wird bis heute in Salben und Pomaden verwendet, da er nachgewiesenermaßen Haut und Schleimhäute glättet.

Dieses Rezept ist also keineswegs als gefährlich einzustufen, solange der Sadebaum nur in geringen Mengen darin angewendet ist. Aufgrund seiner Wirkung kann dieses Heilmittel bei verzögerter Regelblutung oder bei psychischen Menstruationsstörungen eingesetzt werden.

111. *Menstruationsförderndes Sitzbad*

Besorg dir:

Kardamom (Cardamomi fructus)	*eine Handvoll,*
Mannstreu (Eryngium campestre)	*eine Handvoll,*
Wurzel des Ackerpastinaks	
(Pastinaca arvensis	
oder agreste)	*eine gute Handvoll,*
Casia (Cinnamomum cassia)	*eine Handvoll.*

Verrühr im Uhrzeigersinn sorgfältig alle Zutaten. Laß sie danach in einem Gefäß aus kretischem Ton aufkochen. Füge sodann Löffel für Löffel **Beifußsirup** zu und Regenwasser, das du aufgefangen hast, als es von einer Kiefer tropfte. Die gesamte Prozedur sollte nicht länger als etwa zehn Minuten dauern.

Besprenge nun ein Baumwolltuch mit Weihwasser und filtere den Trank durch dieses Tuch.

Nun kannst du die so erhaltene Flüssigkeit in einen Trog mit kochendem Wasser gießen, in das du einhundert **Blütenblätter roter Rosen** gibst.

Nimm in dieser Flüssigkeit für wenigstens eine Viertelstunde ein Sitzbad.

Wenn du dich dabei schwach fühlst, kannst du ein Eigelb einnehmen, das in einem Glas Herzwein verrührt wurde.

Schon bald wird deine Regelblutung eintreten.

K. d. A.: Hier ist ein gewisser thermischer Effekt durch die Hitze des Sitzbades zu beobachten, der den Blutzufluß zum Unterbauch fördert. Bei verzögerter Regelblutung kann dies tatsächlich sehr hilfreich sein.

Betrachtet man die einzelnen Komponenten dieses Badezusatzes im Licht moderner wissenschaftlicher Erkenntnisse, so bleibt von der gewünschten Wirkung leider nicht viel übrig.

Der Casiapflanze schrieb man – ebenso wie der Nigella – menstruationsfördernde Kräfte zu, die jedoch niemals nachgewiesen werden konnten.

Weder Beifuß, Rosenblätter und Eier noch die Mannstreuwurzel, der Kardamom oder der Ackerpastinak (die durchweg bereits in früheren Rezepten vorgestellt wurden) verfügen über die ihnen vormals zugeschriebenen emmenagogischen Fähigkeiten.

112. Elektuar gegen eine übermäßig starke Regelblutung

Nimm:
**fünf Kirschpflaumen (Myrobalanus chebula), die du in einer
  Eisenpfanne röstest.**

Dann zerkleinerst du sie und vermahlst sie zu Pulver.
  Trockne nun folgende Samen:
Brunnenkresse (Nasturtium officinale),
Kümmel (Carum carvi),
Fenchel (Foeniculum vulgare),
Bischofskraut (Ammi visnaga).

Mahl die Samen zu Pulver und verrühr sie mit den Kirschpflaumen. Würz alles mit drei Eßlöffel Essig.
  Misch nun in einem anderen Gefäß Pulver von:
verbranntem Elfenbein,
Mutterkorn (Segale cornutum), in Mandelöl gelöst.

Schütte nun in eine Tonschale **Mastix** (Harz des Mastixbaumes) und **Gummi arabicum** (Harz der Gummi-Akazie).
  Nun werden alle Zutaten aus jedem einzelnen Gefäß in zwei

Libra und zwei Unzen Myrtensirup aufgelöst. Dieses Elektuar bewahrst du in einem Gefäß aus dunklem Glas auf.

Dreimal täglich zwei Eßlöffel reichen aus, um zu starke Regelblutungen beziehungsweise Blutungen an den Genitalien zu stoppen.

K. d. A.: Das Mutterkorn oder besser gesagt seine polypeptiden, nicht wasserlöslichen Alkaloide (Ergotamin, Ergosin, Ergocryptin, Ergocornin und Ergocristin) werden auch heute noch eingesetzt, um zu starke Monatsblutungen beziehungsweise anderweitig verursachte Blutungen in Uterus und Vagina zu stoppen oder zumindest zu verringern. Sie ziehen die Gefäße zusammen, das heißt, sie sorgen dafür, daß große und kleine Arterien im Uterus sich verengen.

Diese Fähigkeit, Blutungen, insbesondere in der Gebärmutter, zu stillen, wurde auch den anderen Bestandteilen wie Brunnenkresse, Kümmel, Fenchel, Bischofskraut, Kirschpflaumen und verbranntem Elfenbein zugeschrieben. Dies konnte jedoch wissenschaftlich niemals bewiesen werden.

Gummi arabicum und Mastix sind klebrige Harze, die – wenn sie lokal angewendet werden – durchaus blutstillende Wirkung haben können. Oral verabreicht sind sie in dieser Hinsicht vollkommen wirkungslos.

Die Kirschpflaumen kommen aus Indien und ähneln unseren europäischen Pflaumen. Einige der entsprechenden Unterarten haben die Form einer männlichen Eichel. Dieser Eigenart verdanken sie ihren Namen. Das griechische »balanos« bedeutet nämlich soviel wie »Eichel« im anatomischen Sinn. Ihre angeblich blutstillende Wirkung auf die Gebärmutter wurde ebenfalls von dieser Formeigentümlichkeit abgeleitet. Dies hielt einer wissenschaftlichen Überprüfung jedoch nicht stand.

Heutzutage werden Kirschpflaumen meist ihrer adstringierenden und purgierenden Eigenschaften wegen eingesetzt.

Die Brunnenkresse verdankt ihren lateinischen Namen (Nasturtium) der Ähnlichkeit ihrer Sprossen mit den Nasenlöchern (lat. naris). Sie wurde als blutreinigendes, adstringierendes Mittel gebraucht und wegen ihrer blutstillenden Wirkung auf den Uterus verwendet.

Der lateinische Name des Bischofskrautes wiederum (Ammi visnaga) geht auf das griechische »amneos« zurück, was soviel bedeutet wie »Sandkorn«. Diese Benennung bezieht sich auf die Form der Samen, die Sandkörnern ähneln. Man gab sie bei zu starken Uterusblutungen, zur Blutreinigung und zur Entgiftung. Keine dieser Wirkungen konnte jemals wissenschaftlich nachgewiesen werden.

Vom verbrannten Elfenbein glaubte man, daß es adstringierend und kräftigend wirke. Darüber hinaus sollte es Gonorrhoe heilen, Blutungen stillen und die Säure der Körpersäfte, besonders der genitalen, herabsetzen. Keine dieser Eigenschaften konnte jemals wissenschaftlich bestätigt werden.

Alles in allem läßt sich der blutstillende Effekt auf die Gebärmutterschleimhaut wohl hauptsächlich am Mutterkorn festmachen.

Rezepte zur Herbeiführung von Frigidität und Impotenz

113. Elektuar, das bei deinen Feinden zur Impotenz führt

Nimm:
die mit einem Stein kleingehackte Rute eines erst kürzlich
  getöteten Wolfs,
Giftlattich (Lactuca virosa),
Blätter der Schneerose (Helleborus niger),
Blüten einer weißen Seerose (Nymphaea alba),
Urin eines kastrierten Schafbocks,
Urin eines Eunuchen.

Gib alle Zutaten zusammen in ein Tongefäß, bevor du sie klein
hackst, vermischst und in einen Krug aus dunklem Glas schüt-
test. Rühr unter diese Mischung nun **Beifußsirup**, so daß ein
Elektuar entsteht. Dieses bewahrst du dreißig Tage lang in
einem Tongefäß auf, das du mit der umgedrehten Haut eines
Hammels bedeckt hältst.

Danach mischst du das Elektuar unter hippokratischen Medizinalwein und gibst deinem Feind davon zu trinken. Jeder, der
von diesem Elektuar trinkt, wird unweigerlich von Impotenz
befallen.

K. d. A.: Dieses Rezept kann die versprochene Wirkung – zumindest auf wissenschaftlich fundierter Basis – nicht herbeiführen.

Die psychologische Wirkung dieses Tranks beruht auf einigen Angst einflößenden Zutaten beziehungsweise Prozeduren, so etwa dem Zerhacken eines Tierpenis, dem Urin eines Eunuchen und eines kastrierten Schafbocks. Doch wenn das Opfer diesen Trank ohne sein Wissen einnimmt, kann dieser Effekt eigentlich nicht eintreten. Erfährt das Opfer nachträglich davon, so kann es durchaus zur erhofften Wirkung kommen. Diese würde dann allerdings ausschließlich auf psychologischen Faktoren beruhen.

Andererseits glaubte man auch, daß Giftlattich, Schneerose und die weiße Seerose erotische Interessen abtötende Eigenschaften hätten. Diese wurden wissenschaftlich allerdings niemals nachgewiesen.

Doch auch wenn diese – im übrigen hochgiftigen – Pflanzenteile eine entsprechende Wirkung aufweisen würden, so wäre die wirksame Dosierung in diesem Rezept doch weit unterschritten.

114. *Frigidität verursachendes Elixier*

Vermisch:
Blätter der Weide (Salix alba),
Blätter der rotblühenden Schneerose (Helleborus niger),
Blüten der weißen Seerose (Nymphaea alba).

Hack alles miteinander recht fein und gib die gewonnene Masse in ein Gefäß mit Hippokrates-Wein.

Erwärm dieses auf Körpertemperatur.

Gieß die Mischung dann zum Filtern durch ein feines Seidentuch.

Auf diese Weise erhältst du ein alkoholisches Elixier, das du zwanzig Tage lang in einer Flasche aus dunklem Glas aufbewahrst.

Gib diesen Trank der Betreffenden ein, und zwar mindestens einen Monat lang zweimal täglich einen Eßlöffel.

Jede, die dieses Elixier zu sich nimmt, wird in kürzester Zeit zu einem absolut gefühlskalten Wesen.

K. d. A.: Eine eventuelle Wirkung beruht hier ausschließlich auf einem gewissen Suggestiveffekt, der jedoch von keiner arzneilichen Wirkung unterstützt wird.

Die Trauerweide babylonischen Ursprungs wurde in der Magie dazu benutzt, seelische Schmerzen, vor allem bei Liebeskummer, zu heilen.

Der gewöhnlichen Weide (Salix alba) schrieb die Magie eine ganze Palette von Wirkungen zu, doch sind diese durchweg positiver Natur. Die Blätter dieser Pflanze wurden zur Herstellung von Liebestränken benutzt, die Rinde der Weide hingegen enthält – übrigens unabhängig von der Unterart – Salicin, das durch Oxidation zur Salicylsäure wird. Diese chemische Verbindung ist fiebersenkend, schmerzstillend, adstringierend und anregend und wirkt darüber hinaus noch antiseptisch.

Ich persönlich verstehe einfach nicht, weshalb man hier eine Pflanze einsetzt, die nichts, aber schon gar nichts, mit der angestrebten Wirkung zu tun hat, ja nicht einmal in irgendeiner Weise als sexuell dämpfend bekannt ist. Andere Pflanzen mit einer derartigen Wirkung (wie zum Beispiel die rotblütige Schneerose beziehungsweise die weiße Schneerose) werden demgegenüber durchaus benutzt.

Liebestränke

Seit jeher wandten die Menschen sich an Hexen, wenn sie Tränke, Elixiere, Pulverchen oder Pomaden brauchten, die zur Verführung derer diente, deren Liebe mit anderen Mitteln nicht zu erlangen war.

Auch hier mischten die Kräuterhexen ihren pflanzlichen Tränken – je nach Wissensstand und Ingenium – sexuell stimulierende sowie magische Substanzen bei, zum Beispiel Intimflüssigkeit, menschliche Haare, Teile von Menschen- beziehungsweise Tierkörpern und andere Dinge mit hoher Symbolkraft.

Die Zubereitung war meist von komplizierten und eindrucksvollen Ritualen begleitet.

Doch immer wieder bleibt die Frage, welche Suggestivwirkung denn ein heimlich verabreichter Trank überhaupt ausüben kann.

So gut wie keine, denn die die Phantasie anregenden Elemente waren der Person, die den Trank verabreicht bekam, ja völlig unbekannt. So konnten sie also nur auf die Person Wirkung haben, die das Präparat zubereitete oder zumindest verabreichte. Vielleicht wurde die in Frage stehende Person einfach durch das – mit Hilfe des verabreichten Tranks – stark angewachsene Selbstbewußtsein des anderen überzeugt, gerade wenn sie ohnehin noch im Zweifel war.

Alles andere wurde der Magie überantwortet. Tatsächlich sind unter den Hexenrezepten gerade die Liebesträke jene Mixturen, die sich mehr als alle anderen auf die Hilfe der übernatürlichen Kräfte beziehen.

Die Rezepte, die solch zarte Bande dauerhaft machen, wenn

nicht gar für die Ewigkeit schmieden sollten, beruhen eher auf
Aphrodisiaka und anderen Substanzen, die den Sexualakt für
das Paar immer interessanter und reizvoll gestalten sollten.
Sieht man das Ganze einmal unter diesem Gesichtspunkt, so
wird sofor klar, weshalb diese Tränke so geschätzt waren. Zum
einen regen sie die Phantasie an, zum anderen versprechen sie
bestimmte Effekte. Auf diese Weise gelang es wohl vielen Paaren, ihre übliche Routine zu durchbrechen, was nicht zuletzt
ihrem Sexualleben guttat.

Und schließlich möchte ich Ihnen noch ein paar Beispiele für
Heilmittel aufführen, die den Verrat in der Liebe verhindern
sollten. Diese sind fast ausschließlich von magischer Phantasie
getragen. Wissenschaftlich fundierte Mittel gegen Untreue gibt
es ja bis heute noch nicht.

Rezepte für die Verführung

115. Liebestrank

Nimm zwei noch ungebrauchte Messer und steck sie in eine Scheide aus umgedrehtem Lammleder.

Begib dich sodann an einem Freitagmorgen an einen Ort, wo du **Regenwürmer** finden kannst.

Such dir zwei besonders große und lebhafte aus. Nimm nun die beiden Messer so zur Hand, daß sie sich gegenseitig berühren, und schneide den Regenwürmern Kopf und Schwanz ab. Vergrab beides sofort.

Sobald du zu Hause bist, legst du die verbliebenen Stücke auf einen Lappen, den du neben dem Bett postierst, in dem du gewöhnlich schläfst.

Leg dich hin und laß dich von wollüstigen Gedanken erregen, bis du deinen **Samen** verströmst. Sammle ihn in einer Amphore und gieß ihn dann über die Regenwürmer. Falt nun das Tuch zusammen und laß alles miteinander einen Monat lang eintrocknen.

Pulverisiere nun das Ganze und löse dieses Pulver in griechischem (geharztem) Wein auf, um den Geschmack zu überdecken. Diese Flüssigkeit gießt du durch ein Tuch und bewahrst das gewonnene Filtrat in einer Flasche auf.

Gib nun der begehrten Person einen Löffel davon in ihrem Lieblingsgericht zu essen, ohne daß sie es merkt, und in kürzester Zeit wird sie sich heftig in dich verlieben.

K. d. A.: Der gewünschte Effekt wird sich mit diesem Rezept kaum jemals einstellen. Auch ein möglicher Suggestiveffekt läuft ja mit Sicherheit ins Leere, da der Trank der betreffenden Person ohne deren Wissen verabreicht wird. Sexuell stimulierend kann Sperma ja nur wirken, wenn man es bewußt zu sich nimmt. Dies trifft übrigens auf alle Stimulanzien zu, die aus den menschlichen Sexualorganen gewonnen werden – siehe die Beschreibungen zum Thema »Urin« in einigen der vorhergehenden Rezepte.

116. *Liebestrank*

Beschaff dir:
Quecksilbersublimat,
Arsen,
Tollkirsche (Atropa belladonna),
Bilsenkraut (Hyoscyamus niger),
Wasserschierling (Cicuta venosa),
Pulver von der Spanischen Fliege (Lytta vesicatoria)
sowie von einer getrockneten Kröte
und der Rinde der Yohimbe (Pausintalia yohimba),
Graberde,
eine Liebstöckelpflanze mit Wurzeln
   (Levisticum officinale),
geronnenes Blut,
menschliches Sperma
und getrocknete Exkremente.

Vermisch alle Zutaten gut miteinander und rühr sie dann in einen Pokal voll mit Wein der Kleopatra (siehe Rezept Nr. 69).
   Filter die Flüssigkeit nun durch und bewahr sie in einem Gefäß aus dunklem Glas auf.

Gib der von dir begehrten Person von diesem Zaubertrank zu trinken. Innerhalb kürzester Zeit wird sie deinen Schmeicheleien erliegen.

Die Lehren der Hexen und der Schwarzen Magie besagen, daß dieser Zaubertrank – und alle ähnlichen Rezepturen – noch sehr viel mächtiger werden, wenn du sie während einer mitternächtlichen Messe in einer Neumondnacht unter den Meßkelch legst. Der Altar muß dabei mit schwarzen Tüchern verhängt sein.

K. d. A.: Bei diesem Rezept handelt es sich um eine ziemlich kuriose Mischung: Da werden direkt auf die Sexualorgane wirkende Aphrodisiaka (wie Spanische Fliege, Yohimbe und Liebstöckel) mit halluzinogenen Drogen (wie Tollkirsche und Bilsenkraut) sowie Giften (wie Quecksilbersublimat, Arsen und Wasserschierling) gemischt. Dazu kommen noch Elemente mit Suggestivwirkung (Blut, Sperma, Exkremente), Rituale und geheimnisvolle Prozeduren. Da der Anteil der Gifte relativ hoch ist, ist anzunehmen, daß die Person, der dieser Trank verabreicht wurde, eher in den Armen des Todes als in denen des Verführers landet.

Die Rinde der Yohimbe enthält eine ganze Menge Alkaloide, unter anderem das Yohimbin. In Afrika wird sie schon seit Jahrtausenden als Aphrodisiakum benutzt. Die Wirkung der Yohimbe kann auch wissenschaftlich nachvollzogen werden. So wird Yohimbin auch in der modernen Medizin als erotisches Stimulans in schwierigen Fällen von Impotenz beziehungsweise Frigidität verschrieben. Da Yohimbin aber eine Menge (toxischer) Nebenwirkungen hat, werden Yohimbinpräparate zum Beispiel in Deutschland oder auch Italien nicht mehr hergestellt. Einer meiner Patienten hingegen konnte den Sexualakt nur noch nach dem Genuß von Yohimbin vollziehen.

Wurzel und Pflanzenteile des Liebstöckel galten seit jeher als starke erotische Stimulanzien. In Italien nennt man den Stengel des Liebstöckels daher mitunter sogar »verga d'amore« (»Liebesrute«). Die mit der Wurzel zubereiteten Liebestränke sollen den Widerstand der Angebeteten erlahmen lassen, und sei sie auch noch so widerspenstig. Diese Wirkung konnte niemals nachgewiesen werden.

Bei der Spanischen Fliege handelt es sich um Flügel und Körper einer bestimmten Fliegenart, Lytta vesicatoria. In der »Brunftzeit«, etwa während der Zeit von Mitte Juli bis Mitte August, enthält ihr Körper das hochgradig erregende Cantharidin. Dieses Alkaloid findet sich in den Flügeln in höherer Konzentration als im Körper und auch in aktiverer Form.

Die weiteren Komponenten werden in anderen Rezepturen ausführlicher beschrieben.

117. Zaubertrank, um die Abwehr des begehrten Wesens zu überwinden

Verrühr einen nicht verlaufenen Eidotter mit folgenden Zutaten:
zehn deiner Schamhaare,
zwei Scrupula Bockssperma,
aromatischess Öl der Melisse (Melissa officinalis)
und Baumharz.

Vermahle alles fein im Mörser, bevor du folgendes hinzufügst:
sechs getrocknete Tausendfüßler,
die Asche einer gerösteten Eidechse.

Gib diese Mischung nun in einen gut verschlossenen Behälter und laß sie sieben Tage und sieben Nächte in einem Heuhaufen verborgen ruhen.

Destilliere dann das Ganze in einem Destillierkolben.

Auf diese Weise hast du einen magischen Trank gewonnen, den du in einem Getränk verabreichen kannst. Nimm niemals mehr als einen Löffel davon.

Der Widerstand des Mädchens, mit dem du dich vereinigen möchtest, wird erlahmen, sobald sie davon getrunken hat.

K. d. A.: Die Komponenten dieses Tranks haben durchgehend »nur« magische Funktion und müssen alle zusammen wirken, damit der vorhergesagte Effekt eintreten kann. Die meisten von ihnen habe ich in vorherigen Rezepten bereits erläutert. Allerdings fällt auch bei dieser Rezeptur das Urteil negativ aus.

Der Melisse schrieb man – unter anderem – stärkende, menstruationsfördernde und sexuell stimulierende Eigenschaften zu. Dies konnte jedoch niemals nachgewiesen werden.

Beim Harz handelt es sich um eine ölhaltige Substanz, die von verschiedenen Bäumen, besonders Nadelbäumen, ausgeschieden wird. Sie unterscheidet sich vom Gummi (Ausscheidung der Gummi-Akazie, auch bekannt als Gummi arabicum) dadurch, daß sie mehr Öl enthält, spröder und nicht fettlöslich ist. Auch dieser Substanz wurden die unterschiedlichsten Heilwirkungen zugeschrieben. Sie konnten jedoch wissenschaftlich nicht bestätigt werden.

118. Aphrodisierendes Elixier des Kanonikus Docre

Füttere ein paar **Mäuse** mit geweihten Hostien, dem Pulver von der **Spanischen Fliege** und der **Alraunenwurzel** (Mandragora officinalis).

Nach zehn Tagen köpfst du sie.

Gieß ihr Blut in einen Kelch mit:

mehreren Hostien,
gehacktem und getrocknetem
Fleisch, das zu Pulver
zermahlen wurde,
Quecksilber,
menschlichem Blut,
Sperma eines Tieres,
Morphium,
ein Glas Lavendelöl
(Lavandula angustifolia).

} *je zehn Tropfen*

Misch alles gut durch und schüttle den Kelch längere Zeit. Gieß dann die Mischung durch ein doppelt gefaltetes Leinentuch.

Auf diese Weise hast du einen mächtigen Zaubertrank geschaffen, der auf die Person, der du ihn verabreichst, eine sofortige und durchschlagende Wirkung haben wird.

Gib nicht mehr als einen Teelöffel pro Tag.

Wenn du ihn selbst als Aphrodisiakum verwenden möchtest, nimm eine Stunde vor dem Akt einen Eßlöffel davon ein. Du wirst wegen deiner besonderen Kühnheit geschätzt werden.

K. d. A.: Die unzweifelhaft eintretende aphrodisierende Wirkung geht auf die Spanische Fliege und die Alraunwurzel zurück.

Der blasphemische Gebrauch von Hostien für »unheilige« Zwecke hat Tradition und existiert bereits, seit es die katholische Kirche gibt. Eine Wirkung ist objektiv nicht festzustellen. Menschen jedoch, die in der Verletzung sakraler Gebote ein Äquivalent des Teufelspaktes sehen und erwarten, daß der Teufel sie für ihr Verhalten mit Lust »belohnt«, können aufgrund solcher Vorstellungen durchaus eine entsprechende, psychologisch bedingte Wirkung der angegebenen Prozedur erfahren.

Blut und Sperma wurden als Komponenten bereits in einigen der vorangegangenen Rezepte besprochen.

119. Zaubertrank, der die Leidenschaft eines Liebhabers niemals erlahmen läßt

Nimm:
zwanzig Tropfen von deinem Menstruationsblut,
einen Teelöffel von deinem Vaginalsekret,
zehn Tropfen Mistelextrakt (Viscum album),
ein Glas Infus von der Liebstöckelwurzel (Levisticum
   officinale),
das Herz einer Taube,
den Huf eines Ziegenbocks,
die Eingeweide eines Auerhahns.

Vermisch zuerst sämtliche Zutaten, bevor du sie im Mörser zerstampfst. Laß danach alles drei Tage lang in **Rosenwasser** ziehen.
   Sprich dann die Anrufung an die Göttin Juno.
   Atme den Geruch des Trankes ein und laß ihn nochmals ein wenig ruhen.
   Am darauffolgenden Freitag verabreichst du deinem Geliebten diesen Trank in ein anderes Getränk gemischt.
   Seine Leidenschaft für dich wird täglich stärker werden.

K. d. A.: Ein rein magisches Rezept, das seine Wirkung aus den verschiedensten Komponenten zu ziehen trachtet: Menstruationsblut, Vaginalsekret, Taubenherzen, dem Huf eines Ziegenbocks und den Eingeweiden eines Auerhahns. Dazu kommt noch die Anrufung der Juno, Göttin der Treue.
   Da er jedoch heimlich verabreicht wird, dürfte er nur auf ziemlich sensible Gemüter wirken.
   Doch letztendlich sind darin ja auch noch ein paar Pflanzenextrakte enthalten.
   Die Mistel, eine Parasitenpflanze der Eiche, galt als Aphrodisiakum, was niemals nachgewiesen werden konnte.

Den Liebstöckel hingegen hielt man für die Liebespflanze schlechthin. Man schrieb ihm bereits in der Antike sexuell stimulierende Kräfte zu. Mit seiner Wurzel wurden Zaubertränke bereitet, die – nach all dem, was in den entsprechenden magischen Texten zu lesen ist – in der Lage sein sollten, den Widerstand auch der zurückhaltendsten und schamhaftesten Mädchen zu überwinden. Natürlich dürfte es schwerfallen, dies wissenschaftlich zu belegen.

120. *Trank erhabener Liebe*

Nimm zwanzig Tropfen von deinem **Menstruationsblut** und einen Teelöffel von deinem **Vaginalsekret**.

Leg beides in ein Terrakottagefäß und gib das **Herz einer Taube** sowie den **Schwanz einer Eidechse** zu. Achte darauf, die Eidechse laufen zu lassen, nachdem du ihr den Schwanz abgeschnitten hast. Laß nun alle Zutaten fünf Stunden lang auf einem Ofen trocknen.

Zermahl dann den Inhalt des Gefäßes zu Pulver, das du danach in einem Infus aus folgenden Zutaten auflöst:

Sellerie (**Apium graveolens**),
Eisenkraut (**Verbena officinalis**),
Kümmel (**Carum carvi**),
Petersilie (**Petroselinum crispum**),
Brennessel (**Urtica dioica**).

Misch nun ein Gläschen von dem erhaltenen Trank mit derselben Menge alten Falernerweines.

Verabreich dieses Getränk nun im richtigen Augenblick dem von dir geliebten Wesen, so wird es dich bald verehren und deine Sinne mit seiner erhabenen Liebe verzaubern.

K. d. A.: Vaginalsekret, Menstruationsblut, Taubenblut und der Schwanz einer Eidechse sind die magischen Komponenten dieses Trankes.

Alle anderen Elemente wurden bereits in den vorhergehenden Rezepten besprochen und im Hinblick auf eine mögliche erotisierende Wirkung untersucht.

121. *Pulver zur Verführung begehrter Personen*

Besorg dir **ein Büschel Haare** von der Person, die du verführen möchtest.

Wickle diese in ein Stück Pergamentpapier, auf das du vorher mit einer Eisenspitze und **deinem Blut** euer beider Namen geschrieben hast.

Verbrenn dann das Ganze und gib die Asche in einen Kelch, bevor du sie durch ein feines Netz siebst, so daß nur noch ein sehr feines Pulver übrigbleibt. Würz damit heimlich die Speisen deines/r Geliebten.

Albertus Magnus berichtet, daß darüber hinaus die Speisen der geliebten Person – vorzugsweise Fleischgerichte – mit den Blüten von **Immergrün** (Vinca maior) und **Hopfen** (Humulus lupulus) bestreut werden sollten.

K. d. A.: In diesem Rezept gibt es weder eine arzneilich wirksame Basis noch einen klar erkennbaren Suggestiveffekt, da die Substanzen der betreffenden Person ja heimlich verabreicht werden. Hier betreten wir das Reich der reinen Magie, in dem man glaubt und akzeptiert oder nicht glaubt und zurückweist. Alle Interessierten können dieses Rezept jedoch ohne Bedenken ausprobieren, denn es ist zumindest unschädlich.

Das Immergrün wurde seiner adstringierenden Eigenschaften wegen häufig zur Wundheilung benutzt. In der Magie galt es als ideales Mittel, um über sämtliche Widerstände in der Liebe zu obsiegen, da seine lateinische Bezeichnung (Vinca) dem lateinischen Wort für »siegen«, nämlich »vincere«, nahe zu stehen scheint.

Der lateinische Name des Hopfens, Humulus lupulus, verweist auf einen alten Volksglauben. Früher glaubte man nämlich, daß der Wolf sich unter diesem Busch zum Schlafen lege und daß dieser seine Zweige über ihn hängen lasse, um ihn so besser zu schützen.

Blüte und Frucht des Hopfens werden bei der Bierherstellung eingesetzt. Darüber hinaus schrieb man ihm auch bestimmte Heilkräfte zu, vor allem als Entgiftungs- und Stärkungsmittel.

Da es von dieser Pflanze eine männliche und eine weibliche Form gibt, ist es nur zu verständlich, daß das magische Denken sie benutzte, um Frau und Mann »zusammenzuführen«.

122. Martialischer Wein, der jene verführt, die dir widerstehen

Nimm:
Zimt (Cinnamomum verum),
äußere Schale der Pomeranze (Citrus aurantium),
Muskatnuß (Myristica fragrans),
Kümmel (Carum carvi),
Wurzel der Drachenwurz (Dracunculus vulgaris).

Zerkleinere alles, bevor du es in einen Mörser gibst. Füg nun eine halbe Unze **Mars-Safran** (eine wäßrige Lösung aus Safran und Eisenpulver, das dann langsam rostet, bis alles rot ist) hinzu, den du vorher zubereitet hast. Nimm dazu feinstes Eisenpulver und Tau und Regenwasser. Laß die Zubereitung vier Tage lang stehen.

Gieß dann mit vier Libra gutem Weißwein auf.

Verschließ das Gefäß fest und laß es – in Heu gehüllt – im Misthaufen fünfzehn Tage lang ruhen. Rühr es dabei zwischendrin immer wieder um.

Gieß das Ganze dann durch ein feines Sieb und laß es nochmals ruhen.

Ein guter Rat: Gib ein wenig Zucker oder Fünf-Wurzel-Sirup (galenischer Sirup mit Süßholzwurzel) zu, um einen besseren Geschmack zu erlangen.

Gib davon dem von dir begehrten Weib ein – wenn du willst auch zwei – Pint zu trinken, und es wird sofort dein sein.

K. d. A.: Safran, Muskatnuß und Pomeranzenschale sind tatsächlich in der Lage, den sexuellen Appetit anzuregen. Im Normalfall reicht dies aber nicht aus, um die geliebte Person zum Nachgeben zu bewegen, es sei denn, sie ist vom Wein vollkommen betrunken.

Die Zubereitungsprozedur birgt durchaus suggestive Momente in sich, das Problem ist nur, daß die Suggestion ja nicht wirkt, wenn die zu beeinflussende Person nichts davon erfährt.

Fazit: Wenn dieser Wein nicht durch seinen Alkoholgehalt wirkt, den gewünschten Effekt aber trotzdem hervorruft, handelt es sich bestimmt um reine Zauberei.

123. *Absinthwein, der dir diejenige verschafft, die dich bisher zurückweist*

Nimm:

Blätter und blühende Spitzen des
  Wermuts (Artemisia absinthium)   *ein Bund,*
Zimtstückchen (Cinnamomum verum)   *vier Unzen.*

Gib alles zusammen in ein Fäßchen von etwa vier Pint Fassungsvermögen, das du vorher mit jungem Wein gefüllt hast.

Füge nun hinzu:

Harz des Drachenbaumes (Dracaena)   *eine Unze,*
Kümmel (Carum carvi)   *eine Unze.*

Laß das Ganze nun im Keller fermentieren.

Sobald der Vorgang beendet ist, gießt du weißen Wein hinzu und verschließt das Faß.

Von diesem Moment an ist der Absinthwein fertig.

Gib unter einem Vorwand zwei Unzen davon der von dir begehrten Frau zu trinken. Wenn du dann auch noch die Anrufung an die zyprische Venus rezitierst, während sie trinkt, wird sie mit Sicherheit dein sein.

Die unschädliche Menge liegt zwischen einer und vier Unzen, also etwa einem halben Glas.

Achtung: Erhöhe die angegebene Menge nach Möglichkeit nicht, da der Wermut giftig ist.

K. d. A.: Das Rezept basiert hauptsächlich auf der Wirkung von Absinth und Wein, die beide die Sinne entflammen, wodurch der Widerstand der Begehrten durchaus nachlassen kann.

Die Anrufung der Venus, während die Frau trinkt, gehört zu den magischen Komponenten dieses Rezepts. Eine Suggestivwirkung kann sich aus den bereits erwähnten Gründen in diesem Fall jedoch nicht einstellen. Wie ich bereits mehrfach erklärt habe, glaube ich nicht an Magie. Ich halte es vielmehr für wahrscheinlich, daß hier der Wermut und der Wein wirken, aber Vorsicht ist trotz alledem geboten, denn dieser »Absinthwein« ist giftig.

124. *Pulver, das aus einer schüchternen Jungfrau eine schamlose Tänzerin macht*

Verschaffe dir:

Mutterkorn (Secale cornutum)	*ein Scrupulum,*
Dost (Origanum vulgare)	*eine Handvoll,*
Majoran (Origanum majorana)	*eine Handvoll,*
wilde Eibe (Taxus baccata)	*ein Scrupulum,*
Eisenkraut (Verbena officinalis)	*eine Handvoll,*
Myrtenblätter (Myrtus communis)	*eine Handvoll,*

drei Walnußblätter (Juglans regia),
drei kleine Fenchelknollen
  (Foeniculum vulgare).

Misch alles gut durch und gib das Ganze dann in ein Gefäß aus Ton.

Am Vorabend des 21. Juni (an dem in Italien gleichzeitig das Johannisfest und seit jeher der Hexensabbat gefeiert wird) kochst du vor Sonnenaufgang alles miteinander ein.

Laß dann die Mischung unter frisch gemähtem Heu trocknen.

Mittags rührst du dann alles zu Pulver. Füll dieses Pulver in eine Schachtel aus Perlmutt.

Von diesem Augenblick an ist das Wundermittel fertig.

Jedesmal wenn du wünschst, eine schüchterne Schönheit möge sich in eine schamlose Tänzerin verwandeln, bläst du auf das Pulver, so daß das Mädchen es einatmen muß.

Ein guter Rat: Um das Schauspiel noch umwerfender zu gestalten, kannst du den Raum mit Lampen erleuchten, bei denen zum Lampenöl das Fett eines Hasen und eines jungen Bocks gemischt werden.

K. d. A.: Ich glaube kaum, daß der gewünschte Effekt sich mit diesem Pulver erreichen läßt. Der psychologische Hintergrund läß sich allerdings problemlos ausmachen: Zum einen handelt es sich um reinen Voyeurismus, zum anderen um den Versuch, jemand zu verführen, der diesem Ansinnen einen gewissen Widerstand entgegensetzt.

Majoran und Dost (bei uns besser bekannt als Oregano) sollen fröhlich stimmen und kräftigend wirken.

Von der Eibe sind sowohl Blätter als auch Samen giftig, die rote Hülle der Samen (die Beeren) hingegen sind völlig unschädlich. In früheren Zeiten galt die Eibe als menstruationsfördernd, ja sogar als Abtreibungsmittel. Da ihr Einsatz aufgrund ihrer Giftigkeit gefährlich ist, geriet sie als Heilpflanze in Vergessenheit. Im Bereich der Magie werden heute noch die giftigen Bestandteile bei Satansriten benutzt, während die ungiftige Beere (ohne Samen) vor Zauberei schützen soll.

Walnußblätter wurden früher eingesetzt, um die Geburt zu erleichtern und seelische Krankheiten zu kurieren. Beide Wirkungen konnten jedoch wissenschaftlich nicht nachgewiesen werden.

Myrte, Eisenkraut und Fenchel wurden bereits in vorhergehenden Rezepten ausführlich vorgestellt.

Das Mutterkorn (Secale cornutum oder Claviceps purpurea) ist ein hochgiftiger parasitärer Pilz, der viele Getreide- und Gräserarten, vorzugsweise jedoch Roggen, befällt. Im Mittelalter war er für viele Massenvergiftungen verantwortlich. Für die psychischen Veränderungen, die der Genuß von Mutterkorn hervorruft, sind hauptsächlich die Lysergsäure und ihre Derivate verantwortlich. Auch das LSD ist ein künstlich hergestelltes Derivat der Lysergsäure (Lysergsäurediethylamid). Jemand, der unter einer von Mutterkorn ausgelösten Vergiftung leidet, muß häufig »tanzen«, das heißt, er windet sich gegen seinen Willen. Wir nennen das »Veitstanz«. Dazu gesellen sich Symptome einer vorübergehenden Verwirrung, Pusteln und heftig brennende Geschwüre (wie bei Herpes zoster).

Theoretisch könnte also der Nackttanz der mit unserem Pulver verhexten Dame durchaus auf das Mutterkorn zurückgehen. Aber in den meisten Pülverchen ist davon kaum mehr als ein Gramm (ein Scrupulum) vorhanden. Eine Dosis, welche die oben beschriebene Wirkung auslösen würde, müßte jedoch bei etwa 4,5 Gramm liegen. Die tödliche Dosis liegt bei ca. 10 Gramm. Wenn also die Verwendung von Mutterkorn in diesem Fall durchaus einen logischen Kern hat, so verhindert jedoch die niedrige Dosis, daß die angestrebte Wirkung auch eintritt.

125. *Zaubertrank, der dir hilft, den Mann deiner Träume zu verführen*

Schneid dir einige Haare unter den Achselhöhlen und ein paar Schamhaare ab und leg diese beiseite.

Sammle dann drei Tropfen Menstruationsblut. Danach stichst du dich in den kleinen Finger und sammelst auch hiervon drei Tropfen Blut.

Nun beschaffst du dir:

Infus von der Wegwarte (Cichorium intybus),
Infus vom Zimt (Cinnamomum verum),
Infus von der Gewürznelke (Caryophylli flos),
Infus von der Aloe (Aloe vera),
Met.

Misch alles gründlich durch, bevor du es durch ein Leinentuch filterst.

Gieß die so erhaltene Flüssigkeit in eine Glasflasche und verschließ diese gut. Laß den Trank nun kühl und dunkel gestellt fünf Tage ruhen.

Danach mußt du den Trank während einer Messe weihen.

Zu diesem Zweck sprichst du folgende magische Formel:

»Blut Christi, Dämon, binde mich an ihn, so wie du ihn an mich bindest. Binde ihn so fest, daß er mich niemals verlassen kann.«

An diesem Punkt ist der Trank fertig, und du kannst ihn verwenden. Reich ihn im richtigen Moment deinem Traummann in einem aromatischen Getränk zur Überdeckung des Geschmacks.

Seine plötzlichen Annäherungsversuche werden dich staunen lassen.

K. d. A.: Die magischen Elemente des Trankes, dem hier der Erfolg in der Liebe anvertraut wird, werden aus dem Körper der Verführerin gewonnen: Blut und Haare.

Alle weiteren Bestandteile enthalten keinerlei übernatürlichen Kräfte, auch wenn sie in magischen Texten als erotisierend gelten mögen. Diese Eigenschaften erwiesen sich jedoch als nicht haltbar.

126. Pulver zur Eroberung des begehrten Mannes

Nimm während deiner Monatsblutung ein noch warmes Brot von etwa zwei Libra Gewicht. Schneid den oberen Teil der Kruste ab und steck den Zeigefinger in die weiche Masse, so daß ein kleines Loch entsteht.

In dieses Loch träufelst du nun neun Tropfen deines Regelblutes.

Füg nun noch neun Tropfen Blut hinzu, das du während eines Nasenblutens verloren hast.

Setz dem Brot nun wieder den abgeschnittenen Teil der Kruste auf und schieb es in den Ofen, wo du es vollkommen trocknest. Danach mahlst du Pulver daraus.

Diesem fügst du folgendes hinzu:
schwarzen Pfeffer (**Piper nigrum**),
Muskatnuß (**Myristica fragrans**),
Kalmus (**Acorus calamus**),
Kreuzkümmel (**Cuminum cynimum**).

Misch alle Zutaten gut durch und füll sie dann in eine Zuckerdose.

In einem günstigen Augenblick gibst du deinem Liebsten dann einen Teelöffel davon in etwas Kaffee oder einem anderen aromatischen Getränk. Von diesem Moment an wird er versuchen, dir zu gefallen, und du wirst große Befriedigung daraus ziehen.

K. d. A.: Menstruationsblut und Blut vom letzten Nasenbluten tragen hier die magischen Anteile der Rezeptur.

Alle anderen Zutaten sind als schwach wirksame Aphrodisiaka bekannt. Sie können zwar dafür sorgen, daß der betreffende Mann einer sexuellen Begegnung weniger abgeneigt gegenübersteht, ob er diese aber deshalb ausgerechnet mit einer Frau sucht, die ihm nicht gefällt, sei hier dahingestellt.

127. Pulver, das dir hilft, eine begehrte Frau zu bezaubern

Beschaff dir:
das Herz einer Turteltaube,
die Niere eines Hasen,
die Leber eines Spatzen,
den Uterus einer Schwalbe.

Schneid alles auf einem Schneidbrett in Stücke und laß diese trocknen, bevor du sie zu Pulver vermahlst.

Nun nimmst du deine Manneskraft zusammen und öffnest dir mit einem Phlebotomus (Gerät für den Aderlaß) eine Ader am Arm. Laß etwa ein Libra Blut in die Schale fließen.

Still die Blutung, indem du ein Stück Watte oder Stoff so lange darauf drückst, bis es zu bluten aufhört.

In der Zwischenzeit stellst du das Becken mit dem Blut neben den Ofen und läßt es stehen, bis alles eingetrocknet ist. Vermahl dann den Inhalt zu Pulver, das du mit dem Pulver aus den Tiereingeweiden mischt. Schon ist das Zaubermittel fertig.

Wenn der Augenblick gekommen ist, den du für günstig erachtest, rührst du zwei oder drei Gramm von dem Pulver unter eine beliebige Speise.

Gib diese dann der von dir Begehrten zu essen, und sie wird dein Sukkubus werden, das heißt, jeder deiner Launen blind gehorchen.

K. d. A.: Hier handelt es sich um eine rein magische Rezeptur ohne jeden arzneilichen Hintergrund. Siehe dazu auch die vorhergehenden Rezepte.

128. *Pulver für den Sieg in der Liebe*

Gib folgende Tiere in einen geschlossenen Topf:
eine Kröte,
eine Viper,
einen Tausendfüßler,
einen Skorpion,
einen Salamander
und laß sie ohne Nahrung.

In kürzester Zeit wird unvermeidlich eines das andere auffressen, bis schließlich nur noch ein einziges Tier übrigbleibt.

Zögere nicht, den Sieger zu töten, um dir seine außerordentlichen Kräfte anzueignen.

(Der Sieger dieses Kampfes schien dem Schöpfer dieser Rezeptur offensichtlich deshalb ziemlich mächtig, weil er das Gift der besiegten Tiere in sich tragen sollte.)

Laß dann seinen Körper oder was davon übrig ist in der Sonne trocknen.

Zerstoß die getrockneten Reste in einem kleinen Mörser zu Pulver.

Dieses Pulver rührst du nun in alten Zypernwein.

Und schon ist der Zaubertrank fertig. Nun mußt du nur noch der von dir begehrten Person zwei Gläschen davon eingeben.

Auf diese Weise wird es dir nicht nur gelingen, jeden Widerstand zu überwinden, nein, du wirst zum Gegenstand einer absoluten Leidenschaft werden, die ihresgleichen sucht.

K. d. A.: Dieses Rezept und die Prozedur seiner Zubereitung haben keinerlei Auswirkungen im Hinblick auf den intendierten Zweck. Auch die Suggestivkraft muß hier versagen, da das Pulver dem Opfer ja ohne sein Wissen verabreicht wird.

In bezug auf die Gifte der Viper, der Kröte und des Salamanders möchte ich hier auf das Kapitel über die Hexengifte verweisen.

Der Tausendfüßler enthält keinerlei Gift, sondern höchstens ein paar flüchtige Salze und etwas Öl. Man glaubte, daß er körperlich kräftigend wirke. Außerdem sollte er Gebärmutterkrebs und Steinleiden heilen können. Diese Fähigkeiten ließen sich wissenschaftlich niemals nachweisen.

Der Skorpion hingegen ist – je nach Unterart – hoch giftig, mitunter ist sein Gift sogar tödlich. In kleinen Dosen hingegen galt sein Gift als magisch, auch in sexueller Hinsicht. So sollte es absolute Macht über einen anderen Menschen verschaffen können.

Es gibt sehr viele Arten von Salamandern, einige davon sind giftig. Der giftigen Unterart schrieb man dieselben magischen Kräfte zu wie dem Skorpion.

Auch einige Krötenarten verfügen in ihrem Körper über toxische Sekrete, die über ihren Tod hinaus aktiv bleiben. Ihrem Gift wurden dieselben magischen Eigenschaften zugeschrieben wie dem der anderen giftigen Tiere.

129. *Liebespulver*

Stich dich in den kleinen Finger der linken Hand und laß zehn Tropfen von deinem **Blut** in ein Gefäß rinnen.

Gib ein paar **Achselhaare** und ein paar **Schamhaare** hinzu.

Verarbeite diese Zutaten nun mit einer ausreichenden Menge Schlamm, dem du nach kurzer Zeit nach und nach folgendes hinzufügst:

Pulver von Venusmuscheln,

Pulver von Stalaktiten,

Borax,

Knochen und Hauer vom Drachen,

zu Brei zerstampfte Purpurschnecken,

Tintenfische

und vorher geputzte Austern.

Laß alles zusammen in einem Ofen trocknen.

Zerstampf die Mischung sodann im Mörser.

Das so gewonnene Pulver wird all deine Wünsche erfüllen.

Bewahre das kostbare Mittel in einem Gefäß aus Silber oder Gold auf.

In einem günstigen Moment gibst du dann dem Objekt deiner Liebe einen Löffel von dem Zaubermittel in irgendeinem Getränk und schon wird er /sie dir nicht mehr widerstehen können.

K. d. A.: Auch hier gilt, was wir bereits bei verschiedenen vorhergehenden Rezepten bemerkt haben: Da eine Suggestivwirkung ausgeschlossen ist und die einzelnen Komponenten dieses Zaubermittels keinerlei feststellbare Wirkung haben, befinden wir uns hier im Reich der puren Magie.

Und tatsächlich wurden Blut sowie Achsel- beziehungsweise Schamhaare seit jeher für alle möglichen Zauber gebraucht. Vor allem für Liebes- und Schadenszauber an dem Menschen, von dem sie stammen, galten sie als wichtiges Ingrediens.

Venusmuscheln, Purpurschnecken, Tintenfische und Austern gehören zu den der Venus heiligen Weichtieren.

Und auch die restlichen Zutaten galten seit jeher als sexuell stimulierend: Stalaktiten (der Form halber), Borax sowie die Knochen und Hauer des mythischen Drachens.

130. *Pulver, das in der Liebe Wunder wirkt*

Am ersten Freitag des Monats begibst du dich im Morgengrauen zu einem Bach. Steig mit nackten Füßen hinein.

Nimm nun mit der Hand ein wenig Wasser auf und laß es auf die Asche von **drei Fledermauskrallen** träufeln. Unter diese Asche gibst du vorher die **Nagelabschnitte,** die du in den letzten zwei Monaten beim Nägelschneiden gesammelt hast.

Danach hackst du alles klein.

Misch es gut durch und gib ein wenig Pulver von **Kräutern** zu, die du am Teichrand gepflückt hast.

Nun trocknest du alles im Ofen, bevor du es im Mörser zu Pulver verarbeitest.

Gib dieses Pulver heimlich dem von dir geliebten Menschen ein.

Der Erfolg ist dir absolut sicher.

K. d. A.: Auch hier weisen die einzelnen Komponenten im Hinblick auf das angestrebte Ergebnis keinerlei Wirkung auf, noch kommt die Suggestivkraft eines solchen Rezeptes zum Tragen. Ich bin also skeptisch, was die versprochene Wirkung betrifft.

Der Fledermaus, im alten Rom bekannt als *vespertilio,* und ihrem Körper wurden zahlreiche magische Kräfte zugeschrieben. Sie findet vor allem in schwarzmagischen Ritualen Anwendung.

131. *Magisches lusterweckendes Pulver*

Madame de Montespan war ständig auf der Suche nach magischen Rezepten, die ihr die Gunst des Königs erhalten sollten. Dieses von ihr selbst erfundene sexuell stärkende Mittel verabreichte sie ihm in einem Ragout.

Eine Mischung aus:

Spanischer Fliege (nicht mehr als ⅕ bzw. ¼ Scrupulum),
Pulver von einem getrockneten Maulwurf sowie
Fledermausblut.

Das Ganze mußte während einer schwarzen Messe unter dem Altar stehen, bevor es dann fein gemahlen wurde.

Das so erhaltene Pulver wurde dem Geliebten unter seine Getränke oder Speisen gemischt.

K. d. A.: Siehe dazu auch die Erläuterungen zu den sonstigen Tätigkeiten der Madame de Montespan, die ich in diesem Buch beschrieben habe.

Dem Maulwurf und der Fledermaus wurden folgende magischen Qualitäten zugeschrieben: Beide sollten bewirken, daß die Person, welche sie zu sich nahm, jegliche Scham verlor und so auch für krankhafte Gelüste offen war.

132. *Pulver des Cupido*

Sammle im Morgengrauen:

Blütenstaub von Margerite und Iris und benetz es in einem Bachlauf mit Wasser. Bewahr es in einer kleinen Schachtel auf.

Diese feinstoffliche Seele der beiden Pflanzen muß nun – unter welchem Vorwand auch immer – über das Haar der Person gestäubt werden, von der du geliebt zu werden begehrst.

Danach versuchst du, dir einige **Haare von der geliebten Person** zu beschaffen. Laß sie in der Flamme einer Kerze verbrennen und bewahre die Asche auf.

In einem Moment, der dir geeignet erscheint, gibst du dieses Pulver – nach Belieben in Getränke oder Speisen gemischt – der geliebten Person ein, ohne daß sie davon erfährt.

Das Wunder wird innerhalb kürzester Zeit geschehen.

K. d. A.: Weder dem Blütenstaub der Iris noch dem der Margerite ist es gegeben, Liebe zu erwecken. Es handelt sich hier um ein geheimniskrämerisches Rezept, das aufgrund eines Zaubers wirken soll, der nicht einmal traditionell verankert ist.

133. *Pulver aus Kythera, auch genannt »Geheimnis der Liebesäpfel«*

Suche dir an einem Freitag vor Sonnenaufgang einen der am stärksten duftenden **Äpfel** aus.

Nimm dann ein Blatt Papier und schreib mit deinem **Blut** in die erste Zeile deinen Vor- und Nachnamen. In die nächste Zeile schreibst du Vor- und Nachnamen der Person, von der du geliebt werden möchtest. Besorg dir nun mit List **drei Haare** von ihrem/seinem Kopf. Drehe daraus zusammen mit deinen eigenen Haaren zwei Bänder, mit denen du zwei Blatt Papier zusammenrollst und bindest. Vom ersten war bereits die Rede, auf das zweite schreibst du nun das Wort »scheva«.

Schneid nun zuerst den Apfel in zwei Hälften. Schneid dir von einem **grünen Myrtenzweig** zwei Zweiglein ab, spitz sie zu und befestige damit die Apfelhälften wieder aneinander, bevor du sie in den Ofen zum Trocknen gibst. Vergiß nicht, sie vorher mit **Lorbeerblättern** zu umwinden.

Nachdem alles getrocknet ist, vermahlst du es zu feinem Pulver und bewahrst es in einem Gefäß aus Terrakotta auf.

Denk dir nun einen guten Vorwand aus und gib der Person, um deretwillen du soviel gelitten hast, von diesem Wundermittel zu essen und zu trinken.

In kürzester Zeit werdet ihr gemeinsam auf dem Weg nach Kythera, der Insel der Liebe sein.

K. d. A.: Es ist hier keinerlei Wirkung der einzelnen Ingredienzen festzustellen, noch kommt – aufgrund der heimlichen Verabreichung – eine entsprechende Suggestivkraft in Frage. Die Wirkung des Rezepts liegt somit in den Händen der Magie. Siehe dazu auch den Kommentar zum vorhergehenden Rezept.

134. *Pulver, das unwiderstehlich macht*

Sammle mit nüchternem Magen ein paar **Glockenblumen.** Dies muß am Tag vor dem Johannisfest geschehen.

Laß sie im Schatten trocknen, bevor du sie mit etwas **grauer Ambra** zu Pulver zerstößt.

Füll dieses Pulver nun in ein herzförmiges Medaillon aus Gold oder Silber. Häng dieses an eine ausreichend lange Schnur, so daß du das Pulver neun Tage lang am Herzen tragen kannst.

Danach versuchst du in einem geeigneten Augenblick, der Person, mit der du um alles in der Welt das Lager teilen möchtest, dieses Pulver ins Essen zu mischen. Sie oder er wird wie vom Blitz gefällt zu deinen Füßen niedersinken.

K. d. A.: Die verschiedenen Glockenblumenarten wurden in den vergangenen Jahrhunderten zu den verschiedensten medizinischen Zwecken gebraucht. Auch zur Verführung wurden sie eingesetzt. Mittlerweile werden sie jedoch nicht mehr zur Herstellung von Heil- beziehungsweise Liebesträken genutzt. Das mag zum einen daran liegen, daß ihre Wirkkraft nicht allzu befriedigend ausfiel, zum anderen daran, daß diese Pflanzen einen ätzenden, milchigen Saft in sich tragen, der unter Umständen auch schädlich wirken kann. Heutzutage ist die Glockenblume bei Kräuterheilern und -sammlern fast vollständig in Vergessenheit geraten, auch wenn der Botaniker Viola meint, daß die Eigenschaften der Glockenblumenarten eine eingehendere wissenschaftliche Untersuchung verdienen würden. Eine geographische Besonderheit bleibt noch anzumerken: Die antike römische Stadt Volubilis, die im Mittleren Atlasgebirge zwischen Meknes und Rabat lag, erhielt ihren Namen von der Campanula volubilis, einer dort sehr verbreiteten Glockenblumenart, die sich mit dem Wind verbreitet (daher »volubilis«, zu deutsch »die Fliegende«).

135. *Pulver, das dir hilft, das Widerstreben der von dir Geliebten zu überwinden*

Besorg dir:
rotes Harz vom Drachenbaum (Dracaena),
geschälte Feigen (Ficus carica),
Kümmel (Carum carvi),
Zitronenmelisse (Melissa officinalis),
Blüten und Blätter vom Aprikosenbaum (Prunus armeniaca),
Iriswurzel (Iris germanica).

Vermisch alle Zutaten und schneid sie hübsch klein.
Verarbeite sie mit Mehl, Olivenöl und zwei frischen Eiern zu einem Teig.
Gib folgendes zum Teig:
zehn Haare aus der Achselhöhle und vom Schamhügel,
abgefallene Krallen einer Katze, die du vorher zu Asche
verbrannt hast.

Hüll das Ganze dann in Fledermausflügel und laß es trocknen.
Würz die Mischung mit aromatischer Essenz von **Heidekraut** (Erica) und **Wermut** (Artemisia absinthium), bevor du es in einem weißglühenden Ofen zu Asche verbrennst.
Das so erhaltene Pulver verabreichst du in einem beliebigen Getränk.
Jede Widerspenstige wird davon sofort besiegt.

K. d. A.: Hier handelt es sich um ein Rezept, dessen Komponenten in der Magie durchweg den Ruf haben, die Person, die sie einnimmt, zur leidenschaftlichen Liebe bewegen zu können. Einige dieser Elemente wie zum Beispiel Wermut sind auch als schwache Aphrodisiaka bekannt.
Doch Vorsicht: Er ist giftig!

Das Heidekraut, das seinen lateinischen Namen Erica vermutlich seinem herben Geschmack verdankt, sollte – so glaubte man früher – die Produktion von Samen- und Eizellen fördern. Dieser Effekt konnte jedoch niemals nachgewiesen werden.

136. Pulver, das einen widerstrebenden Mann dazu bringt, dich zu lieben

Nimm:
Saft vom Eisenkraut (Verbena officinalis),
drei **Würmerschwänze,**
ein paar Tropfen von deinem **Menstruationsblut,**
die **Asche von Lärchenholz (Larix europaea).**

Misch das Ganze gründlich und laß es vier Tage lang in der Hitze trocknen.

Zerstoß sodann alles in einem Mörser aus Holz zu feinem Pulver.

Rühr das Heilmittel in ein Getränk, das du dem dir Widerstrebenden zu trinken gibst.

Bald wird er dir die schönste Aufmerksamkeit entgegenbringen, dir Anträge machen und überhaupt alles tun, was du ihm zu tun erlaubst.

K. d. A.: Auch dies hier ist wieder ein rein magisches Rezept, das seine Wirkung hauptsächlich Elementen wie Würmerschwänzen und Menstruationsblut anvertraut.

Das Eisenkraut kann zwar schwach stimulierend wirken, ansonsten aber verfügt es über keinerlei Eigenschaften, die dem angestrebten Zweck dienen würden.

Der Lärche schrieb man einst die Fähigkeit zu, so viel Mut zu verleihen, daß der, welcher sie zu sich nahm, sogar die ver-

borgensten Geheimnisse des Himmels entdecken könne. Hier
wird sie wohl mehr aus symbolischen Gründen eingesetzt.

137. *Mixtur zur Erweckung eingerosteter Sinne*

Nimm:
zehn Tropfen von deinem Menstruationsblut,
das Sperma eines schwarzen Ziegenbocks,
Maismehl,
Fledermausblut.

Misch zunächst alle Ingredienzen gut durch, bevor du daraus
eine Art Teig herstellst.

Bevor du ihn deinem Liebsten gibst, der dich vernachlässigt,
solltest du den Teig gründlich mit einem Roten, einem Château
Neuf du Pape, tränken. Schon bald wirst du über seine Vitalität
staunen.

K. d. A.: Dieses Rezept verdanken wir dem Abbé Guibourg,
dem Ratgeber von Madame de Montespan, die es Ludwig XIV.
verabreichte. Ich glaube allerdings nicht, daß die damaligen positiven Resultate, die sie in ihrem Bestreben erzielte, auf diese
Mixtur zurückzuführen sind. Das Rezept beruht auf rein magischem Denken.

138. *Mixtur zur Verführung einer Frau*

Verschaff dir:
das Herz einer Schwalbe,
das einer Taube und
das eines Spatzen.

Hack alles klein und vermisch es mit dem Menstruationsblut der Frau, die du zu besitzen begehrst. Verschaff dir dieses mit List von jemandem aus ihrer unmittelbaren Umgebung.

Füge dieser Mischung nun folgendes hinzu:

Lavendelblüten (Lavandula angustifolia),

Katzenminze (Nepeta fassenii),

Pfirsichblüten (Amygdalus persica),

gekochte Erbsen (Pisum sativum),

Holunderbeeren (Sambucus niger).

Rühr alles gut durch, bevor du es zerkleinerst und mit **Honig** vermischst. Gieß noch ein Pint **Mannstreusirup** (Eryngium campestre) hinzu.

Schon hast du ein wunderbares Elektuar gewonnen.

Bewahre dieses nun zehn Tage lang in einem Apothekerglas auf.

In einem geeigneten Moment gibst du der Angebeteten davon ein Gläschen, das du vorher mit Likör vermischst hast.

Schon sehr bald wirst du dich des von dir Ersehnten erfreuen können.

K. d. A.: Die Herzen der klassischen »Liebesvögel« bilden hier zusammen mit dem Menstruationsblut der verehrten Frau den magischen, auf Wundergläubigkeit beruhenden Hintergrund dieser Rezeptur. Tatsächlich steht das Rezept symbolisch für die Übertragung der Liebe mittels der Vogelherzen ins Blut der zu erobernden Dame.

Die pflanzlichen Bestandteile verstärken – dem magischen Denken zufolge – diese Wirkung noch, da jede einzelne der erwähnten Pflanzen angeblich die Fähigkeit besitzt, die Person, welche sie einnimmt, verliebt zu machen, und zwar in den oder die, welche/r den Zauber bewerkstelligt hat.

Die Katzenminze wird darüber hinaus ihres betäubenden

Geruchs wegen auch als Aphrodisiakum geschätzt. Außerdem soll sie vor Treulosigkeit des Liebespartners schützen.

Die Kunst der Magie weist dem Essen eines Pfirsichs eine ganz besondere Bedeutung zu: Diese Handlung sollte das Verliebtsein fördern. Aber Vorsicht bei den Kernen: Sie enthalten Blausäure und sind daher sehr giftig.

Wenn man Erbsen mit doppeltkohlensaurem Natron und Zucker kocht, sie daraufhin mit Rotwein würzt und – Stück für Stück – mit nach Osten gewandtem Gesicht ißt, soll das absolut unwiderstehlich machen.

Bleibt noch der »Hollerbaum«, der Holunder, an dem sich angeblich Judas erhängt hat. Den alten Manuskripten zufolge ist er der magische Schutzbaum für alle, die sich vor Hexen in Sicherheit bringen müssen. Gleichzeitig berichten andere Texte, daß Hexen sich, um dem Scheiterhaufen zu entfliehen, in einen Holunderbaum verwandelten. Und dies sei der Grund dafür, daß der Holunder »blute«, wenn man seinen Stamm ritze.

Die Blüten des Holunders sollten auch Leidenschaft erwecken können. Die Früchte hingegen fanden in Liebestränken Verwendung.

139. Mischung zum Entflammen der Sinne

Nimm:
ein paar Regenwürmer,
Blätter vom Eisenkraut (Verbena officinalis), die du in einer
   Vollmondnacht gesammelt hast, wenn die Sonne im
   Steinbock steht.

Hack beides klein und gib folgendes hinzu:
die Leber einer Taube,
das Gehirn einer Amsel.

Alles gut vermischen und dann fein hacken, bis es zu Brei wird.

Koch nun das Ganze und laß es zwanzig Tage lang gut belüftet an einem trockenen Ort im Dunkeln stehen.

Dann gibst du von dieser Mischung heimlich etwas unter die Speisen der von dir begehrten Person. Schon bald wird sie dir angehören, ohne daß du etwas dafür tun mußt, und sie wird dich leidenschaftlich lieben.

K. d. A.: Da die geliebte Person nicht weiß, daß sie einen Liebestrank zu sich genommen hat, kann es auch hier nicht zu einem wie auch immer gearteten Suggestiveffekt kommen.

Und die einzelnen Komponenten sind ganz sicher nicht in der Lage, die versprochene Wirkung zu zeitigen.

Von Regenwürmern glaubte man, sie würden die Sexualität stimulieren. Auch dem Eisenkraut schrieb man derartige Kräfte zu, nur sollten sie hier sogar noch stärker sein. Die Verbene wurde früher *herba veneris* (Venuskraut) genannt und als starkes Aphrodisiakum geschätzt. Als solches diente sie natürlich vorzugsweise der Erweckung »fleischlicher Lüste«.

Im alten Rom verwendete man auch die Leber einer Taube beziehungsweise das Gehirn einer Amsel zu diesem Zweck.

All diese Substanzen enthalten keinerlei sexuell stimulierende Wirkstoffe.

140. Erotisierender Saft

Sammle am ersten Freitag im Frühling **Eisenkraut** (Verbena officinalis). Preß den Saft aus und bestreich dir damit die Hände. Konzentrier dich dann auf die Leidenschaft, die dich treibt, und berühre mit der Hand leicht die Person, nach der du dich mehr als nach jeder anderen sehnst.

Nun nimmst du die tausend Schliche zu Hilfe, die einer ver-
liebten Person zur Verfügung stehen, und sorgst dafür, daß die
von dir geliebte Person den Rest des noch verbleibenden Eisen-
krautsaftes trinkt.

Bevor du dich versiehst, wird das verehrte Geschöpf dich
sklavisch lieben.

K. d. A.: Obwohl die Verbene als Pflanze der Liebe gilt, schreibt
man ihr gewöhnlich nicht die Kraft zu, als »heimliche Verführerin« zu wirken.

Falls dieses Rezept mit seiner Zubereitungsprozedur jemals
Erfolg gehabt haben sollte, so liegt dies wahrscheinlich daran,
daß der oder die Verführer/in sich mit diesem Liebezauber
seiner/ihrer Wirkung so sicher fühlte, daß er/sie in den Augen
des »geliebten Objekts« tatsächlich auf magische Weise unwiderstehlich wurde.

141. *Mittel zur Stimulierung eines trägen Mannes*

Zerbrösel eine **Meringe** und vermische sie mit **Honig** und **Heidelbeersirup**, bevor du es in deine Scheide einführst. Nimm
diese zärtliche Stimulierung in Gegenwart deines Liebhabers
vor.

Bitte ihn dann, von der Leckerei zu kosten. Seine Sinne werden heftig entflammen, so daß seine unerwartete Kühnheit sogar dich erstaunen wird.

K. d. A.: Falls sich hier ein Effekt einstellt, ist er auf reine Suggestivkraft zurückzuführen, die von einigen geschmacklichen
Rezeptoren vielleicht noch unterstützt wird. Die geschmacklichen Eindrücke stimulieren den Hypothalamus, welcher wiederum die Erregung in die Sexualzentren weiterleitet. Diese

werden außerdem noch durch die Phantasie (Suggestion) entsprechend angeregt oder sogar übererregt. Auf diese Weise sorgen sie für einen hohen Erregungspegel auch in den äußeren Extremitäten.

142. Das Brot der Verführung

Kontrollier zehn Tage lang die Intimwäsche, die du beim Schlafen trägst. Wenn du ein **Schamhaar** findest, bewahrst du es auf.

In der Zwischenzeit besorgst du dir mit einiger List drei **Haare aus der linken Achselhöhle** der Frau, mit der du leidenschaftliche Begegnungen erleben möchtest.

Gib nun beide Haararten zusammen und verbrenn sie in einem Kupferbecken zu Asche.

Diese vermischst du mit **zwei Unzen Mehl.** Aus dieser Mischung bereitest du nun einen Teig, den du im Ofen zu Brot bäckst.

Jetzt mußt du nur noch dieses Brot in die Milch oder Suppe der Angebeteten bröseln.

Sobald sie ihren Hunger gestillt hat, wird sie auch den deinen stillen.

K. d. A.: Schamhaare und Haare aus der linken Achselhöhle sind – den Texten zufolge – seit jeher ein beliebtes Element zur Entflammung der Sinne.

Leider gibt es für eine derartige Wirkung keinerlei wissenschaftlichen Beweis.

143. *Speise, die verliebt macht*

Nimm:
Gehirn,
Herz,
Hoden,
Scham,
Gebärmutter,
Plazenta,
Sperma,
Menstruationsblut vom Hasen.

Gib alles mit Quellwasser in einen Topf, den du sodann zum Kochen ins Wasserbad stellst.

Bereite nun daraus zweierlei Mischungen zu, eine für Frauen und eine für Männer. Für eine Frau nimmst du: Hirn, Herz, Hoden und Sperma.

Für einen Mann hingegen greifst du zu: Hirn, Herz, Scham, Gebärmutter, Plazenta und Menstruationsblut.

Beide Mischungen würzt du mit: **Pfeffer** (Piper nigrum), **Ingwer** (Zingiber officinale), **Safran** (Crocus sativus), **Piment** (Pimenta racemosa), **Basilikum** (Ocimum basilicum), **Muskatnuß** (Myristica fragrans) und **Petersilie** (Petroselinum crispum) und rotem Wein aus der Toskana.

Derjenige oder diejenige, welche/r diese Mixtur zu sich nimmt, wird von dem, der sie zubereitet hat, innerhalb kürzester Zeit höchst verzaubert sein.

K. d. A.: Die wesentlichen Bestandteile der magischen Speise haben – wie bereits erklärt – nur Symbolwert.

Der erotisierende Effekt eines guten, toskanischen Rotweins mit den oben erwähnten Gewürzen hingegen sei hier nicht ausgeschlossen.

144. *Speise der Verführung*

Bereite umsichtig einen **Teig für Gallettes** (flache, zweimal ge-
backene Fladen) mit **Safran** (Crocus sativus) zu. Back die Gallette in einem Steinofen.

Sobald sie aus dem Ofen kommt, mußt du sie dir auf den
nackten Unterbauch legen.

Die Schmerzen der heißen Waffel mußt du geduldig ertragen.
Es hilft vielleicht, wenn du all deine Gedanken auf die Person
richtest, die du besitzen möchtest.

Sobald die Gallette kalt ist, gibst du der von dir begehrten
Person ein Stück davon zu kosten. Sobald sie das Angebotene
verspeist hat, wird sie so entgegenkommend sein, wie du es dir
nur wünschen kannst.

Wenn du sie zu noch stärkeren Avancen hinreißen willst,
solltest du in den Gallette-Teig ein paar deiner **Schamhaare**
mischen. Doch vorher mußt du jedes in sieben Stücke schneiden.

K. d. A.: Hier handelt es sich um eine magische Prozedur, der
als einziges ungewöhnliches Ingrediens die Schamhaare des
Verführers zur Seite stehen.

Der Safran hat nur sehr schwache erotisierende Kräfte, vor
allem wenn er in so geringer Dosierung wie vorliegend gegeben
wird. Vielleicht ist es aber auch der Duft des Safrans, der hier
wirken soll. Bereits die Assyrer setzten den Safran als Opfer-
gabe an ihre Liebesgöttin Astarte ein.

145. Behandlung für lustlose Liebende

Streck dich lang auf einem Teppich aus und steck dir eine süße **Dattel** in die Vagina. Dabei liegst du dem Stuhl, auf dem dein Liebster gewöhnlich sitzt, direkt gegenüber.

Die Frucht bleibt so lange an ihrem Platz, bis sie sich mit deinen Säften vollgesogen hat und ein wenig weicher geworden ist.

Danach schälst du sie und mischst ihr Fruchtfleisch in mit Zimt gewürzte Mandelmakronen.

Diese leckere Speise bietest du nun deinem Liebsten an. Sobald er sie gegessen hat, erklärst du ihm Sinn und Zweck dieser magischen Übung.

Du wirst feststellen, daß seine sexuelle Appetitlosigkeit mit einem Mal vorüber ist und daß er deine Lust mehr als nur stillt.

K. d. A.: Suggestiv-symbolisches Rezept. Es ist allerdings nicht auszuschließen, daß auch die Zubereitungsprozedur einen gewissen Effekt ausübt.

146. Komposition der Aphrodite

Wenn du eine Frau heftig begehrst, tränk ein Stück Würfelzucker zuerst mit **deinem Speichel** und dann mit einem Tropfen **Sperma**.

Denk dir nun einen Vorwand aus, der dir erlaubt, dieses Stück Zucker der von dir Verehrten zu verabreichen. Nach kürzester Zeit wird sie – zu deinem höchsten Erstaunen – deinetwegen den Kopf verlieren und sich hoffnungslos in dich verlieben.

K. d. A.: Dieses Rezept ist ganz eindeutig magisch: Die intimsten Säfte des Verführers werden vom begehrten Wesen aufgenommen, um sich mit dessen Intimsäften zu vermischen.

In Wirklichkeit geschieht dies natürlich nicht, und wenn es in dieser Form geschehen würde, hätte es wohl keinerlei Einfluß auf die fragliche Dame.

147. *Zubereitung einer Speise, die verführerisch wirkt*

Nimm einen Goldring mit einem kleinen Diamanten. Der Ring muß, gleich nachdem der Goldschmied ihn geschaffen hat, in ein Seidentuch gehüllt werden.

Diesen Ring trägst du nun neun Tage und neun Nächte lang an einer Schnur um den Hals, und zwar so, daß er auf deinem Herzen zu ruhen kommt.

Am zehnten Tag nimmst du bei Sonnenaufgang einen neuen Stichel zur Hand und gravierst im Inneren des Ringes das Wort »scheva« ein.

Besorg dir nun drei Haare von der geliebten Person und dreh sie mit drei Haaren von dir zu einem winzigen Strang zusammen. Während du dies tust, sprichst du folgende Worte:

»O Körper, mögest du mich lieben können und möge dein Verlangen so leidenschaftlich und brennend sein wie meines – dank der Macht des Wortes ›scheva‹.«

Umwinde das Juwel mit den durch die Bande der Liebe verbundenen Haaren und befeuchte es.

Dann legst du den Ring von neuem in das Seidentuch und trägst ihn weitere sechs Tage am Herzen.

Am siebten Tag befreist du den Ring von den Banden der Liebe.

Verbrenn die Haare, bis sie zu Asche werden.

Diese Asche vermischst du nun mit folgenden Zutaten:

Mehl,

Muschelpulver,

Tintenfisch,

Austern,
Kümmel (Carum carvi),
Iriswurzel (Iris germanica).

Verknete alles gut zu einem Teig und laß diesen der geliebten Person zusammen mit dem Ring überbringen.

Dies muß vor Sonnenaufgang geschehen, noch bevor du etwas zu dir genommen hast.

Stell sicher, daß die Geliebte die Speise ißt und den Ring überstreift. Danach wird es dir leichtfallen, sie zu verführen.

K. d. A.: Ein Rezept, das ausgesprochen wenig in der Wirklichkeit verankert ist, also ausschließlich dem Reich der Magie angehört. (Siehe dazu die vorhergehenden Kommentare.)

Rezepte für eine dauerhafte Liebe

148. Zaubertrank für eine niemals nachlassende Leidenschaft

Für den Trank nimmst du:
zehn Tropfen Blut von deinem rechten Ringfinger,
einen Tropfen Vaginalsekret (für die Frau) oder Vorhautsekret
  (für den Mann).

Vermisch alles mit etwas **Tollkirsche** (Atropa belladonna) und **Irisasche** (Iris germanica).

Gieß dann reichlich **Sonnenblumenöl** (Helianthus annuus) darüber. Im letzten Moment gibst du noch eine Prise **Spanische Fliege** (Lytta vesicatoria) dazu.

Danach gießt du alles mit einem Dekokt von **Sellerie** (Apium graveolens) auf, das du vorher zubereitet hast. Vor dem Zugeben filterst du das Dekokt durch ein Leinennachthemd, das der Person gehört, die den Trank zubereitet.

Gieß dann die Mixtur in ein Tongefäß und laß sie sieben Tage und sieben Nächte lang im Dunkeln ruhen – und zwar von einem Freitag zum anderen. Während der Trank ruht, mußt du jeden Tag um Mitternacht mit großer Intensität und Überzeugung die vorgeschriebenen Anrufungen an Luzifer und Venus sprechen.

Am Tag der Hochzeit nehmen sowohl der Mann als auch die Frau je sieben Tropfen des Trankes zusammen mit einem starken Wein aus Asti.

Ihre Leidenschaft wird immer stärker und stärker werden.

K. d. A.: Diese Rezeptur basiert auf zwei unterschiedlichen Mechanismen: Zum einen hat sie eine starke Suggestivkraft, zum anderen weist sie auch einen gewissen erotisierenden Effekt auf.

Die Suggestion wird hervorgerufen durch rein magische Komponenten wie Blut, Intimsekrete, Anrufungen und die Prozedur der Zubereitung. Unterstützt wird sie durch die halluzinogen wirkende Tollkirsche.

Die erotisierende Wirkung wird hauptsächlich durch die Spanische Fliege hervorgerufen und möglicherweise durch die Wirkung der anderen Ingredienzen unterstützt, denen zumindest früher ein – heute bezweifelter – Effekt als sexuelles Stimulans zugeschrieben wurde. Allerdings würde auch die Spanische Fliege allein ausreichen, um eine entsprechende Wirkung zu erzielen, sobald der Trank eingenommen wird.

149. Trank zur Stärkung der ehelichen Liebe

Nimm:
Blut vom Kalb,
Menstruationsblut (für die Frau) oder Sperma (für den Mann),
Vaginalsekret (für die Frau) oder Vorhautsekret (für den Mann),
einen Teelöffel Chinarinde (Cinchona pubescens),
Asche zweier Fledermäuse,
Hufe eines Bocks, der getötet wurde, während er eine Ziege besprang.

Löse alles in einem Infus aus **Eisenkraut** (Verbena officinalis) auf.

Nun hast du zwei Liebestränke hergestellt, die du nun jeweils durch die entsprechenden Nachthemden filtern mußt. (Der Trank für die Frau wird durch ihr Nachthemd gefiltert und umgekehrt.)

Gieß nun jeden Trank in eine Flasche und bewahr beide neun Tage und neun Nächte lang im Dunkeln auf.

Gib täglich um Mitternacht drei Tropfen Blut zu und sprich die entsprechenden Anrufungsformeln für Venus und Astaroth.

Laß die beiden Ehegatten im passenden Augenblick von dem Trank kosten.

Auf diese Weise werden ihre Gefühle füreinander immer lebendig bleiben.

K. d. A.: Auch hier spielt die Suggestion wieder eine ganz prominente Rolle. Sie wird durch die Körpersäfte der einzelnen Personen und Bestandteile von Tierkörpern – hier sogar eines Bocks, der während des Besteigens getötet wird – erzeugt.

Die Chinarinde wird vor allem zur Fiebersenkung eingesetzt. Ihr aromatisches Öl wird auch als Aphrodisiakum benutzt. Dieser letztere Effekt konnte niemals nachgewiesen werden.

150. Pulver für eine dauerhafte eheliche Liebe

Vermische:
aromatisches Öl der Okrapflanze (**Abelmoschus esculentus**),
aromatisches Öl der Schalotte (**Allium ascalonicum**),
zwei Teelöffel von deinem Sperma.

Achte darauf, daß du dir während deiner nächsten sexuellen Begegnung etwas **Vaginalsekret** besorgen kannst.

Zu den bisher gesammelten Elementen kommt noch der kleingehackte **Schwanz eines Salamanders.**

Gib das Ganze nun bei Vollmond in das **Horn** eines getöteten Ziegenbocks. Röste es dann im Ofen und zerstampf es zu Pulver.

Verabreich dieses Pulver, in ein Getränk – vorzugsweise einen alten toskanischen Rotwein – gemischt, in einem geeigneten Augenblick.

Eure eheliche Liebe wird für immer andauern und euer Ehebett niemals kalt werden.

K. d. A.: Ein rein magisches Rezept, dessen Komponenten wohl kaum geeignet sind, die eheliche Treue zu erhalten – wenn es solche denn überhaupt gibt. Das Vorgehen bei der Zubereitung sowie der symbolische Gehalt der einzelnen Bestandteile sind zwar sehr interessant, können jedoch auch keinerlei Anspruch auf Wirksamkeit erheben.

Das aromatische Öl der Okrapflanze gilt als reinigend, adstringierend und lösend, gerade was die weiblichen Genitalien betrifft. Diese Eigenschaften können den Sexualakt sehr viel angenehmer machen.

151. Pulver, das den Liebhaber und die Liebe gleichermaßen erhält

Jedesmal wenn Madame de Montespan eine schwarze Messe zelebrieren hatte lassen, wurden die schaurigen Überreste, das heißt das Herz und die Eingeweide der dem Prinzen der Finsternis geopferten Kinder, verbrannt.

Mit der feingemahlenen Asche würzte sie die Speisen ihres erhabenen Liebhabers Ludwig XIV. Er selbst bemerkte davon nie etwas.

K. d. A.: Der Magen des Sonnenkönigs mußte so eisern gewesen sein wie der eines Straußes, der dafür bekannt ist, daß er einfach alles verschlingt und verdaut, sogar Steine. Wenn seine Manneskräfte auch nur annähernd die seiner Magensäfte erreichten, dann erstaunt es uns nicht mehr, daß die Tränklein der Montespan so eine großartige Wirkung gehabt haben sollen.

Betrachtet man das Rezept jedoch genauer, dann gibt es für die von der Montespan beabsichtigte Wirkung keinerlei Beweise. Auch ein Suggestiveffekt läßt sich ausschließen, da der König ja nichts von den Dauergaben der Potenzverstärker wußte.

Was an den Rezepturen der Montespan so besonders abstößt, ist, daß sie auch vor Menschenopfern nicht zurückschreckte.

152. Pulver, das bewirkt, daß eine Person ihr ganzes Leben lang geliebt wird

Nimm:
eine Strähne von deinem Haar,
zehn Schamhaare und zehn Haare eines Ziegenbocks.

Tränk das Ganze mit neun Tropfen **Mandelöl** und drei Tropfen **Menstruationsblut.**

Bewahr alles zusammen neun Tage und neun Nächte lang an deinem Busen auf, und zwar vom ersten Freitag des Monats um Mitternacht an gerechnet. Wende alle Leidenschaft auf, die dir möglich ist.

Gib nun zu der Mischung nochmals sechs **Schamhaare** und einen Teelöffel **Vaginalsekret.**

Trage die Mixtur nun noch einmal drei Tage und drei Nächte lang auf deiner Brust.

Laß dann alles im Ofen trocknen und zerreib es zu Pulver.

Die Mischung wird – in ein Getränk gemischt – in kleinen Mengen verabreicht.

Den Rest gibst du in ein Medaillon oder bewahrst ihn in einem Ring auf.

Gib dieses Schmuckstück nun der Person, der du das Pulver zu trinken gegeben hast, damit sie es an sich trägt.

Auf diese Weise wird diese Person dir bis an ihr Lebensende treu sein.

K. d. A.: Magisches Rezept, das uns tiefen Einblick in die Zubereitungsformen magischer Heilmittel erlaubt. Mit einer Wirkung ist allerdings nicht zu rechnen.

153. Pomade für eine unlösbare Liebe

Nimm:
Mark vom linken Bein eines Ochsen.

Mach daraus mit folgenden Zutaten eine Pomade:
Hundefett,
graue Ambra,
Zypernpulver,
Lakritze (Glykyrrhiza glabra),
Aprikosensaft,
Blüten vom Alpenveilchen (Cyclamen europaeum),
Blüten von der weißen Lilie (Lilium candidum),
Katzenminze (Nepeta fassenii).

Trag diese Pomade immer bei dir und reib damit deinem Weib immer die Nasenlöcher ein, so wird sie niemals aufhören, dich zu lieben.

K. d. A.: Dieses Rezept beruht hauptsächlich auf symbolischen Bezügen. So stehen beispielsweise die Aprikose, das Alpenveilchen, die weiße Lilie, die Katzenminze und das Süßholz symbolisch für Treue in der Liebe.

Der grauen Ambra sowie dem Zypernpulver (siehe Rezept Nr. 69) kommen die Aufgabe zu, die anderen Komponenten miteinander zu verbinden.

Das Knochenmark vom Ochsen stärkt, nährt und regeneriert. Außerdem ist es leicht klebrig. Daß hier nur das Mark aus dem linken Bein verwendet wird, erhöht einfach den magischen Funktionsgehalt der Rezeptur.

Das Rezept hat wohl nur dann Aussicht auf Erfolg, wenn die geliebte Frau ein für symbolische Werte empfängliches Wesen ist.

154. Pomade zur Aufrechterhaltung der Leidenschaft

Nimm:
zwei Teelöffel Nelkenöl (Caryophylli flos),
Mark vom linken Vorderbein eines Wolfes.

Misch alles mit **Zypernpulver** und **grauer Ambra.** Rühr alles gründlich mit Bienenwachs durch, so daß du eine Pomade erhältst.

Mit dieser reibst du dir dann die Hände ein, bevor du – in ganz bestimmter Absicht – die Person berührst, von der du dir eine dauerhafte Leidenschaft wünschst.

Der Erfolg ist dir sicher.

K. d. A.: Dieses Rezept lebt hauptsächlich vom Suggestiveffekt der Rezeptur und der Anwendungsweise.

Eine Berührung voll glühenden Verlangens stärkt ganz bestimmt die Leidenschaft der berührten Person. Diesem Effekt können die Ingredienzen der Pomade leider nichts mehr hinzufügen.

155. *Mixtur und Prozedur, um ewige Liebe zu erlangen*

Nimm zum einen ein paar deiner **Schamhaare.**

Zum anderen besorgst du dir ein paar **Schamhaare von deinem Mann.**

Bewahre beides getrennt auf.

Geh in die Kirche und opfere sie dreimal am Altar bei brennender Altarkerze. Sprich dabei Gebete zum heiligen Josef.

Danach schneidest du deine Haare klein und mischst sie mit Mehl und anderen Zutaten zu einer Paste. Diese gibst du deinem Mann zu essen und erzählst ihm von dem magischen Ritual.

Seine Schamhaare hingegen bindest du an dein Haar. Solange sie mit deinem Haar verbunden bleiben, wird dein Mann dir treu sein. (Dies gilt auch für etwaige Liebhaber.)

K. d. A.: Suggestives Rezept, das nur auf der magischen Ebene arbeitet. Wie bei der vorhergehenden Rezeptur hängt der Erfolg einzig und allein davon ab, wie tiefgreifend die Suggestion ist beziehungsweise wie empfänglich der Ehemann oder Liebhaber dafür ist.

Rezepte zur Verhinderung ehelicher Treuebrüche

156. Rezept, um sich vor dem Gehörntwerden zu schützen

Wenn du verhindern möchtest, daß deine Frau dir Hörner aufsetzt, nimm:
die Eichel eines Wolfes,
die Wimpern von seinen Augen
und den Pelz von seiner Kehle.

Röste dies alles, bis es schwarz wird, und mahl es dann zu einem Pulver.

Gib dieses Pulver deiner Frau in einem Getränk zu kosten. Danach kannst du ihrer Treue blind vertrauen.

Statt des Gliedes, der Wimpern und des Kehlpelzes kannst du auch **Rückenmark vom Wolf** nehmen. Auch dieses dient der »praeservatio cornatoria« und wird dich für immer vor Hörnern bewahren.

K. d. A.: Das Glied, die Wimpern, der Kehlpelz und das Rückenmark des Wolfes könnten einen gewissen Suggestiveffekt ausüben, falls die Frau in die Geheimnisse der Rezeptur eingeweiht ist.

Tatsächlich galt der Wolf mit seinen einzelnen Körperteilen als ausgesprochen furchterregend. Symbolisch stand er auch für die Züchtigung, die der untreuen Frau drohte. Das Rezept gehört also ausschließlich dem Reich der Magie an.

Wenn die Frau allerdings nicht erfährt, wozu das Getränk

gut ist, das sie zu sich nimmt, kann man einen Suggestiveffekt ausschließen.

Auf pharmakologischer Ebene kommt keiner der Komponenten im Hinblick auf den versprochenen Effekt auch nur die geringste Wirkkraft zu.

157. Behandlung, welche die Ehefrau am Untreuwerden hindert

Verschaff dir:
eine **Handvoll Haare von deiner Frau**, feingeschnitten.

Bevor du verreist, bestreichst du deinen Penis mit gutem **Honig**, in den du die Frauenhaare gemischt hast. Auf diese Weise vereinigst du dich mit ihr.

Nach dem Akt wird sie ein so starker Abscheu befallen, daß sie keinerlei Begegnungen mehr begehrt. Du kannst also beruhigt abreisen.

Gegenmittel:
Bei der Rückkehr vollzieht der Ehemann dieselbe Handlung mit dem feinen Unterschied, daß die Haare dieses Mal von ihm selbst stammen.

K. d. A.: Es ist möglich, daß die kleingeschnittenen Haare tatsächlich die Schleimhäute so stark reizen, daß daraus ein bestimmter Abscheu vor sexuellem Kontakt folgt. Doch müßte dieser Abscheu dann auch mit den Haaren des Ehemanns aufkommen. Das Rezept wirkt also in erster Linie auf magischer Ebene.

158. Zaubertrank, der dem/r Geliebten amouröse Rendezvous unmöglich macht

Nimm:

aromatisches Öl von Bittermandeln	
(Prunus dulcis var. amara)	*neun Tropfen,*
Blut von deinem linken Ringfinger	*drei Tropfen,*
Süßholz (Glykyrrhiza glabra)	*eine Handvoll,*
Katzenminze (Nepeta fassenii)	*eine Handvoll,*
graues Ambrapulver	*eine Prise.*

Misch alles gut durch und verarbeite es mit Wasser und Mehl zu einer Paste, die du an der Luft trocknen läßt.

Zerreib alles in einem Mörser und bewahr das gewonnene Pulver in einem Tongefäß auf.

Rühr dieses Pulver in ein Getränk und gib es der Person zu trinken, von der du nicht willst, daß sie sich mit deinem/r Geliebten trifft.

Sollte dies nicht möglich sein, so zeichnest du vor dem Eingang des Hauses, in dem die Person wohnt, deretwegen du eifersüchtig bist, drei Kreuze. Sprich dabei bei jedem Kreuz dreimal die Anrufungen, die der Zauberer oder die Hexe dir anvertraut haben.

Doch gleichgültig, welche Prozedur du anwendest: Danach wird die Person, die deine Eifersucht weckte, deine/n Liebste/n meiden wie die Pest.

K. d. A.: Rezept, in dem sich symbolhafte und magische Komponenten mit einer geheimnisvollen Prozedur mischen.

Um Suggestivkräfte kann es sich hierbei nicht handeln, da die Beschwörung ja im geheimen ausgeführt wird.

Die Verwendung von Süßholz und Katzenminze beruht auf ihrem Symbolgehalt als Pflanzen der Treue. Dazu kommt noch das Blut vom Ringfinger (Träger des Ringes) und die graue Ambra, die per se bereits als magisches Pulver gilt.

Die Bittermandel soll – anders als die süße Mandel – verhindern, daß man vom Wein trunken wird. Außerdem soll sie reinigend wirken. In diesem Rezept wird sie jedoch aufgrund rein magischer Wirkungsweisen verwendet. Da sie auch giftig ist, soll sie vielleicht die Person, welche die Eifersucht des Anwenders erregt hat, schädigen.

Hexen und Fruchtbarkeit

Die Menschheit hat seit jeher das Bedürfnis empfunden, in ihren Kindern dem eigenen Tod zu entgehen. Auch heute versuchen die Wissenschaftler – nichts anderes als moderne Hexer –, Techniken und Methoden zu finden, um der Natur durch künstliche Befruchtung ein Schnippchen zu schlagen. Diese Techniken sind meist hochkompliziert und fordern das Leben geradezu heraus.

Die früheren Hexen gaben sich demgegenüber mit vergleichsweise simplen Rezepturen zufrieden, die kinderlosen Paaren zu dem ersehnten Segen verhelfen sollten. Das große Problem dabei war, daß es keine Kräuter oder Kräutermischungen gab, die diesen Zweck erfüllten. Bereits in den Zeiten des Humanismus und der Renaissance begannen – wie wir sehen werden – berühmte Geister an der Wirksamkeit der dafür berühmten Alraunwurzel zu zweifeln. Und dasselbe gilt für all die anderen Kräuter, die angeblich fruchtbar machen sollten.

Auch der bekannte Suggestiveffekt konnte nur auf Formen der Sterilität wirken, die psychisch bedingt waren. Organisch bedingte Formen blieben demgegenüber völlig unempfindlich.

Nichtsdestotrotz schufen die Hexen Mittelchen, welche die Empfängnis erleichtern und sogar ein Kind des von den Eltern gewünschten Geschlechts hervorbringen sollten. Die Kräuterhexen versuchten vor allem, die weiblichen Geschlechtsorgane zu stärken, da sie glaubten, daß Sterilität seitens der Frau auf eine Schwäche derselben zurückzuführen sei.

In diesen Bereich gehören auch die zahlreichen Rezepte zur

Empfängnisverhütung, die heute – wenn man so sagen will – durch die Einnahme der Pille ersetzt werden.

Manchmal indes ist der menschliche Geist (oder jener der Hexen) auch versucht, seinen Mitmenschen etwas Böses anzutun. In diesem Fall nahm man häufig Zuflucht zu Rezepten, welche die Fruchtbarkeit eines Paares beeinträchtigen sollten; Rezepte also, die Frauen steril und Männer zeugungsunfähig machten. Auch solche werden wir hier vorstellen.

159. Dekokt, das die Empfängnis erleichtert

Verschaff dir:
die Gebärmutter eines trächtigen Kaninchens,
Haare von der Ziege, die in Eselsmilch eingeweicht wurden,
zwanzig Tropfen menschliches Sperma,
zwei geschälte Feigen (Ficus carica),
eine Handvoll Blüten vom Alpenveilchen (Cyclamen
    europaeum),
eine halbe Alraunenwurzel (Mandragora officinarum).

Misch alles gut durch und hack es fein.

Bring die Mischung zum Kochen und filter sie dann durch ein Baumwolltuch.

Fang die Flüssigkeit auf und gieß sie in ein Gefäß aus dunklem Glas, wo du sie bis zum entscheidenden Augenblick aufbewahrst.

Bevor dein Mann kommt, um dir beizuwohnen, trinkst du davon ein Glas.

So wird eure Begegnung höchst befriedigend sein, und nach einem Monat wirst du mit Sicherheit feststellen, daß du schwanger bist.

K. d. A.: Dieses Rezept beruht – wie Zutaten wie die Gebärmutter eines trächtigen Kaninchens, Ziegenhaare, Eselsmilch
und das menschliche Sperma beweisen – hauptsächlich auf ma-
gisch-symbolhaften Vorstellungen. Diese Elemente werden mit
Pflanzen vermischt, die man damals für fruchtbarkeitsfördernd
hielt wie Alraunwurzel, Feigen und Alpenveilchen. Im Licht
moderner wissenschaftlicher Erkenntnisse betrachtet ist von
diesem Rezept keine Besserung zu erwarten, wenn die Frau
tatsächlich unfruchtbar ist. Aus diesem Grund ist die Rezeptur
als rein magisch einzustufen.

160. Gebärmutterelixier für gefühlskalte Frauen, die nicht empfangen können

Nimm:

Blätter der Bergminze
   (Satureja calamintha),
Blätter der wilden Kamille
   (Matricaria chamomilla),   *je eine Handvoll*
Blätter der Poleiminze
   (Mentha pulegium),

Wurzel der Zaunrübe (Bryonia alba),
Gelbwurz (Curcuma zedoaria),
Blätter des kretischen Diptams
   (Origanum dictamnus albus),
Veilchenwurzel (Iris fiorentina),
Zimtrinde (cortex Cinnamomi),   *je eine Unze*
Nelkenwurz (Radix caryophyllatae),
Muskatnuß (Myristica fragrans),
Ingwer (Zingiber officinale),
Kardamom (Elettaria cardamomum),
Lorbeerbeeren (Laurus nobilis),

Zitronenschale (Citrus limon),	*je sechs Gran*
Orangenschale (Citrus sinensis),	
Anissamen (Pimpinella anisum),	*eine halbe Unze*
Klee (Trifolium pratense)	*drei Gran.*

Vermisch alle Zutaten und gib sie in einen Mörser.

Zerreib sie grob.

Gib dann eine Unze **Weinstein** (Tartarus emeticus) hinzu.

Gieß nun mit Weingeist auf, bis die Mischung zwei Finger hoch bedeckt ist.

Laß das Ganze nun fünfzehn Tage lang durchziehen.

Filter nun den Likör ab und gieß ihn in eine Amphore, die du mit einem Korken verschließt. Im entscheidenden Moment kannst du das Heilmittel einsetzen.

Gib der betroffenen Frau davon einmal täglich ein Scrupulum bis ein Gran. Wiederhol dies zwanzig Tage lang.

Dieser Likör besänftigt die Sinne gefühlskalter Frauen, er sorgt für entsprechende Feuchtigkeit im Geschlecht, stillt Schmerzen während der Regel, sorgt für eine regelmäßige Blutung, erleichtert die Befruchtung und danach die Geburt.

K. d. A.: Die anregende und gleichzeitig weichmachende und befeuchtende Funktion, die einige der Komponenten aufweisen, kann – zusammen mit dem unzweifelhaft vorhandenen Suggestiveffekt – bei Frauen, deren Sterilität psychisch bedingt ist (durch Angst oder das Fehlen entsprechender Stimuli), durchaus gute Resultate erzielen. Tritt durch die verminderte Gefühlskälte ein gewisser Entspannungseffekt ein, so kann sich dies auch positiv auf eine eventuelle Empfängnis und die Schmerzen bei der nachfolgenden Geburt auswirken.

Die Kamille ist eine klassische Medizinpflanze. Sie wird bei allen Schwierigkeiten mit der Gebärmutter (daher auch der Name: »Matricaria« kommt von lateinisch »matrix«, Gebärmutter) erfolgreich eingesetzt. Sie wirkt menstruationsfördernd, stimuliert die Produktion der Genitalflüssigkeiten und der weiblichen Eizellen.

Auch der kretische Diptam wirkt auf die Schleimhäute der weiblichen Genitalien erweichend und befeuchtend. Auf diese Weise erleichtert er sowohl die Menstruation als auch die Befruchtung mit der nachfolgenden Geburt.

Dasselbe gilt für ein Dekokt aus Klee.

Zitronen- und Orangenschale wirken beide befeuchtend, wobei ihr aromatischer Duft unter Umständen erotisch stimulieren kann.

161. Elektuar zur Förderung der Fruchtbarkeit

Nimm:
zwei Wurzeln der Stinkmorchel (Phallus impudicus), die eine
   Nacht lang in Wasser mit Orangenblüten gelegen haben,
zwei kandierte Mannstreuwurzeln (Eryngium campestre),
zwanzig geschälte Pistazien,
zwei Muskatnüsse (Myristica fragrans),
ein wenig kandierten Ingwer,
zehn Samen des langen Pfeffers (Piper longum),
zehn Samen der Rauke (Eruca sativa),
ein wenig Gewürznelkenpulver (Caryophylli flos),
eine Prise orientalischen Moschus,
eine Prise Kardamom (Elettaria cardamomum),
einen Teelöffel Zimtöl (Cinnamomum verum),
sieben Körner graue Ambra,
Glied und Hoden eines Hirsches,
Nieren eines Affen,
ein Scrupulum Vipernpulver,
ein Pint Sirup aus Gewürznelken und Honig.

Gib die Affennieren zusammen mit den Teilen des Hirsches in einen Kupferkessel und laß alles am Kaminfeuer langsam trocknen.

Schneid alles klein, zerstoß es zu Pulver und gib diesem dann die Samen, den Pfeffer und den Kardamom zu.

In der Zwischenzeit zerstößt du in einem mit ein paar Tropfen Sonnenblumenöl eingeölten Mörser die Ambra und den Moschus.

Misch nun die beiden so erhaltenen Pulver mit dem Vipernpulver.

Danach gießt du die Orangenblüten und die Stinkmorchel ab und zerreibst sie in einem Marmormörser.

Verrühr und zerkleiner mit einem Holzlöffel die kandierten Mannstreuwurzeln, die geschälten Pistazien, die Muskatnüsse und den kandierten Ingwer. Streich das Ganze durch ein Sieb. Den Brei, den du so erhältst, gibst du in den Marmormörser.

Nun rührst du sämtliche Komponenten des Elektuars zusammen und gießt den Nelken-Honig-Sirup darüber.

Jetzt besitzt du ein Elektuar, das du in einem gut verschlossenen Gefäß sorgfältig aufbewahren mußt.

Vor dem Sexualakt sollte davon – sowohl vom Mann wie von der Frau – etwa ein halbes bis ein ganzes Gran eingenommen werden.

Schon bald wird aus dieser Vereinigung ein Kind entstehen.

K. d. A.: Folgende Elemente steigerten angeblich die Produktion von Samen- beziehungsweise Eizellen: Stinkmorchel, Mannstreu, graue Ambra, Gewürznelke, Affenniere und Geschlechtsorgane des Hirsches. Für keine dieser Substanzen konnte eine derartige Wirkung jemals nachgewiesen werden.

Einige der anderen Komponenten wurden früher hauptsächlich als Aphrodisiakum eingesetzt, so zum Beispiel Muskatnuß, Pistazien, Ingwer, langer Pfeffer, Kardamom, Zimtöl und orientalischer Moschus. All diese Komponenten wurden bezüglich ihrer Wirkung bereits in anderen Rezepten besprochen.

Eine letzte Bemerkung sei mir noch gestattet, um zu erläutern, weshalb das Elektuar sowohl vom Ehemann als auch von der Ehefrau eingenommen werden mußte. Die Frau sollte dadurch empfängnisfähig, der Mann mit mehr Manneskraft ausgestattet werden. Viele der in der Rezeptur enthaltenen Elemente wirken nämlich allgemein stärkend und fördern die Samenproduktion.

162. Elektuar zur Förderung der Befruchtung

Zerreib gemeinsam zu Pulver:
Kalmuswurzel (Acorus calamus),
Ingwer (Zingiber officinale),
Galgant (Galangae rhizoma),
Kardamom (Elettaria cardamomum),
Muskatnuß (Myristica fragrans),
rote Rose (Rosa gallica officinalis),
Gewürznelken (Caryophylli flos),
schwarzen Pfeffer (Piper nigrum),
langen Pfeffer (Piper longum).

Koch in der Zwischenzeit fünf **Mannstreuwurzeln** (Eryngium campestre) weich und zerreib sie dann zusammen mit geschälten **Pinienkernen** in einem Marmormörser.

Gieß nun die Flüssigkeit ab und bewahre diese getrennt vom Brei auf.

Koch nun die Flüssigkeit vom Mannstreu mit zwei Libra **Honig** auf. Wenn sie in etwa die Konsistenz von Opium hat, nimmst du sie vom Feuer.

Misch nun den Mannstreu-Pinien-Brei mit dem Pulver und gieß die so erhaltene Mischung mit dem Honig auf.

Auf diese Weise erhältst du ein Elektuar, das du bis zu dem Moment, in dem du es brauchst, in einem Tongefäß aufbewahrst, das du mit Hammelhaut verschlossen hast.

Nimm davon eine halbe bis zu zwei Drachmen pro Tag.

Sehr bald schon wirst du ein Kind tragen.

K. d. A.: Siehe dazu die Kommentare zu den vorhergehenden Rezepten zum Thema »Fruchtbarkeitssteigerung«.

Der Kalmus ist eine lange, aromatische Wurzel, deren Wirkungen ich in einem der vorausgehenden Kommentare bereits besprochen habe. Dasselbe gilt für alle anderen Komponenten.

163. Elektuar gegen weibliche Unfruchtbarkeit

Beschaff dir:
sieben Eigelb,
die Hoden eines roten Stiers,
die Hoden eines Hahnes,
die Hoden eines Fuchses,
die Hoden eines Schafbocks,
die Hoden eines Wildschweins,
das Gehirn eines Spatzen,
die Zunge eines Vogels,
Wurzeln der Stinkmorchel
    (Phallus impudicus),
Gelbwurz (Curcuma zedoaria),
Ingwer (Zingiber officinale),
Kreuzkümmel (Cuminum cynimum),
Minze (Mentha),
Kardamom (Elettaria cardamomum),
langen Pfeffer (Piper longum),

zu gleichen Teilen

schwarzen und weißen Pfeffer
  (Piper nigrum und album),
Mark der Brechnuß (Nux vomica)
  und Pinienkerne,
süße Mandeln (Prunus dulcis),   *zu gleichen Teilen*
gekochte Haselnüsse (Corylus
  avellana),
Malvensamen (Malva sylvestris),
Ringelblume (Calendula officinalis),
Samen der Rauke (Eruca sativa),
Gewürznelken (Caryophylli flos).

Schneid alles schön klein und misch es gut durch. Lös das Ganze in Schaf- oder Kuhmilch auf, bevor du es zum Kochen bringst.

Koch alles ein, so weit es geht.

Zerreib den Rest im Mörser zu Pulver und gib folgendes hinzu:

vier Affenschwänze,

Rosenhonig   *zwei Libra,*

Meringen   *sieben Libra.*

Nun gießt du die Mischung in einen Kupfertopf. Laß sie auf kleiner Flamme kochen und rühr dabei immer wieder mit einem Holzlöffel um. Wenn die Mixtur die Konsistenz eines Elektuars hat, nimmst du sie vom Feuer.

Nimm davon morgens und abends je einen Eßlöffel ein, bis du schwanger bist.

K. d. A.: Dieses Rezept enthält eine Unmenge von Ingredienzen, unter anderem eine regelrechte Organsammlung: die Hoden einiger angeblich sehr potenter Tiere, Gehirn und Zunge eines Vogels sowie mehrere Affenschwänze. Aus den bereits in den vorhergehenden Rezepten aufgeführten Gründen bewirkt ihre Einnahme jedoch überhaupt nichts. Ihnen zur Seite stehen einige die Samenproduktion anregende beziehungsweise erotisierende Substanzen wie Stinkmorchel, Ingwer, Kreuzkümmel, Minze, Walnüsse, Pinienkerne, Malve, Nelke, Rauke, Kardamom und Pfeffer, die wir ebenfalls bereits besprochen haben. Doch all dieses Substanzen haben keinerlei Auswirkung auf die weibliche Fruchtbarkeit.

Dem Kurkuma (der Gelbwurz), von dem es übrigens zwei botanische Unterarten gibt, schrieb man früher diverse Heilwirkungen zu, unter anderem die Kraft, fruchtbarkeitssteigernd und menstruationsfördernd zu wirken. Keine dieser Eigenschaften konnte wissenschaftlich nachgewiesen werden.

Auch von der Minze existieren viele verschiedene Unterarten. Sie dienen unter anderem als Stärkungsmittel, als Aphrodisiakum und zur Reinigung des Körpers.

Da die einzelnen Bestandteile der Rezeptur dem angestrebten Zweck nicht unbedingt förderlich sind, ist eine eventuell auftretende Wirkung ausschließlich auf Suggestiveffekte der magischen Komponenten zurückzuführen.

164. *Pulver zur Förderung der Empfängnis eines Sohnes*

Nimm:
die Gebärmutter und die Eingeweide einer Häsin, deren Monatsblutung soeben geendet hat,
die Hoden eines Hasen,
die Blüten eines Alpenveilchens (Cyclamen europaeum),
Feigen (Ficus carica),
Holunderblätter (Sambucus niger).

Laß das Ganze am Herdfeuer trocknen.

Zerstoß es dann im Mörser zu Pulver.

In einem geeigneten Augenblick unmittelbar vor der Vereinigung gibst du dieses Pulver der Frau in einem Glas alten Malvasierweines zu trinken.

Danach wird die Frau mit Sicherheit schwanger werden und einen Jungen gebären.

K. d. A.: In Mittelalter und Renaissance galten die Gebärmutter und die Hoden von Hasen als stark fruchtbarkeitssteigernde Elemente. Die moderne Wissenschaft hat diesen Glauben als unbegründet entlarvt.

Die pflanzlichen Komponenten des Pulvers, also das Alpenveilchen, die Feigen und die Holunderblätter, standen im Ruf, die Samen- beziehungsweise Eiproduktion zu erhöhen. Auch diese Eigenschaften konnten niemals wissenschaftlich begründet werden.

Eine wie auch immer geartete fruchtbarmachende Wirkung kann dem Pulver daher nur aufgrund der »magischen«, das heißt der suggestiven Einflußfaktoren zugeordnet werden. Dasselbe gilt natürlich für das Geschlecht des Kindes.

165. *Pulver zur Herbeiführung der Empfängnis*

Nimm:
Leber und Hoden eines jungen Ebers.

Laß sie neben dem Kaminfeuer trocknen.

Vermisch sie miteinander und schneid sie erst dann klein. Zerstoß das Ganze in einem Mörser aus Kupfer. Gib nun folgende Zutaten hinzu:
Mannstreuwurzel (Eryngium campestre),

**Wurzel der Stinkmorchel (Phallus impudicus),
Holunderblätter (Sambucus niger),
kleingeschnittene Feigen (Ficus carica).**

Zerstoß auch dies zu Pulver und gieß die Mischung mit einem Pint altem Rotwein aus dem Piemont auf.
Sowohl der Mann als auch die Frau, die miteinander ein Kind haben möchten, müssen von diesem Mittel trinken.
Wenn der Mann steril ist, wird er von da an zeugungsfähig sein.
Ist es hingegen die Frau, so wird sie ein Kind empfangen.

K. d. A.: Siehe den Kommentar zum vorhergehenden Rezept.

166. Organotherapeutisches Präparat zur Bekämpfung von Sterilität

Giovan Battista della Porta rät zu folgender Vorgehensweise:
    Gar die **Gebärmutter einer Häsin** im Wasserdampf.
    Gib diese Speise verheirateten Frauen zu essen, die noch nicht empfangen haben, und zwar acht bis zehn Tage nach dem Beginn ihrer Monatsblutung.
    Wiederhol diesen Vorgang jeden Monat, bis das gewünschte Ergebnis eingetreten ist.

K. d. A.: Wie bereits erwähnt erfreute sich die Organotherapie vom Mittelalter bis in jüngste Zeit ausgesprochen großen Interesses. Dabei geht es um die Einnahme beziehungsweise die Verpflanzung eines gesunden, menschlichen oder tierischen Organs. Beides soll dem Kranken helfen, seine organischen Defizite auszugleichen. Bereits in den dreißiger Jahren des 20. Jahrhunderts hat der Russe Voronoff versucht, impotenten Männern die Hoden eines Schimpansen einzusetzen. Die Resultate waren jedoch keineswegs eindeutig. Doch in den letzten Jahrzehnten konnten die Probleme der Transplantation wissenschaftlich weitgehend gelöst werden (siehe: Hamburger in bezug auf die Niere und Barnard in bezug auf das Herz). Man fand nämlich heraus, daß das zu verpflanzende Organ nicht nur von Individuen derselben Art stammen, sondern daß auch die immunologische Struktur der beiden betreffenden Individuen sich ähneln mußte, damit die Abstoßung des verpflanzten Organs verhindert werden konnte.

Daraus geht klar hervor, daß die Verpflanzung von Organen zwischen Individuen unterschiedlicher Arten und uneinheitlicher immunologischer Strukturen nicht gelingen kann. Bei einer Einnahme wird darüber hinaus das »Spender-Organ« noch in seine grundlegenden Bestandteile (Eiweiß, Kohlenhydrate etc.) zerlegt, die ja in jedem Organismus bereits reichlich vorhanden sind, so daß eine spezifische Wirkung auf das gewünschte Organ vollkommen auszuschließen ist.

Auch eine Injektion würde hier nichts nützen, da nur die kunstgerecht isolierten Wirkstoffe des Organs, in diesem Fall die Hormone, tatsächlich ein positives therapeutisches Resultat erzielen, wenn die Krankheit durch einen entsprechenden Mangel ausgelöst wurde.

Also würden die aus den Organen extrahierten Wirkstoffe nur dann wirken, wenn die Sterilität der betroffenen Frau tatsächlich auf einen Mangel an für die sexuelle Entwicklung beziehungsweise Fruchtbarkeit verantwortlichen Hormonen zurückginge.

Außerdem enthält die hier verwendete Gebärmutter der Häsin ohnehin keinerlei Wirkstoff, der in der Lage wäre, die Sterilität bei Frauen zu korrigieren. Hinzu kommt, daß das Organ ja durch Zubereitung und Magensäfte in therapeutisch völlig wirkungslose Substanzen aufgespalten wird.

167. *Balsam zur Stärkung der Geschlechtsorgane*

Nimm ein halbes Libra **Galbanum** (Harz von Ferula galbanifera), und zwar das schwärzeste, das du bekommen kannst.

Schneid es in kleine Stücke und gib es in einen Alembicus* aus Glas.

Übergieß es mit drei Libra hellem **Öl** oder **Terpentin**.

Verschließ nun den Alembicus mit einem Pfropfen und laß die Mischung fünfzehn Tage lang »verdauen«.

Danach setzt du sehr akkurat auf dem Alembicus ein Glasgefäß auf.

Destillier nun über kleiner Flamme, die du gegen Ende des Vorgangs stärker werden läßt, bis daraus ein Likör geworden ist.

Dem Destillat fügst du nun **Lavendelöl** (Lavandula angustifolia) und Weingeist hinzu.

Das so erhaltene Öl bewahrst du auf, denn es handelt sich dabei um den berühmten Galbanumbalsam.

Mit diesem Öl spülst du nun deine Scheide bis hinauf zur Gebärmutter. Reib dir damit auch den Unterbauch ein. Auf diese Weise werden alle Geschlechtsorgane gestärkt, erfrischt und weich gemacht. Kleine Verletzungen sowie Abschürfungen heilen ab. Monatsblutung und Fruchtbarkeit werden gefördert.

K. d. A.: Dieser Balsam wirkt auf Uterus und Vagina tatsächlich stärkend, erfrischend und erweichend. Auf diese Weise erleichtert er den Geschlechtsverkehr vor allem für Frauen, die viele kleine Wunden beziehungsweise Narben in den Geschlechtsorganen haben. Wenn die Unfruchtbarkeit der Frau

---

* Destillierhelm, alchemistisches Gerät, das zur Destillation diente, runder Teil des Destillierkolbens.

auf diese utero-vaginalen Abschürfungen zurückgeht, kann der Balsam tatsächlich eine Besserung bewirken.

Tatsächlich können Schmerzen beim Koitus beziehungsweise eine eventuelle Unfruchtbarkeit von diesen Abschürfungen ausgelöst werden. Zu solchen Verletzungen kommt es immer dann, wenn die Schleimhäute nicht ausreichend geschützt sind. Meist entzünden diese leichten Wunden sich auch noch und vereitern. Dadurch entsteht ein saures Scheidenmilieu, das die Ausbreitung der Samenzellen verhindert.

Galbanum ist ein Harz, das aus der Moschuswurzel (Ferula galbanifera oder moschata) gewonnen wird, einer Pflanze, die vor allem in Arabien, Lybien und Indien verbreitet ist. Es soll menstruationsfördernd wirken, die Schleimhäute weich und geschmeidig machen sowie Gebärmutter und weibliche Geschlechtsorgane stärken, indem es dort die Wundheilung und die Glättung von Narbengewebe fördert.

168. Ameisenöl gegen Unfruchtbarkeit

Beschaff dir:

lebende Ameisen,
Samenzellen von Raupen } *je zu gleichen Teilen.*

Rühr beides gut durch, bevor du es in einem Mörser aus Marmor gründlich zu Brei vermahlst.

Streich diese Paste nun in ein weites, offenes Glasgefäß und stell das Ganze in die Sonne, bis die Paste weich und ölig wird.

Nun streichst du alles durch dein Nachthemd aus gewebtem Tuch. Sammle das ölige Filtrat mit einem Teelöffel ab. Winde auch dein Nachthemd aus. Gib alles zusammen in einen Krug, den du mit der Haut eines Ziegenbocks verschließt.

Im richtigen Augenblick ölst du dir damit die inneren und

äußeren Genitalien ein. Dann wirst du im Augenblick der Umarmung so erregt sein, daß du sicher fruchtbar bist.

K. d. A.: Dieses Rezept weist sowohl suggestive als auch aphrodisierende Elemente auf. Der Suggestiveffekt geht vor allem auf die geheimnisvolle Form der Zubereitung zurück, die erotisierende Wirkung hingegen auf Substanzen in den verwendeten Tieren, welche die Schleimhäute reizen. Allerdings wird dadurch die Fruchtbarkeit nur dann gesteigert, wenn der Eisprung aufgrund psychischer Momente blockiert war.

Der Ameise (lateinisch »formica«, von »quod micas ferat«, das heißt »das Tier, das Brösel mitnimmt«) beziehungsweise ihren ölhaltigen Körpersubstanzen schrieb man früher die Kraft zu, die Genitalien zu stimulieren sowie den Eisprung und damit die Fruchtbarkeit zu fördern. Nur die erste dieser Eigenschaften läßt sich wissenschaftlich nachweisen.

Die Raupe, deren lateinischer Name aus dem Griechischen kommt und soviel bedeutet wie »ich knabbere«, was ziemlich eindeutig Bezug nimmt auf die Tatsache, daß sie sich gerne an Blättern gütlich tut, wurde früher als erotisches Stimulans benutzt. In erster Linie finden die ölhaltigen Extrakte der Samenzellen Verwendung. Sie gelten außerdem als Mittel zur Förderung der Eizellenproduktion und daher als fruchtbarkeitssteigernd. Von der Wissenschaft konnten nur die erotisierenden Eigenschaften bestätigt werden.

169. *Speise zur Förderung der Fruchtbarkeit*

Gian Battista della Porta rät zu dieser Rezeptur, um die Fruchtbarkeit von Frauen zu steigern.

Gar im Dampf die **Gebärmutter** und die **Eierstöcke einer Häsin.** Würz sie danach mit:

Pfeffer (Piper nigrum),
Muskatnuß (Myristica fragrans),
Zimt (Cinnamomum verum),
Safran (Crocus sativus).

Gib diese Speise verheirateten Frauen, die noch nicht empfangen haben, und zwar acht bis zehn Tage nach dem Beginn ihrer Monatsblutung.

Diese Speise wird solange vor jedem Zusammensein mit dem Mann gegessen, bis es endlich zu der ersehnten Empfängnis kommt.

K. d. A.: Siehe dazu auch den Kommentar zur Organotherapie in Rezept Nr. 166. Daß die Organe der Häsin hier mit diversen Gewürzen gereicht werden, die erotisierend wirken, hebt wohl das Vergnügen am Koitus und kann so auch zu einer Befruchtung führen.

170. Wie man das Geschlecht eines noch nicht geborenen Kindes bestimmt

1) Hat die schwangere Frau eine rote Gesichtsfarbe und bewegt sich das Kind im Mutterleib nur leicht, so wird es ein Junge. Ist die Frau hingegen bleich und drückt das Kind sie schwer, so wird es ein Mädchen.
2) Wenn der Bauch auf der rechten Seite sich stärker rundet, wird das Neugeborene ein Junge sein. Rundet er sich hingegen auf der linken Seite, wird es ohne Zweifel ein Mädchen.
3) Wenn die Milch aus den Brüsten der Schwangeren dick ist, so daß sie nicht ausflockt, wenn man sie auf einen Teller gibt, wird das Kind ein Junge. Ist die Milch hingegen dun-

kel, fahl, fade und überhaupt nicht cremig, wird ein Mädchen geboren.

4) Wenn man einen Tropfen der Milch der Schwangeren oder einen Tropfen Blut, der aus ihrer rechten Seite entnommen wurde, in einen Brunnen fallen läßt und dieser auf den Boden sinkt, ist das Kind männlich. Schwimmen die Tropfen dagegen obenauf, dann ist es weiblich.

5) Wenn die rechte Brust der Schwangeren größer ist als die linke, bringt sie einen Jungen zur Welt. Im umgekehrten Fall ist die Leibesfrucht ein Mädchen.

6) Leg ein Salzkörnchen auf die Brustwarze der Schwangeren. Löst es sich auf, trägt sie einen Jungen im Schoß. Bleibt es unverändert, wird das Kind ein Mädchen.

7) Wenn die Schwangere immer mit dem rechten Fuß zuerst auftritt, bringt sie einen Jungen zur Welt. Tritt sie zuerst mit dem linken Fuß auf, dann trägt sie ein Mädchen im Schoß.

8) Hat die Schwangere Schmerzen auf der rechten Körperseite, dann wird das Kind ein Junge. Schmerzt sie eher die linke Seite, wird es ein Mädchen.

K. d. A.: Auch wenn keine dieser Beobachtungen im Licht heutiger Erkenntnisse auch nur die geringste Aussagekraft hat, so kann es doch sein, daß einige unter ihnen – beispielsweise hinsichtlich der Milch oder der Bauchform der Schwangeren – auf jahrhundertealten Erfahrungswerten beruhen. Im Endeffekt wären sie also das Ergebnis langer empirischer Forschung zu diesem Thema. Heute wird diese Frage durch den Einsatz von Ultraschall bequem und sicher gelöst.

171. Empfängnisverhütendes Pulver zur lokalen Anwendung

Nimm **Hirschhornpulver** und misch es mit der **Galle einer Kuh.**

Trockne nun das Ganze in einem Steinofen.

Zerstoß die Mischung zu Pulver und trag dieses vor der Vereinigung auf deinen Schamlippen auf.

So kannst du sicher sein, kein Kind zu bekommen.

K. d. A.: Eine empfängnisverhütende Wirkung konnte bisher weder beim Hirschhorn noch bei der Kuhgalle festgestellt werden.

Es mag aber immerhin sein, daß diese pulverisierten Substanzen in der Scheide die Spermatozoen zerstören oder in ihrer Beweglichkeit einschränken können. Dies geschieht zum einen auf mechanischem Weg (je nach Menge des angewandten Pulvers), zum anderen auf chemischem Weg, indem das Säure-Basen-Gleichgewicht in der Vagina verändert wird.

172. Pulver und Prozedur, um eine Frau steril zu machen

Beschaff dir:

den Urin einer Maulcsclin	*ein Pint,*
das Herz einer Mauleselin	*ein Stück,*
die Gebärmutter einer Mauleselin	*ein Stück,*
die Scheide einer Mauleselin	*ein Stück,*
die Hoden eines Maulesels	*zwei Stück.*

Verbrenn alles und trag die Asche unter einem Vorwand auf dem Unterbauch der Frau auf, die du kinderlos machen willst.

Du kannst auch die Organe zuerst in feine Streifen schneiden und dann mit dem Urin gut vermischen.

Das Ganze stellst du dann in den Ofen und läßt es eintrocknen, bis du es zu Pulver zerstoßen kannst.

Denk dir einen guten Vorwand aus und gib der Frau das in einem Glas Rotwein aufgelöste Pulver zu trinken.

Schon bald wird die Frau unfruchtbar sein wie die Wüste.

K. d. A.: Dieses Rezept beruht in erster Linie auf suggestiv-symbolischem Denken, da der Maulesel unfruchtbar ist, auch wenn hin und wieder eine Mauleselin von einem Esel oder einem Pferd befruchtet werden kann.

Trotzdem enthalten die Organe und die anderen Körperteile des Maulesels keinerlei unfruchtbarmachende Substanzen. Und auch wenn dem so wäre, so würden sie, wie bereits mehrfach erklärt, durch die Einsäuerung beziehungsweise bei Einnahme durch die Verdauungssäfte vollkommen zerstört.

Aus diesem Grund kann weder das Auftragen der Asche auf dem Bauch der Frau noch das in einem Glas Rotwein eingenommene Pulver in irgendeiner Form tatsächlich etwas bewirken.

Doch auch die Suggestivkraft fällt als wirksamer Faktor aus, da die betroffene Frau das Pulver ja ohne Wissen um dessen Wirkung und Zubereitung verabreicht bekommt.

Wenn hingegen die Unfruchtbarkeit beabsichtigt sein sollte – was hin und wieder ja auch vorkommt –, so wäre der Suggestiveffekt durchaus wirksam.

Wenn wir von dieser seltenen Möglichkeit einmal absehen, gehört das Rezept also in den Bereich der reinen Magie.

Hexen und ihre Gifte

Da das Böse sich ja meist besser verkauft als das Gute, brachte man den Hexengiften gewöhnlich mehr Interesse entgegen als den von ihnen geschaffenen Heilmitteln.

Denn die Hexen waren sozusagen »auf beiden Gebieten tätig«. Tatsächlich konnten sie ihren »Klienten« sowohl zur Heilung als auch zur Krankheit verhelfen, wenn auch das Bild der Hexe in der Öffentlichkeit stärker von der letztgenannten Funktion geprägt war. Im Lateinischen war das Wort für »Hexe« gleichbedeutend mit »Übeltäterin« beziehungsweise »Giftmischerin«. Diese Doppelbedeutung rechtfertigt sich auch dadurch, daß eine bestimmte Substanz in geringer Dosierung als Heilmittel wirkt, wohingegen ein paar Gran zuviel schon Krankheit oder Tod verursachen können.

Doch für jedes Gift entwickelten die Hexen auch Mittel, die dem Körper halfen, die giftige Substanz loszuwerden und gleichzeitig die hervorgerufenen Symptome zu bekämpfen. Solche Mittel nennt man Gegengift oder Antidot. Leider waren diese Gegengifte meist wirkungslos. Und tatsächlich hat auch die moderne Toxikologie auf dieses Problem nur zum Teil eine Antwort gefunden, denn Antidote gibt es nur für einige wenige der zahlreich existierenden Giftstoffe.

Ich habe mich entschlossen, diese sogenannten Hexengifte und ihre jeweiligen Gegenmittel vorzustellen, indem ich größtenteils auf das Wissen eines alten und berühmten Traktates zurückgreife. Dieser Traktat sammelt das Wissen der vorhergehenden Jahrhunderte, also der Zeitalter, in denen Hexen ihrer Mittel wegen verfolgt und getötet wurden. Er beschreibt für jede einzelne Substanz die charakteristischen Züge der Pflanzen, aus denen sie gewonnen wird, die Symptomatik der hervorgerufenen Vergiftung und die damals bekannten Heilmittel dagegen, von denen einige auch heute noch als wirksam gelten.

Im Kommentar habe ich dazu nur in Grundzügen die heutigen therapeutischen Vorgehensweisen beschrieben. Außerdem habe ich bei den Giften auch einige Drogen wie Opium, Tollkirsche und Bilsenkraut aufgeführt.

Auch das Mutterkorn gehört in diese Gruppe. Das eigentliche Gift des Mutterkorns ist nämlich ein Pilz, aus dem LSD extrahiert werden kann.

Kokain und Haschisch (Marihuana) hingegen habe ich bei dieser Betrachtung weggelassen.

Ersteres wurde in Europa bis ungefähr zur Mitte des 18. Jahrhunderts wenig gebraucht und taucht daher unter den Hexengiften, die ja meist vorher entstanden, nicht auf. Haschisch hingegen besitzt keine nennenswerten toxischen Eigenschaften und wirkt auch nicht tödlich, weshalb es von den Hexen auch nicht als Gift eingesetzt wurde. Es galt ganz im Gegenteil als Heilmittel.

Eine ausführliche Beschreibung der einzelnen Drogen und Gifte findet der interessierte Leser in den diesem Thema gewidmeten Titeln der Bibliographie ab Seite 429.

Da dieses Buch sich nicht an Ärzte und andere Fachleute richtet, ist der Kommentar des Autors – obschon wissenschaftlich korrekt – so einfach wie möglich gehalten, um das Verständnis zu erleichtern.

353

173. *Aconitum napellus (Eisenhut)*

Die frischen Blätter riechen stark nach Heu und schmecken krautig.

Schädliche Wirkung: Die Wurzel ist giftiger als die anderen Pflanzenteile. Diese wurde an vier Dieben ausprobiert, von denen zwei sich nach starkem Leiden und entsprechender Hilfe retten konnten. Die anderen beiden hingegen starben elend.

Von den beiden Überlebenden empfand einer nach ein paar Stunden eine ganz erhebliche Schwäche, mit kaltem Schweiß im Gesicht, Erstickungsanfällen, Muskelkrämpfen, kurzen Ohnmachtsanfällen, unfreiwilliger Entleerung, galligem Erbrechen sowie blutunterlaufenen und geschwollenen Stellen am ganzen Körper. Nach starkem Leiden starb er an einem Schlaganfall.

Man sagt, daß nicht wenige gestorben sind, die diese Wurzel im Salat gegessen haben. Ein Mann, der junge Eisenhutblätter zusammen mit anderen Kräutern zu sich genommen hatte, verlor innerhalb von 24 Stunden den Verstand und starb. Ein anderer konnte gerettet werden, weil man ihn zum Erbrechen brachte und ihm danach krampflösende und stärkende Mittel eingab: Er litt zuerst unter einem heftigen Brennen der Zunge und des Kiefers, das sich langsam über den ganzen Körper ausbreitete. Sein Gesicht schwoll an, seine Glieder verloren jede Kraft, die Muskeln zuckten heftig, und der Blutfluß war stark verringert. Nachdem er Öl getrunken hatte, erbrach er sich. Dann traten zu seinem Leiden auch noch Schwindelanfälle hinzu. Er verlor teilweise die Sehfähigkeit und das Bewußtsein.

Auch ein Chirurg, der von diesem Kraut gegessen hatte, starb jämmerlich. Man erkannte erst am Geschmack des Gerichts, daß dies die Ursache für sein Sterben gewesen sein mußte. Nach seinem Tod stellte man am Rücken, am Hals und über den ganzen Körper verteilt bleiche Flecken fest. Und noch ein weiterer Mann starb, der Eisenhutblüten im Salat gegessen hatte.

Schädliche Wirkung bei äußerlicher Anwendung: Ein Arbeiter, dem beim Schneiden von Eisenhut ein wenig Pflanzensaft in eine kleine Wunde am Daumen drang, empfand daraufhin starke Schmerzen am Finger, die sich in den Arm hineinzogen. In der Folge stellte man Schmerzen in der Herzgegend fest, gefolgt von Angstzuständen mit Erstickungsgefühl. Kurze Ohnmachtsanfälle, ein starkes Hitzegefühl, starke Vereiterung und Absterben des Gewebes waren weitere Symptome.

Wenn man jedoch bei Menschen, die das Kraut nur in die Hand nahmen, dieselben Phänomene beobachtet, so handelt es sich dabei entweder um Falschmeldungen oder um besondere, individuell bedingte Empfindlichkeiten. Manche können eben von einem giftigen Kraut essen, ohne krank zu werden, andere hingegen dürfen es nicht einmal anfassen.

Antidote: Alle Abführmittel, zusammen mit Milch, Öl, weichen Eiern; alle stärkenden und krampflösenden Mittel.

Toxische Menge: ein Milligramm: starke Vergiftung
vier Milligramm: tödlich

K. d. A.: Heute würde man eine Eisenhutvergiftung mit Abführ- und Brechmitteln und Aktivkohle bekämpfen. Falls nötig, käme es zu Magenspülung und künstlicher Beatmung.

Der vergiftete Patient sollte warm gehalten und ruhiggestellt werden. Um einen Kreislaufkollaps zu verhindern, gibt man Digitalispräparate.

Den Krämpfen wird mit krampflösenden Mitteln entgegengewirkt. Herzarrhythmien behandelt man mit Substanzen, die den Rhythmus des Herzens gleichmäßig werden lassen.

Das eigentliche Gift ist das Alkaloid Aconitin, dessen tödliche Dosis bei zwei Milligramm liegt.

174. *Acqua toffana (Giftwasser)*

Dies ist ein giftiger Likör, der von einer verbrecherischen Frau namens Toffania erfunden wurde. In Italien ist diese Dame auch unter dem Namen Acquetta bekannt.

Bis heute ist die genaue Zusammensetzung unbekannt, doch es scheint sich dabei um ein kristallisiertes Arsen zu handeln, das einfach in einer bestimmten Menge Wasser gekocht wird, bis es sich aufgelöst hat.

Schädliche Wirkung: Alle, die von diesem »Wasser« trinken, bekommen heftiges Fieber, das lange andauert. Es wird begleitet von chronischem Erbrechen, großem Durst und einem langen Dahinsiechen des Körpers, das schließlich zum Tode führt. Die Kadaver der Toten nehmen eine leuchtendrote Farbe an.

Unter der Herrschaft von Alexander VII. erlitten viele italienischen Ehemänner den Tod durch dieses Wasser, das ihre ruchlosen Ehefrauen bedenkenlos anwendeten. Man liest, daß sie mit diesem Wasser recht geschickt töteten.

Antidote: Eine große Menge Saft von der Zitronatzitrone (Citrus medica) hat sich als sehr nützlich erwiesen. Man gibt auch alkaline Salze, Milch, Öl und andere Antidote. (Diese haben wir unter dem Artikel zum Arsen aufgeführt.)

K. d. A.: Siehe dazu die Therapiemethoden, die unter dem Artikel »Arsen« stehen.

175. *Amarita muscaria (Fliegenpilz)*

Er hat einen muffigen, übelkeitserregenden Geruch und einen beißenden Geschmack.

Schädliche Wirkung: In geringer Dosis erheitert er und macht trunken. Größere Mengen führen zu heftigem Erbrechen, Raserei, Leibschmerzen, Ohnmachtsanfällen, schmerzhaften Durchfällen, Gliederkrämpfen und schließlich zum Tod.

Fliegen, die Wasser getrunken haben, in welchem der Pilz gekocht wurde, fallen steif zu Boden. Sein Saft tötet Wanzen, wenn man damit die Bettstellen bestreicht, und zwar vor allem in den Ecken und Nischen.

Antidote: Außer Brech- und Abführmitteln hilft eiskalt getrunkenes Wasser und Eis.

Nota bene: Die Menschen des Kamschatals bereiten sich ein Getränk aus Fliegenpilz und Weidenröschen (Epilobium parviflorum), das ungeheuer berauschend ist.

K. d. A.: Heute würde man bei einer Fliegenpilzvergiftung ebenfalls Brech- und Abführmittel geben, außerdem Aktivkohle, krampflösende Mittel wie Benzodiazepam (Valium) oder Barbiturate, die jedoch nur vom behandelnden Arzt zu verordnen sind. Eine Magenspülung ist sinnvoll.

Gegen das Erbrechen und den Durchfall kann man Atropin geben, aber nur wenn der Patient unter ärztlicher Kontrolle steht. Leidet der Patient hingegen an Halluzinationen oder Verwirrungszuständen, ist Atropin verboten. Dasselbe gilt auch bei Auftreten von Tachykardien (Herzrasen), gerötetem Gesicht und stark erweiterten Pupillen.

176. *Lactarius torminosus oder Lactarius vellerus (Birkenreizker)*

Dieser Pilz ähnelt dem ungiftigen Echten Reizker oder Wolligem Milchling (Lactarius deliciosus). Er unterscheidet sich von diesem nur durch die Bitterkeit seines Milchsaftes.

Schädliche Wirkung: Er verursacht Angstzustände, Schmerzen in der Herzgegend, starkes Erbrechen und schmerzhafte Entleerungen.

Eine Frau, die von diesem Pilz aß, mußte fast ein Jahr lang heftig erbrechen und blieb während dieser Zeit schwach, kränklich und abgezehrt. Als sie sich schließlich dem Tod nahe fühlte, überfiel sie ein heftiger Schweiß, der, sobald man ihn abwischte und auf einem Tuch trocknen ließ, sich in grünes Pulver verwandelte. Dieses Pulver wurde in großer Menge aus den Nachthemden und den Leintüchern der Frau ausgeschüttelt. Nach diesem Schweißausbruch wurde die Frau dann gesund.

Eine andere Frau aß zusammen mit ihrer zehnjährigen Tochter von diesem Pilz, der mit Essig, Öl und Pfeffer zubereitet wurde. Das arme Mädchen erbrach sich heftig, bis es schließlich starb. Die Mutter hingegen konnte sich nach starkem Erbrechen und fast unerträglichen Leibschmerzen mit Müh und Not retten.

Antidote: Wir bestätigen hier die Beobachtung, daß Öl, Essig und Pfeffer den Pilz nicht unschädlich machen. In Öl gebraten wird er sogar noch bitterer. Kocht man ihn dagegen eine Dreiviertelstunde lang in Wasser, wird er so mild, daß er ungestraft gegessen werden kann.

Der Genuß von sehr kaltem Wasser besänftigt das Erbrechen, die Leibschmerzen und die Durchfälle. Solange das Gift allerdings noch im Körper ist (vor allem kurz nach der Vergiftung), müssen erst durch entsprechende Mittel Durchfälle und Erbrechen herbeigeführt werden. Dazu dienen Bittersalz (Natrium sulfuricum), Ipecacuanha und Manna (süßes Harz der Mannaesche, Fraxinus ornus).

Ist das Gift erst einmal aus dem Körper ausgeleitet, so beruhigt am Ende der Theriak (opiumhaltiges Mittel, das im Mittelalter zur Heilung fast sämtlicher Krankheiten eingesetzt wurde) und fördert die Schweißbildung.

K. d. A.: Eine moderne Therapie basiert auf Magenspülungen und Infusionen von Wasser und Kochsalz, um den Verlust der Mineralsalze auszugleichen, der sich durch Erbrechen beziehungsweise Durchfall einstellt, und um einem Kreislaufkollaps vorzubeugen.

Die Symptome dieser Vergiftung ähneln denen der Cholera.

177. Kröte

Sie findet sich in waldigen Gegenden oder in schattigen Ruinen Europas.

Schädliche Wirkung: Der Urin und der ätzende Milchsaft aus den Warzen am Rücken sollen bitter und giftig sein. Allerdings hat man das Fleisch der Kröte auch häufig anstelle von Froschfleisch gegessen, ohne daß dabei Probleme auftraten.

Antidote: Salmiakgeist, Öl, frisches Wasser.

K. d. A.: Ganz im Gegenteil zu dem damals verbreiteten Volksglauben sind Kröten nur höchst selten giftig. Eine spezielle Therapie gegen Krötengift gibt es daher nicht.

178. Salamander

Kommt nur in Südeuropa vor.

Schädliche Wirkung: Jüngst unternommene Versuche beweisen, daß dieses Tier nicht giftig ist.

Im Altertum hingegen glaubte man, daß der Salamander im Feuer zu Hause sei. Tatsächlich tritt aus seiner Haut ein Milchsaft aus, der sich im Feuer zu einer Haut verhärtet. Aus diesem Grund kann der Salamander im Feuer durchaus einige Zeit überleben.

K. d. A.: Heute wissen wir, daß der mythische Salamander, Freund der Hexen, völlig unschädlich ist.

179. Weißes Arsenik (pur)

Chemisch gesehen ist Arsen ein Halbmetall, das aus Phlogiston* und saurem Kalk von besonderer Natur besteht.

Es weist keinerlei Geruch auf, nur wenn man es verbrennt, riecht es nach Knoblauch. Es ist völlig geschmacklos.

Man erkennt weißes Arsenik an folgenden Eigenheiten:

1) Es ist weißem Staubzucker nicht unähnlich, aber es ist sehr viel schwerer.
2) Wenn man Arsenik auf glühende Kohlen wirft, riecht es stark nach Knoblauch, und beim Verbrennen entsteht weißer Rauch.
3) Hält man dann eine dünne Klinge aus Kupfer in den Rauch, bilden sich auf dieser weiße oder schwarze Flecken.

---

* Ein im 17. Jahrhundert postulierter »Feuerstoff«, der für das Brennen der Stoffe verantwortlich gemacht wurde (A. d. Ü.)

4) Gießt man Schwefelleber (Kaliumsulfit) in Arsenwasser, so bildet sich ein gelber Niederschlag (Rauschgelb oder Auripigment), eine Arsensulfurverbindung.

Schädliche Wirkung: Hat man Arsenik zu sich genommen, so spürt man sofort einen sehr strengen Geschmack, der einen veranlaßt, häufig auszuspucken. Dann kommen Schwindelgefühle auf, ein Brennen, verbunden mit heftigen, nagenden Schmerzen. Lippen, Zunge, Gaumen, Rachen, Speiseröhre, Magen und Eingeweide entzünden sich. Dadurch entstehen ein nahezu unlöschbarer Durst und hohes Fieber. Alles, was man zu sich nimmt, verursacht Übelkeit und Erbrechen. Der Kranke hat Schluckauf und spürt sein Herz schlagen. Allgemein ist ein schneller Kräfteverfall zu beobachten. Das Atmen fällt schwer, was starke Angstgefühle auslöst. Der Kranke deliriert, um die Augen herum ist ein bleicher Ring zu bemerken. Schließlich schwillt der Körper plötzlich an, und Hände sowie Füße werden taub.

Dazu kommen noch ein ständiger Priapismus, Krämpfe am ganzen Körper sowie ein ungleichmäßiger, langsamer Puls. Die Haut juckt stark und weist rote Flecken auf. Der Kranke sieht wie gelbsüchtig aus und riecht stark aus dem Mund. Er stöhnt, sein Urin ist blutig, der kalte Schweiß bricht ihm aus. Schließlich ist ein zunehmender Verfall des Gewebes im Bauchraum und den Eingeweiden zu beobachten, der mitunter auch die Genitalien betrifft.

Das Gedärm ist so durchlöchert, beschädigt und ausgezehrt, daß die Darmwand nicht mehr dicker ist als eine Mohnblüte. Zu diesem Zeitpunkt sind Erbrechen und Durchfälle bereits schwarz mit starkem Verwesungsgeruch. Die Haare fallen aus, und es kommt zu Ohnmachtsanfällen. Schließlich tritt nach vielem Leiden der Tod ein, gefolgt von einem Zerfall der Haut, woraufhin der ganze Körper schnell in Verwesung übergeht.

Falls jemand eine Arsenvergiftung überlebt, so bleibt seine Gesundheit schwach. Häufig hat er ständig Fieber, fühlt sich wie gelähmt und hat unter einer Reihe von immer wiederkehrenden Krankheiten zu leiden.

Schädliche Wirkung bei äußerlicher Anwendung: Auch bei äußerlicher Anwendung ist die Gefahr groß, daß es zu Vergiftungen kommt. Ein Amulett mit Arsenik ruft – an der Brust getragen – ein heftiges Brennen und Angst in der Herzgegend hervor. Dort, wo es getragen wird, erscheinen Pusteln.

Arbeiter beim Arsenabbau bekommen häufig Geschwüre an den Händen, und wenn sie barfuß gehen, auch an den Füßen. So schädlich ist Arsen.

Trägt man am Kopf eine Salbe aus Butterschmalz und Arsenik auf, so kommt es zu heftigem Fieber, Delirium, plötzlichem Herzstillstand und einer enormen Schwellung am ganzen Kopf. Bald darauf tritt der Tod ein.

Zwei Soldaten, die unter Krätze litten, wurden mit einem Arsenikdekokt behandelt. Die Krätze verschwand sofort, doch die Geschlechtsorgange der beiden schwollen an und entzündeten sich. In der Folge litten sie unter starken Schmerzen, Fieber, Schlaflosigkeit und Nekrose des Hodensacks.

Allgemeine Antidote: Lauwarmes Wasser, in dem Gummi arabicum beziehungsweise Tragant (Astragalus gummifer) aufgelöst wurde, in großen Mengen. Öl, ungesalzenes Butterschmalz, Schweineschmalz und alle nicht ranzigen Fette. Am besten ist jedoch reine Milch, die vielleicht mit etwas Butterschmalz angereichert wurde.

Rizinusöl, lauwarme ölhaltige Bäder, Schwefelleber (Kaliumsulfit), aromatisches Öl der Anispflanze (Pimpinella anisum), und zwar ein Scrupulum, mit einem Eigelb verrührt. Sowie Gummi arabicum.

Zudem Alkalisalze, Heilerden, Schwefelblüte, Marsextrakt (Eisenvitriol).

Denjenigen, welche nach einer Arsenvergiftung gelähmt und blöde sind sowie unter Krämpfen leiden, tun schwefelhaltige Quellen gut.

K. d. A.: Heutige Therapien setzen in der akuten Phase zuerst die Magenspülung mit einer Suspension aus Kohle beziehungsweise Magnesiumoxid ein. Als Gegengift wird Dimercaptopropanol (IUPAC) verabreicht. Beides darf nur unter klinischer Beobachtung injiziert werden. Im Fall einer Dimercaptopropanol-Unverträglichkeit muß nämlich sofort D-Pencillamin oral gegeben werden.

Stärkere Vergiftungen bekämpft man durch Blutwäsche und durch genaueste Kontrolle des Säure-Blasen-Gleichgewichts im Körper. Treten Störungen der Lunge, zum Beispiel ein Ödem auf, so müssen diese gesondert behandelt werden. Dasselbe gilt für eventuelle Leberprobleme oder die Zerstörung der roten Blutkörperchen durch das Nebenprodukt Arsin (AsH_3).

Auch chronische Formen der Arsenvergiftung werden durch eines der obengenannten Gegengifte bekämpft. Daneben erfolgt die obligatorische Behandlung der Symptome.

180. *Atropa belladonna (Tollkirsche)*

Weder Blätter noch Beeren weisen einen bestimmten Geruch auf. Die Blätter schmecken krautig, vielleicht ein bißchen pikant, und wirken betäubend. Die frischen Beeren schmecken kurzzeitig süßlich, sie wirken leicht adstringierend.

Schädliche Wirkung: Unter den tödlichen pflanzlichen Narkotika nimmt die Tollkirsche den ersten Platz ein.

Die Beeren ähneln Kirschen und werden daher häufig von Kindern gegessen. Daher liegen mehr als sechshundert Beobachtungen zu den schädlichen Wirkkräften dieser Pflanze vor.

Vier Kinder, die sich an diesen Beeren satt gegessen hatten, wurden etwa eine halbe Stunde später von den ersten Symptomen befallen: »Rauschzustände, Delirium, ungeheurer Durst, schrecklicher Brechreiz. Bald darauf verfielen sie in eine heftige Raserei mit Gliederkrämpfen und stark zusammengebissenen Zähnen. Beim Hochschieben des Augenlides fand man die Pupillen sehr stark erweitert. Das Gesicht der Patienten war hochrot und angeschwollen. Durch den Krampf waren die Kiefer fest geschlossen, ein Schlucken war unmöglich. Der Magen war bereits so gereizt, daß auch das Verabreichen von Brechweinstein (Tartarus emeticus) völlig sinnlos erschien.

Schließlich brachte man die Kinder zu Bewußtsein, indem man eine Feder in Öl und Brechweinstein tauchte und sie damit kitzelte. Zwischen den einzelnen Brechanfällen gab man Osimel (Mischung aus Essig und Honig; Scilliticum) mit Wasser. Mit dieser Behandlung ließ der Furor langsam nach. Es stellte sich eine ungeheure Schlafsucht ein mit Muskelzuckungen, Bleichheit und Kältezonen im Gesicht und an den Händen. Der Puls war hart, klein und schnell. Schließlich verabreichte man noch Klistiere (Darmspülungen) mit Kamillentee, Essigwasser, Osimel (s. o.) und Salzwasser. Dadurch wurden viele der bereits zerkleinerten Beeren wieder aus dem Körper herausgespült.

Nachdem man noch ein Abführmittel gegeben hatte, erholten sich alle vier Kinder. Auch die Blindheit, unter der sie kurzzeitig zu leiden hatten, bildete sich nach einiger Zeit zurück.

Andere hingegen starben jämmerlich, da ihnen mit Abführ- beziehungsweise Brechmitteln nicht rechtzeitig oder nicht ausreichend geholfen werden konnte.

Man sagt auch, daß Wein, der mit Tollkirschen gewürzt

wurde, absolut tödlich ist, weil er den ganzen Körper in Verwesung übergehen läßt.

Die Blätter der Tollkirsche wirken aber noch weit narkotischer als die Beeren, wenn man genügend davon nimmt. Schon ein Blatt, das wegen einer kleinen Geschwulst am Auge dort aufgelegt wurde, verursachte bei der betroffenen Person eine starke Erweiterung der Pupillen. Dieser Effekt trat jedesmal ein, wenn – bei derselben Person – das Experiment wiederholt wurde.

Antidote: Brechmittel, Essig, Osimel (s. o.), saure Klistiere, Abführmittel, kaltes Wasser, Milch.

K. d. A.: Heute würde man den Magen ausspülen und vorher noch Aktivkohle verabreichen sowie ein Abführmittel.

Besteht Lebensgefahr, so injiziert man salizylsaures Physostigmin intramuskulär. Dies darf jedoch nur unter ärztlicher Aufsicht geschehen.

Ist der Blutdruck stark erhöht, kann Physostigmin nicht verabreicht werden, da es in diesem Fall eine Verlangsamung des Pulses und starke Krämpfe beziehungsweise Spasmen der Bronchien auslösen würde.

Das EKG muß ständig kontrolliert werden. Man gibt fiebersenkende Mittel, überwacht die Krampfzustände und verabreicht ausreichend Flüssigkeit, so daß der Urinfluß in Gang bleibt. Leidet der Kranke unter Urinverhaltung, wird ein Blasenkatheter gelegt.

Der eigentliche Giftstoff ist das Alkaloid Atropin.

181. *Lytta meloe vesicatoria (Spanische Fliege)*

Die Spanische Fliege riecht nach Fäulnis und Pech. Auch ihr Geschmack ist pechartig.

Schädliche Wirkung: Die zu den Maiwürmern gehörende Spanische Fliege wirkt, wenn sie in Mengen eingenommen wird, die weit über die verschriebene hinausgehen, nicht nur entzündlich auf Magen, Leber und Eingeweide, sie übt ihre schädliche Kraft auch auf den Urogenitalapparat aus. Es kommt zu Erbrechen und ruhrartigen Durchfällen mit starken Leibschmerzen, wobei die Exkremente blutige Streifen aufweisen. Starke Magenschmerzen sind charakteristisch, ebenso wie Schmerzen in der Herzgegend und im rechten Hypochondrium (Unterrippengegend). Durst und ein pechartiger Geschmack auf der Zunge gehören zu den häufigsten Symptomen.

Es tritt eine störende Dauererektion des Penis auf, begleitet von unmäßigen Lustgefühlen, das heißt ein geradezu unstillbares Bedürfnis nach sexueller Vereinigung. Dazu kommen noch Harnzwang und gleichzeitig Harnverhaltung sowie Blut im Urin. Schließlich entzünden sich Nieren, Blase und Penis, bis hin zum Gewebsverfall in ebendiesen Bereichen. Der Kranke verliert das Bewußtsein, und der Tod tritt ein.

Antidote: Die Maiwürmer werden durch ein Brechmittel aus dem Magen und durch ein anti-entzündlich wirkendes Abführmittel aus dem Darm entfernt. Die Symptome bekämpft man mit Milch, Emulsionen, Öl, mit einem schleimigen Dekokt aus Salep, Gerste, Malve, fetter Brühe, Eiern, Klistieren und Injektionen schleimhaltiger, öliger oder milchiger Flüssigkeiten.

Vor allem soll hier der Kampfer (Cinnamomum camphora) empfohlen werden, der mit Milch oder Emulsion und Gummi arabicum verrührt wurde.

Dosis: Vom Pulver der Spanischen Fliege gibt man höchstens ein Gran zum Schlucken. Von der Tinktur nimmt man zweimal täglich zehn bis dreißig Tropfen in Malvensirup, wässriger Lösung von Gummi arabicum oder Mandelemulsion ein. Letzteres schmeckt bei weitem am besten.

K. d. A: Heutzutage wird in diesem Fall eine Magenspülung vorgenommen und Aktivkohle verabreicht.

Einen Kreislaufkollaps versucht man mit Infusionen physiologischer Salzlösung zu vermeiden.

Nierenschäden wird vorgebeugt, indem man für eine erhöhte Diurese sorgt. Man gibt so viel Flüssigkeit als irgend möglich, um die Nieren gut zu durchspülen. Dazu verabreicht man Mannit und wassertreibende Mittel.

Der Giftstoff ist das Alkaloid Kantaridin.

182. *Cicuta venosa* (Wasserschierling)

Der Geruch der frischen Blätter erinnert an den unangenehmen Geruch des Opiums, ist aber noch stärker.

Der Geschmack hingegen ist überhaupt nicht störend, er läßt eher an Petersilie denken.

Wenn man im Frühling die frische Wurzel einschneidet, tritt ein gelblicher, sehr ätzender Saft aus.

Schädliche Wirkung: Die giftige Wirkung der Wurzel führt zu Rauschzuständen, Schwindelanfällen und Herzschmerzen. Im Magen ist ein starkes Brennen zu verspüren. Vergeblich versucht der Kranke zu erbrechen. Er leidet unter Blähungen, Schluckauf, Durst, Krämpfen. Die Kiefer sind fest zusammengepreßt, Magen und Eingeweide entzünden sich. Es kommt zum Gewebsverfall, und schließlich tritt der Tod ein.

Von zwei jungen Leuten und sechs Mädchen, die diese Wurzel für eine Pastinake hielten und aßen, starben die meisten. Nur wenige konnten durch Herbeiführung von Erbrechen gerettet werden.

Ein Mann litt nach dem Genuß des Wasserschierlings unter Schwindelanfällen, Schlafsucht, Brennen im Magen und heftigem Durst. Darüber hinaus breitete sich auf seiner Haut ein starker Ausschlag mit roten Flecken bis zum Hals hinauf aus.

Im Frühling scheinen Wurzel und Blätter noch giftiger zu sein als zu anderen Jahreszeiten. Trocknet man aber Blätter und Wurzel, so sind sie nur noch für Tiere giftig.

Antidot: Erbrechen.

K. d. A.: Die moderne Medizin verabreicht ebenfalls Brechmittel und verordnet unterstützend Magenspülungen. Am Ende gibt man Abführsalze.

Falls es nötig sein sollte, unterstützt man den Kranken durch krampflösende Mittel. Unter Aufsicht des Arztes werden die Atmung und andere Vitalfunktionen stabil gehalten.

Der Vergiftete muß warm gehalten werden, so daß Wärmeverluste in jedem Fall ausgeschlossen sind.

Das giftige Alkaloid heißt Cicutoxin.

183. Friedhofsdämpfe

Wenn Kadaver von Menschen und Tieren nicht ordentlich bestattet werden, so strömen sie giftige Dämpfe aus, die sich in den Katakomben und am Friedhof sammeln.

Schädliche Wirkung: Sie rufen Übelkeit, Erbrechen und Kopfschmerzen hervor. Auch Ohmachts- und Erstickungsanfälle sind keine Seltenheit. Diese Dämpfe lösen eitriges Fieber aus und übertragen die Krankheiten, an denen die Toten jeweils gestorben sind wie Syphilis, Pest oder ähnliches.

Antidote: Man muß verbieten, daß die Toten in den Kirchen oder auf Friedhöfen innerhalb der Stadtmauern begraben werden. Als Friedhof diene ein Ort, der mindestens eine Viertelstunde Fußweg außerhalb der Stadt liegt. Er sollte weiträumig sein, gut belüftet und da und dort mit Bäumen bepflanzt, welche die Verwesungsdämpfe auffangen. Jedes Grab muß mindestens sechs Fuß tief ausgehoben und darf nicht eher denn vor Ablauf von fünfzig Jahren wieder geöffnet werden. Dann sollen die Knochen herausgenommen und ins Beinhaus gebracht werden.

Bilden sich dort schädliche Verwesungsgase, so sorgt man zuerst für eine bessere Belüftung. Dann versprengt man Essig oder läßt ihn verdampfen. Auch Vitriol- oder muriatische (kochsalzhaltige) Dämpfe helfen.

K. d. A.: Hier gibt es nichts einzuwenden oder hinzuzufügen.

184. Mittel gegen die Pest: »Essig der vier Diebe«

Man nehme:
Minze (Mentha),
Gartenraute (Ruta graveolens),
Lavendel (Lavandula angustifolia),
Knoblauch (Allium sativum),
Rosmarin (Rosmarinus officinalis),
starken Essig.

In einem hermetisch abgeschlossenen Gefäß bereitet man aus diesen Zutaten ein Infus, das achtundvierzig Stunden lang im Warmen gehalten wird.

Dann wird das Ganze in den Morgenstunden eine Stunde lang gekocht. Sobald die Flüssigkeit abgekühlt ist, siebt man sie durch.

Diesem Medizinalessig fügt man dann noch eine Unze **Kampfer** (Cinnamomum camphora) hinzu.

Schließlich gießt man die Flüssigkeit in eine gut verschließbare Flasche.

Diesen Medizinalessig benutzte eine Bande von vier Dieben, als die Pest grausam in Marseille wütete. Das Diebesgesindel kam heil davon, obwohl es sich, um Juwelen und Gold zu rauben, dem direkten Kontakt mit Pesttoten aussetzte und Orte besuchte, die bereits stark verseucht waren.

Mit dem Essig reibt man sich Nasenlöcher und Handgelenke ein. Dreimal täglich spült man damit den Mund aus. Die vier tränkten darüber hinaus noch ein Tuch in der Flüssigkeit, das sie dann wie eine Maske über Mund und Nase zogen.

Die Verwendung dieses Medizinalessigs empfiehlt sich bei allen epidemischen Krankheiten. Dabei ist es nützlich, ihn nicht nur äußerlich aufzutragen. Er kann auch in ein wenig Wein aufgelöst am Morgen getrunken werden.

Er hilft gerade Menschen, die sich häufig an Orten aufhalten, welche von Seuchen infiziert sind, wie etwa Ärzte, Krankenschwestern, Priestern und Beginen. Außerdem dient er Menschen, die mit von der Krankheit Befallenen oder gar mit Kadavern in einem Haus leben müssen.

K. d. A.: Sicher ist, daß dieses Heilmittel desinfizierend wirkt, da es außer einem starken Essig auch noch Raute und Knoblauch enthält.

Auch die Minze hat häufig eine schwach desinfizierende Wirkung. Allerdings ist anzunehmen, daß die Minze hier ebenso wie Lavendel und Rosmarin in erster Linie zur Geschmacksverbesserung eingesetzt wurde, um Geruch und Geschmack von Essig beziehungsweise Knoblauch zu übertönen.

185. Gegengift gegen tödliche Vergiftungen und Infektionen

Besorg dir zwei Handvoll **Johanniskrautblätter** (Hypericum perforatum), bevor dieses anfängt zu blühen.

Gieß diese mit vier Libra **Öl** auf und stelle das Ganze zehn Tage lang in die Sonne.

Dann kochst du alles im Wasserbad und gießt das so erhaltene Öl in ein Gefäß, wo du es aufbewahrst, bis das Johanniskraut auf den Wiesen aufblüht.

Sammle Blüten und Samen und gib sie zu deinem Öl dazu.

Diese Mixtur läßt du dann wieder eine Stunde lang im Wasserbad kochen.

Während der Kochzeit fügst du dreißig **Skorpione** und eine **Viper** hinzu.

Nach ein paar Stunden gibst du noch einen **grünen Frosch** zu, dem du Füße und Kopf abgeschnitten hast.

Laß das Ganze nun endgültig abkühlen und gib noch zwei Unzen von den folgenden Ingredienzen zu: **Enzianwurzel** (Gentiana lutea), **weißer Diptam** (Dictamnus albus), **Fenchelknolle** oder **-wurzel** (Foeniculum vulgare), **Blutwurz** (Tormentilla erecta), **Rhabarber** (Rheum palmatum), **guten Theriak** (mittelalterliches Allheilmittel) und pulverisierten **Smaragd.**

An sieben aufeinanderfolgenden, sehr heißen Tagen öffnest du das Gefäß und läßt die Flüssigkeit verdunsten. Schließlich vergräbst du den Topf mit der restlichen Masse in einem Dunghaufen und läßt dort alles drei Monate lang ruhen.

Wenn du die Masse nun durch ein Sieb gibst, ist die Mixtur fertig. Du kannst sie in einem Zinn- oder einem dickwandigen Glasgefäß aufbewahren, bis du sie brauchst.

So wird sie angewendet: Trag die Mixtur oberhalb des Herzens, auf den Schläfen, an den Nasenlöchern, an den Hüften und entlang der Wirbelsäule auf.

Indikation: Antidot gegen alle Gifte und Infektionskrankheiten. Hilft auch gegen Bisse und Stiche giftiger Tiere.

K. d. A.: Die pharmakologischen Eigenschaften dieser Mixtur rechtfertigen keinesfalls ihren Einsatz als Antidot bei Vergiftungen.

Vergiftungen, Verletzungen und Infektionskrankheiten werden nämlich auch nicht durch die Kraft der Suggestion geheilt, die diesem Rezept aufgrund der Verwendung ungewöhnlicher Elemente wie zum Beispiel Körperteile giftiger Tiere durchaus innewohnt.

Sollte es so etwas wie Magie geben, so müßte sie hier wirksam werden, wenn dieses Rezept bei den angegebenen Problemen helfen soll.

Dem Enzian beziehungsweise seiner Wurzel schrieb man früher die Kraft zu, gegen alle Arten von Vergiftungen zu wirken. So sollte er zum Beispiel bei Bissen tollwütiger Hunde ebenso helfen wie bei Bissen und Stichen giftiger Tiere sowie bei Infektionen und eitriger Gewebszerstörung (Gangrän). Diese Zuschreibungen konnten wissenschaftlich leider nicht untermauert werden.

Rhabarberwurzel hingegen wird auch heute noch als Bestandteil von Aperitiven beziehungsweise Digestiven geschätzt und findet auch als schmerzlinderndes Mittel Verwendung.

Guter Theriak, auch Theriak der Andromache genannt, galt

vor allem im Mittelalter als das Heilmittel schlechthin gegen jede Art von ansteckender Krankheit. Er sollte zudem gegen Schlangenbisse wirken und das Gift des Schierlings und der Tollkirsche neutralisieren. Diese Eigenschaften konnten bisher nicht nachgewiesen werden. Man gab meist ein Scrupulum bis ein Quentchen von der Mixtur, die aus etwa sechzig verschiedenen Ingredienzen bestand. Das wichtigste Element dabei war wohl das Opium.

Smaragdpulver in einer Dosierung von sechs Gran bis zu einem Quentchen wurde verwendet, um innere Blutungen zu stillen. Gleichzeitig galt Smaragd als starkes Antidot bei Vergiftungen. Auch diese Qualitäten hielten einer wissenschaftlichen Überprüfung nicht stand.

Alle anderen Bestandteile wurden bereits vorgestellt.

186. *Conium maculatum (Gefleckter Schierling)*

Die ganze Pflanze strahlt einen übelkeiterregenden Verwesungsgeruch aus. Getrocknet riecht sie noch schlimmer. Die frische Pflanze schmeckt ein wenig aromatisch und krautig. Auch der Geschmack erregt Übelkeit.

Schädliche Wirkung: Der Genuß des gefleckten Schierlings löst bei sensiblen Menschen zunächst Schwindelanfälle aus. Bei größeren Mengen kommt dazu eine gewisse körperliche Schwäche, periodische Blindheit, Delirium, ein bitterer Nachgeschmack, Angstgefühle, Herzschmerzen, Erbrechen, Krämpfe. Schließlich tritt der Tod ein. Allerdings wirkt der gefleckte Schierling lange nicht so tödlich wie der Wasserschierling (Cicuta venosa oder minor).

Antidote: Erbrechen.

K. d. A.: Bei Vergiftung durch *Conium maculatum* (auch: Cicuta maior) wird heute nicht nur versucht, Erbrechen herbeizuführen. Normalerweise nimmt man eine Magenspülung mit Kaliumpermanganat vor, gibt Aktivkohle und abführende Salze.

Der Vergiftete muß warm gehalten, seine Herz- und Kreislauffunktionen müssen kontinuierlich überwacht werden. Bis die Atemlähmung zurückgeht, muß er beatmet werden.

Auftretende Krämpfe werden mit Benzodiazepinen oder Barbituraten behandelt. Diese Behandlung darf jedoch nur unter ärztlicher Aufsicht erfolgen.

Bei den schädlichen Wirkungen hat der Autor unseres Traktates nur eine vergessen: die aufsteigende Lähmung aller Organe, die bis zur Atemlähmung geht und letztlich den Tod herbeiführt.

Ein historisch bedeutsames Beispiel ist der Tod des Sokrates, wie er von Plato beschrieben wurde.

Das giftige Alkaloid ist rot und heißt Coniin.

187. *Hyoscyamus niger (Bilsenkraut)*

Der Geruch der frischen Wurzel ist absolut berauschend. Der Geschmack zeigt ebenfalls diese Wirkung. Das frische Kraut schmeckt dabei etwas schleimig. Die getrockneten Blätter riechen hingegen kaum. Sie haben fast keinen Geschmack, allenfalls ist eine schwache Bitterkeit zu bemerken.

Wirft man die Blätter des Bilsenkrauts auf glühende Kohlen, so werfen sie Funken und knistern wie verbrennender Salpeter. Der dabei aufsteigende Rauch ist stark berauschend wie der Tabakrauch.

Schädliche Wirkung: Man weiß von einem ganzen Kloster, dessen Insassen kurzfristig ihren Verstand verloren, weil man

ihnen aus Versehen Bilsenkrautwurzeln unter den Zichoriensa-
lat gemischt hatte.

Ein anderer bekannter Fall ist jener der neun Männer, die Bilsenkrautwurzeln anstelle von Pastinaken gekocht in der Suppe
gegessen hatten. Einige von ihnen konnten daraufhin nicht
mehr sprechen, fast alle litten unter Krämpfen. Ihr Mund und
ihre Glieder verzerrten sich abnorm. Im Gesicht zeigte sich das
sogenannte »sardonische Lächeln«. Sie schwitzten stark, was
man mit den entsprechenden Mitteln bekämpfen konnte. Ihre
Sicht war gestört: Zuerst sahen sie alles doppelt, dann alles in
scharlachroter Farbe. Schließlich kamen sie aber mit dem
Leben davon.

Einige Bauern hingegen, die vom Bilsenkraut gegessen hatten, starben daran. Zwei rohe Wurzeln, die mit Pastinaken ver-
wechselt worden waren, verursachten bei einem Diener ein
Brennen im Magen, ungeheuren Durst, Schlaflosigkeit und Anfälle von Wahnsinn. Auch die Sicht war gestört. Am Tag danach
zeigten sich Flecken und eitrige Bläschen auf der Haut, die erst
wieder verschwanden, als der Patient starken Durchfall hatte.

Blätter vom Bilsenkraut, die in einer Suppe mitgekocht worden waren, lösten bei sieben Männern Anfälle von Schwach-
sinn und andere Symptome aus. Unter anderem litten sie unter
Schwellungen und Taubheit der Hände. Eine Einreibung mit
diesen Blättern verursachte ein starkes Delirium.

Allein der Geruch verursacht Schwindelanfälle. Der berühmte Arzt Boerhaeve beispielsweise wurde ganz berauscht, als er
mit Bilsenkraut ein Pflaster zubereitete.

Der Rauch von verbrannten Bilsenkrautsamen führt zu vorübergehenden Verlusten des Bewußtseins mit Schwatzhaftigkeit
und Wutanfällen. Schon die Keime lösen Zustände hochgradi-
ger Erregung aus. Dies scheint das Kraut zu sein, das Hexen
einsetzten, wenn sie bewirken wollten, daß Männer miteinander in Streit geraten.

Antidote: Erbrechen, danach Abführmittel, Essig und Öl.

K. d. A.: Die moderne Therapie ist die gleiche wie bei Atropa belladonna.

Schon nach dem Genuß von mehr als fünfzehn Gran stellen sich schwere Vergiftungen ein.

Die eigentlichen Giftstoffe sind die Alkaloide Atropin, Scopolamin und die dem Atropin ähnlichen Stoffe.

188. *Helleborus niger (Schneerose, Nieswurz)*

Die Wurzel riecht unangenehm. Sie schmeckt bitter, reizt den Schlund, der darauf mit starkem Brennen reagiert, und verursacht Übelkeit.

Schädliche Wirkung: Auch kleine Dosen der Nieswurz rufen schreckliche Symptome hervor: Herzschmerzen, Leibschmerzen, Schluckauf, starkes Erbrechen, Durst, Zittern und Krämpfe der Glieder, Ohnmachtsanfälle, kalter Schweiß, Entzündung der Speiseröhre und des Magen-Darm-Traktes, bis hin zur Gewebszerstörung und schließlich zum Tod.

Schädliche Wirkung bei äußerlicher Anwendung: Auch die äußerliche Anwendung der Nieswurz führt zu Problemen.

Pulverisiert und geschnupft ruft sie starkes Niesen hervor.

Legt man die Wurzel auf den Oberbauch, kommt es zu heftigem Erbrechen. Dasselbe geschieht, wenn man sie zu Zäpfchen verarbeitet. Schafe, die gegen die Krätze mit Nieswurzsaft und Butterschmalz eingerieben worden waren, starben durchweg.

Taucht man Pfeilspitzen in Nieswurzsaft, macht dies die Pfeile absolut tödlich.

Antidote: Milch, Öl und Osimel (siehe *Atropa belladonna*), dazu reichlich Wasser trinken.

K. d. A.: Die moderne Wissenschaft würde wohl versuchen, den Körper mittels Infusionen ausreichend mit Flüssigkeit und Mineralsalzen zu versorgen. Eventuelle auftretende Schüttelkrämpfe werden mit entsprechenden Krampflösern behandelt, bei Tachykardie (Herzjagen) gibt man Betablocker. Die Herzfunktionen werden ständig überwacht. Darüber hinaus verabreicht man Mittel, die Entzündungen und Spasmen (Krämpfe) des Magen-Darm-Traktes verhindern. Das Absterben von Zellgewebe muß chirurgisch behandelt werden.
Die toxischen Stoffe sind die Alkaloide Helleborin, Helleborain und ihre Derivate.

189. *Lolium annuum* (Tollkorn, Lolch)

Die Samen riechen kein bißchen, schmecken aber leicht süßlich und nicht unangenehm.

Schädliche Wirkung: Von den Gräsern ist nur der Lolch giftig. Sein Samen wird zum Bierbrauen oder zum Destillieren von Korn benutzt. Er löst ein Gefühl von Trunkenheit aus, bewirkt aber auch den Ausfall der Sehfähigkeit und Anfälle von Wahnsinn. Wird er versehentlich unter die Polenta oder das Brot gemischt, so führt dies ebenfalls zum Gefühl der Trunkenheit, Schwindelanfällen, Verfall der Kräfte, Gesichtsrötung, stark glänzenden Augen, Blindheit, Taubheit und Kältegefühl in den Extremitäten. Nicht selten tritt sogar der Tod ein.
Samen vom Lolch, die mit weiblichen Getreidesamen vermischt werden, vermehren sich derartig, daß sie das Getreide regelrecht ersticken. So ist die Mär vom Getreide entstan-

den, das auf magische Weise über Nacht in Lolch verwandelt wurde.

Antidote: Durch Brechweinstein (Tartarus emeticus) ausgelöstes Erbrechen, Essig, warm getrunkenes Öl, sauer eingelegter Kohl (Sauerkraut).

K. d. A.: Heute würde man – neben den von unserem Autor beschriebenen Mitteln – wohl auf die Magenspülung zurückgreifen und darüber hinaus noch die Symptome behandeln beziehungsweise den Organismus bei der Entgiftung unterstützen.

190. Mercurius sublimatus corrosivus (Quecksilberchlorid)

Es handelt sich dabei um ein Metallsalz, das aus der Verbindung von Quecksilber und Salzsäure besteht.

Es riecht nicht, schmeckt aber streng nach Metall. Der Geschmack ist ausgesprochen unangenehm.

Ob in einem bestimmten Getränk Mercurius sublimatus aufgelöst wurde, erkennt man zum einen am metallischen Geschmack, zum anderen daran, daß ein steingraues Pulver ausfällt. Wenn man dieses Pulver mit frischem Kalkwasser mischt, kann man daraus von neuem Quecksilber gewinnen.

Schädliche Wirkung: Wenn man mehr als ein oder zwei Gran davon zu sich nimmt, wird Mercurius sublimatus zu einem schrecklichen Gift, das in kürzester Zeit zum Tod führt. Dabei kommt es zu heftigem Erbrechen und zu starken Durchfällen, Entzündungen des Magens und des Darmes mit darauffolgender Zerstörung des Gewebes, starken Schüttelkrämpfen und so weiter.

Wird es jedoch nur in geringen Mengen, dafür aber über einen längeren Zeitraum eingenommen, so bewirkt es Bluthusten, Schwindsucht, Husten und all die Symptome, die auftauchen, wenn es als Einreibung übermäßig genutzt wird.

Schädliche Wirkung bei äußerlicher Anwendung: Auch wenn das Sublimat nur äußerlich angewandt wird, ist äußerste Vorsicht geboten.

Eine Dame nämlich, die man mit einem Pflaster mit Mercurius sublimatus behandelte, starb elend, nachdem sie schreckliche Schmerzen, Krämpfe, Erbrechen und ein starkes Anschwellen des Schlundes mit erheblicher Speichelbildung erlitten hatte.

Einem Mädchen, dem man gegen die Läuse eine Salbe mit Mercurius solubilis auf den Kopf geschmiert hatte, schwoll der Kopf so stark an, daß man um sein Leben fürchtete. Eine Spülung mit Asche rettete ihm das Leben. Ihm fielen zwar die Haare aus, doch es erholte sich erstaunlich schnell.

Antidote: Trinken großer Mengen schleimigen Wassers, Emulsionen, Öl, Butterfett, Schweinefett, Kuh- oder Pferdeurin.

Die eigentlichen Gegengifte sind Alkalisalze, Heilerde, welche die Schadstoffe aus dem Körper zieht, Augen eines Krebses, Schalen vom Hühnerei, Kalkwasser, Aschespülung.

Wurde Mercurius sublimatus äußerlich aufgetragen, so wasche man es mit einer alkalischen Spülung ab und lege auf den betroffenen Körperteil einen Umschlag mit alkalihaltiger Flüssigkeit.

K. d. A.: Eine aktuell angewandte Therapie würde so aussehen: Verabreichung eines eiweißhaltigen, milchigen Getränkes, Magenspülung (nach längstens fünfzehn Minuten). Wenn dies nicht fruchtet, bringt man den Vergifteten zum Erbrechen und verabreicht ihm salzhaltige Abführmittel. Dann gibt man eines der Antidote (siehe unter Arsen), das heißt intravenös Dimer-captopropanol (IUPAC) beziehungsweise oral Penicillamin.

Ansonsten werden die Symptome behandelt. Fallen diese schwerwiegend aus, so muß unter Umständen wiederbelebt werden.

Bei einer chronischen Vergiftung setzt man zunächst einmal das Gift ab und gibt eines der beiden Antidote. Leidet der Vergiftete unter Harnverhaltung, so hängt man ihn an die künstliche Niere. Wenn die Schleimhäute des Magen-Darm-Traktes angegriffen sind, wird der Patient künstlich ernährt. Sämtliche anderen Komplikationen können bei Auftreten behandelt werden. Die lokalen Verletzungen werden auf ähnliche Weise kuriert wie Verbrennungen.

191. *Mercurius dulcis (Kalomel)*

Dabei handelt es sich um Mercurius sublimatus, das durch die Verbindung mit Mercurius vivus (reinem Quecksilber) abgeschwächt wurde.

Es riecht nicht und schmeckt erdig, fast nach gar nichts. In Wasser ist es unlöslich.

Schädliche Wirkung: Schlecht zubereitetes Kalomel, das nicht genügend abgeschwächt wurde, ruft fast die gleichen Symptome hervor wie Mercurius sublimatus.

Auch hier führt der anhaltende Gebrauch oder die Verwendung in zu großen Dosen zu den gleichen Problemen, wie eine übermäßige Einreibung mit Quecksilbersalbe sie hervorrufen würde.

Antidote: Die gleichen wie bei Mercurius sublimatus.

K. d. A.: Auch die Therapie ist die gleiche wie oben beschrieben.

192. *Mandragora officinarum (Alraunwurzel)*

Die Wurzel riecht stark und unangenehm. Sie schmeckt bitter und ruft Übelkeit hervor.

Schädliche Wirkung: Die Alraunwurzel ruft den Stupor hervor (ein Zustand, in dem das betroffene Individuum nicht mehr auf äußere Reize reagiert), darüber hinaus Schläfrigkeit, einen schwachen Muskeltonus und Anfälle von Geistesgestörtheit. In größeren Dosen ist sie ein hochwirksames Brechmittel.

Antidote: Erbrechen und die Gabe von anti-narkotisch wirksamen Substanzen.

K. d. A.: Die Alraunwurzel hat seit jeher – mehr als jede andere Pflanze – die Phantasie der Menschen angeregt.

Im alten Ägypten nannte man sie *apenum*. Dort stand sie symbolisch für den Eros und wurde daher als Aphrodisiakum verwendet. Der *Papyrus Ebers* – das älteste überlieferte Rezeptbuch, das wir kennen (nach seinem Entdecker, dem berühmten deutschen Ägyptologen Georg Moritz Ebers, benannt) –, gibt uns genau sämtliche Verwendungsmöglichkeiten der Alraune an und führt daneben auch Rezepte auf, in denen diese Pflanze in Honig, Wein oder Milch gerührt wird.

Ähnlich ging es der Alraune in der altgriechischen Kultur. Belege dafür finden sich bei Theophrast und Dioskurides. Trotzdem interessierten die Hellenen sich für andere Aspekte der Alraunwurzel, etwa ihren halluzinogenen Charakter sexuell getönter Prägung. Angeblich benutzten die Satyrn sie, um ihre

Erregung zu steigern. Bei Dioskurides findet sich eine Reihe von Namen für die Alraune, in denen ihre Verwendung sich symbolhaft widerspiegelt.

Von den Römern wurde sie dann *mela canina* oder *mela terrestre* getauft.

Wegen ihres gleichzeitig narkotisierenden und stimulierenden Charakters erfreute sich die Alraune auch im Orient größter Beliebtheit. Im Zusammenhang damit begann man ihr schließlich die Kraft zuzuschreiben, Männer und Frauen fruchtbar zu machen. So finden wir die Früchte der Alraune nun in der Bibel wieder: als Liebesapfel, der fruchtbar macht.

Hunderte von Legenden ranken sich um diese Pflanze, was wohl an ihrer dem menschlichen Körper ähnlichen Form liegt. Tatsächlich kann man in ihren Wurzeln männliche und auch weibliche Körperformen erkennen.

Im Mittelalter glaubte man gar, die Pflanze besitze eine Seele. So dachte man allenthalben, daß die Alraune, wenn sie aus der Erde gerissen wurde, vor Angst aufschrie und den, der sie ernten wollte, mit dem Tod bestrafte. Sie konnte nur aus der Erde gezogen werden, wenn sie vorher mit dem Urin einer menstruierenden Frau begossen wurde.

Wer sie ernten wollte, konnte sich gegen den Todesfluch auch mit einem Amulett schützen.

Wenn ein solches nicht aufzutreiben war, genügte es, die Erde um die Alraune zu lockern und einen schwarzen Hund mit einem Seil an der Wurzel festzufinden. Der Besitzer des Hundes lockte diesen dann mit einem Stück Brot von der Wurzel fort, so daß sie herausgezogen wurde. Auf diese Weise traf der Fluch den Hund. Erst wenn der Hund tot war, war die Ernte vollbracht und die Alraunwurzel unschädlich gemacht.

Eine andere Legende besagt, daß die Alraune – Wurzel und Pflanze – nur dort wuchs, wo ein Dieb Samen verloren hatte, während sich die Schlinge des Henkers um seinen Hals zuzog.

Doch der Dieb durfte nicht etwa ein gewöhnlicher sein. Nein, er mußte der Sohn einer Diebin sein, die gestohlen hatte, während sie ihre Leibesfrucht empfing.

Andere Texte besagen, daß die Alraune nur am Freitagmorgen geerntet werden durfte. Man mußte sich dafür die Ohren mit Baumwolle und Wachs verschließen und dazu einen schwarzen Hund in der oben beschriebenen Weise benutzen.

Und schließlich gab es auch Stimmen, welche die Ernte der Alraunwurzel nur in einer Vollmondnacht zwischen Ostern und Christi Himmelfahrt zulassen wollten. Während dieser Zeit konnte ein jungfräuliches, reines Wesen, das während des Vorgangs strengstes Schweigen bewahrte, die Pflanze gefahrlos herausziehen.

Natürlich war diese von wundersamen Geschichten und Legenden umrankte Pflanze bald auch Teil der Hexenmythologie. Die Hexen selbst benutzten sie, um zum Sabbat zu fliegen. Sie rieben sich damit den Körper ein, besonders unter den Achselhöhlen, und führten sie in die Vagina ein, damit die Wirkstoffe auch ins Innere des Körpers vordrangen.

Doch dem Mittelalter galten nicht nur die positiven Eigenschaften der Alraune etwas, auch ihre Giftigkeit wurde entsprechend gewürdigt, so daß ihr Anwendungsspektrum sich weiter verbreitete: Abhängig von der Dosis wurde sie als Aphrodisiakum, als empfängnisförderndes Mittel, als halluzinogene Droge und als Gift eingesetzt.

Tatsächlich hat die moderne Wissenschaft entdeckt, daß die Alraune, besondern in den Wurzeln, viel Atropin, Skopolamin und andere Alkaloide gleichen Aufbaus enthält. Diese Stoffe sind durchweg hoch giftig.

Die empfängnisfördernden Eigenschaften, über die sich bereits Niccoló Machiavelli in seiner Komödie »Mandragola« (»Die Alraune«) lustig macht, konnten hingegen nicht nachgewiesen werden.

Und trotzdem hält sich der Glaube an die fruchtbarmachende Alraune in der Volkskultur nur zu hartnäckig.

So gab es im Oktober 1991 in Palermo zwei Fälle von Vergiftung mit Alraunwurzel zu verzeichnen, die in der Notaufnahme des dortigen Krankenhauses behandelt wurden. Der erste Fall war eine Frau von achtundzwanzig Jahren, die fast einhundert Gramm Alraunwurzel zu sich genommen hatte. Bei dem zweiten Fall handelte es sich um einen Mann von vierunddreißig Jahren, der gar zweihundert Gramm Alraune gegessen hatte.

Frau Dr. Costa, die im »Ospedale V. Cervello« in Palermo diese Fälle behandelte, stellte die Symptome wie folgt dar: Tachykardie (Herzrasen), Zittern, kurzzeitiger Bewußtseinsverlust, starke Erregtheit, weit geöffnete Pupillen. Daß die Patienten ins Koma fielen, konnte nur durch das schnelle Eingreifen des Rettungsteams verhindert werden.

193. *Opium*

Opium wird aus dem Harz hergestellt, das die unreifen Kapseln des Schlafmohns (Papaver somniferum) absondern. Das Harz wird eingekocht und getrocknet.

Orientalisches Opium verbreitet einen sehr stark narkotisch wirkenden Geruch. Es schmeckt bitter und beißend. Der Geschmack erregt Übelkeit. Oral eingenommen ruft es auf Lippen, Zunge und Gaumen ein Gefühl der Wärme hervor.

Schädliche Wirkung: In kleinen Dosen hebt es die Stimmung und berauscht leicht. Es regt die Vitalfunktionen, das heißt den Herzschlag und damit den arteriellen Blutfluß an. Folge davon ist meist eine Erektion, die Schweißproduktion wird angeregt, wobei sämtliche anderen Ausscheidungsfunktionen unterdrückt werden.

In höheren Dosen werden die Lebensfunktionen immer stärker angeregt, so daß es zu einer Überfunktion kommt, die benommen macht, die Sinne abstumpft und die Muskelbewegungen einschränkt. Viele Personen verlieren dabei ihren Tastsinn beziehungsweise können weder sehen noch hören. Das Opium führt dazu, daß sich das Blut im Gehirn staut. Es kommt zu Delirien, Verlust der geistigen Klarheit und Krämpfen. Mitunter treten Lähmungen auf, der Penis ist ständig erigiert. Schließlich kommt es zu einer vollständigen körperlichen Schwäche, die letztendlich zum Tod führt. Mitunter tritt der Tod auch durch Schlaganfall ein.

Die Leiche eines jungen Mannes, der etwa drei Gramm Opium zu sich genommen hatte, wies kurz nach seinem Tod fahle Geschwüre an den Extremitäten auf. Der Verwesungsgeruch war extrem stark.

Im Orient, wo der Koran den Menschen das Trinken von Alkohol verbietet, wird Opium fast täglich geraucht. Die Orientalen empfinden es als angenehm und gewöhnen sich meist sehr schnell daran, so daß sie anfangs vielleicht ein halbes Gramm täglich zu sich nehmen, später aber leicht auf Dosen von drei Gramm und mehr kommen. Mit der Zeit wird der regelmäßige Opiumkonsument immer dünner, er verliert den Appetit, wird melancholisch, träge, geistig abgestumpft, müde und schweigsam. Schließlich verliert er sein Gedächtnis und stirbt an vorzeitigem Kräfteverfall.

Schädliche Wirkung bei äußerlicher Anwendung: Vier Gran Opium, die einem Kranken durch den Anus verabreicht wurden, führten zu seinem Tod. Ein auf die Schläfen aufgelegtes Opiumpflaster ließ den Kranken in Raserei verfallen, wobei sich sein Mund grauenvoll verzerrte.

Antidote: Man gibt Ipecacuanha-Wurzel oder Brechweinstein (Tatarus emeticus) in Butter oder Öl aufgelöst. Oder zehn Gran weißes Vitriol. Blutegel setzt man am Hals oder an den Schläfen an.

Dann gibt man saure Stoffe wie zum Beispiel Essig oder Saft der Zitronatzitrone in großer Menge, Kaffeeaufguß, Klistiere mit Essig, Bibergeil oder Seifen; alkaline Salze oder Borax.

Heilwirkungen: In kleinen Mengen verabreicht, ist Opium ein althergebrachtes Heilmittel. Es wirkt schmerzstillend, schlaffördernd, krampflösend und übelkeitsdämpfend. Außerdem beruhigt es das Herz und die durch Durchfall aufgewühlten Gedärme. Es wird deshalb immer dann eingesetzt, wenn Krankheiten Schmerzen, Krämpfe, vermehrte Ausscheidungen wie Erbrechen oder Durchfall, anfallsweise Fieber, Schlaflosigkeit oder trockene Gewebszerstörung mit sich bringen. Auch bei Geschlechtskrankheiten wirkt es Wunder.

Nicht angewendet werden darf es in Fällen von erhöhter Blutfülle (Plethora), Entzündung und Verdauungsstörungen mit starkem Geruch aus dem Magen und Übelkeit.

K. d. A.: Bei einer Überdosis, das heißt Opiumvergiftung, würde man heute folgende Therapie anwenden: Künstliche Beatmung und sofortige intravenöse Verabreichung von Naloxon. Außerdem kann man versuchen, Erbrechen auszulösen beziehungsweise den Magen auszupumpen.

Hat der Kranke das Bewußtsein verloren oder leidet er unter Atemdepression, so darf er keinesfalls zum Erbrechen gebracht werden. Auch eine eventuelle Magenspülung kann nur durchgeführt werden, wenn die Atemwege intubiert (mittels eines Schlauches offengehalten) werden.

Ist der Kranke bei Bewußtsein, so ist ein salzhaltiges Abführmittel sehr nützlich. Er sollte warm gehalten werden. Auch eine entsprechende Flüssigkeitszufuhr muß aufrechterhalten werden.

Die Schocktherapie erfolgt mit den üblichen Mitteln.

Eine eventuell bestehende Abhängigkeit wird durch sofortiges Absetzen des Suchtstoffes behandelt, wobei entsprechenden Entzugssymptomen abgeholfen werden muß. Dies kann durch eine Therapie mit dem Suchtersatzstoff Methadon geschehen, eine Methode, die mir persönlich allerdings wenig zusagt.

Auf jeden Fall braucht der Abhängige eine entsprechende Therapie. So kann zum Beispiel das Mittel Chlonidin die Symptomatik bei einem plötzlichen Absetzen des Suchtstoffes aussetzen. Dies darf jedoch nur unter ärztlicher Kontrolle geschehen, da dabei der arterielle Blutdruck kontrolliert werden muß, der bei diesem Mittel unvermittelt stark absinken kann.

194. *Papaver somniferum (Schlafmohn)*

Er riecht sehr ähnlich wie Opium, aber natürlich weit schwächer, da es sich hierbei um die ganze Pflanze (Stiel, Blätter, Kapseln) handelt. Der Geschmack ist leicht krautig.

Die Kapseln des Schlafmohns sondern, wenn sie aufgeschnitten werden, eine bittere, milchige Flüssigkeit von starkem Geruch ab. Die frischen Kapseln stellen dabei ein weitaus stärkeres Narkotikum dar als die getrockneten.

Schädliche Wirkung: Eine einzige Kapsel vom Schlafmohn führt – eingenommen – bereits zum Tod.

Ein Dekokt von mehreren Kapseln löst geistige Störungen und übermäßige Heiterkeit aus, die schließlich in völliger Teilnahmslosigkeit enden.

Eine Räucherung mit Schlafmohn in einem geschlossenen Raum verursacht Erstickungsanfälle mit starker Verhärtung der Gesichtsmuskeln. Danach folgt ein Zittern, bis die betroffene Person das Bewußtsein verliert.

Die Blütenblätter sowie die weißen und schwarzen Samen des Mohns hingegen enthalten keinerlei narkotische Stoffe und können ohne Bedenken eingenommen werden.

Antidote: Erbrechen, Gabe von sauren Stoffen und Medikamenten, welche die narkotische Wirkung des Schlafmohns wieder aufheben.

Heilwirkungen: In den Tavernen Persiens trinkt man ein schwaches Dekokt aus Samenkapseln und Samen, um sich zu berauschen. Diesen »Drink« bereitet man aus den unreifen Samenkapseln des weißen Mohns zu, dessen schmerzstillende Kraft beispielsweise Schlaflosigkeit überwinden läßt, Husten stillt und Krämpfe beseitigt.

Breiumschläge oder warme Umschläge mit einem Dekokt aus den Samenkapseln werden vorzugsweise bei Schlaflosigkeit verschrieben, wirken aber auch gegen Ausschläge und großflächige Geschwüre auf der Haut.

K. d. A.: Siehe den Kommentar zum Opium.

195. *Plumbum (Blei)*

Blei weist keinerlei Geruch auf. Es schmeckt leicht süßlich.

Schädliche Wirkung: Blei, das man gegessen hat, bewirkt verschiedene Leiden, die man saturnale Krankheiten nennt. Dazu gehören beispielsweise ein trockener Mund, das Gefühl, daß sich der Hals zusammenschnürt und auf dem Magen ein Gewicht liegt, mangelnder Appetit und ein starker Kräfteverfall. Bleichheit, Magerkeit, Ängstlichkeit, Schwindelgefühl, Ohnmachten, Husten, trockenes Asthma, Schluckauf, Übelkeit, Erbrechen, Schlaflosigkeit, Siechtum, schleichendes Fieber, Gelbsucht, Zittern der Glieder, Herzklopfen, arthritische Schmerzen, Herzschmerzen, unerträgliche Koliken, schleichende Entzündung der im Oberbauch befindlichen inneren Organe, Schafskot, Druck im Oberbauch, Verkrampfung der unteren Eingeweide, so daß nicht einmal mehr ein Klistier verabreicht werden kann, Harnzwang und Harnverhaltung, Verlust der Stimme, Lähmung der Gliedmaßen, kalter Schweiß, Krämpfe, Tod.

Bei all diesen Übeln in ihren verschiedenen Stadien gibt es ein gleichbleibendes Symptom, nämlich ein hölzerner, fadenförmiger Puls. Dieser kann häufig mehr zur richtigen Diagnose beitragen als all die übrigen, diffusen Krankheitserscheinungen, falls man nicht bereits weiß, daß der Kranke Blei zu sich genommen hat.

Auf pathognomischer Ebene (Pathognomik ist die Lehre von den Merkmalen der Krankheiten) läßt sich außerdem ein hölzerner, harter Bauch feststellen. Doch fehlt dieses Krankheitsbild auch häufig, wenn es beispielsweise zu heftigen Koliken kommt. Auch die andauernde Verhärtung des Anus, der eingezogene Bauchnabel und das ständige Erbrechen von rostroter Flüssigkeit lassen sich fast nur in den schwerwiegendsten Fällen beobachten. Die saturnalen Wirkkräfte können dem Kranken auf verschiedenem Wege verabreicht worden sein: 1) Mit der Nahrung, mit Getränken und Medikamenten, wobei er entweder getäuscht wurde oder gar nichts davon mitbekam. Vielleicht trifft auch beides zu. Außerdem kann es zu einer Bleivergiftung durch 2) Einatmen bleihaltiger Luft kommen, wobei das Blei durch den Speichel in den Körper eintritt, oder durch 3) äußerliche Anwendung.

Schädliche Wirkung bei äußerlicher Anwendung: Die saturnalen Stoffe (Bleivergiftung) schaden mit ihren giftigen Partikeln, wenn diese von der Haut absorbiert werden, da sie von dort aus ins Innere des Körpers gelangen. Manchmal neutralisieren sie dabei auch saure Stoffe, die auf die Haut aufgetragen werden.

Durch Gesichtscreme mit Blei, wie sie früher gern benutzt wurde, wurden schon vielerlei Krankheiten verursacht, zum Beispiel Lungenschwindsucht, Krampflähmung oder saturnale Koliken. Ein Mann, der rückwärts auf eine glühende Eisenpfanne gefallen war, wurde mit einem Pflaster mit Bleicreme behandelt und bekam davon schwere Magen-Darm-Koliken.

Auf Breiumschläge oder warme Umschläge, die mit aufgelöstem Bleizucker zubereitet wurden, kommt es häufig zu Krämpfen, Herzschmerzen, Erbrechen und Koliken, auch wenn der Umschlag nicht länger als fünf Tage nacheinander aufgelegt wurde.

Man weiß von einem Fall, bei dem ein verletztes Bein vier Tage nacheinander mit vegeto-mineralischem Wasser und Bleipflaster behandelt wurde, bis es zu einer fortschreitenden Lähmung und Koliken kam. Diese Symptome verschwanden, als man die Behandlung absetzte und dem Kranken Rizinusöl zu trinken gab.

Gleiches geschah einem Mann und seinem Hund, die regelmäßig von Pflanzen aßen, welche über einer Bleiplatte gezogen worden waren. Beide überkam plötzliche eine Lähmung der Beine. Und ein ausnehmend gesunder Junge bekam davon Koliken mit Fieber und Krämpfen. Ich selbst beobachtete, wie ein Junge, dessen Ausschlag an den Genitalien mit Bleiweiß behandelt worden war, Koliken bekam und schließlich alle seine Gliedmaßen gelähmt waren.

Die Behandlung saturnaler Krankheiten muß einsetzen, bevor die Kolik ihren Höhepunkt erreicht. Man gibt jede Stunde eine Unze Öl mit ein paar Tropfen Laudanum.

Am besten wirkt Rizinusöl, da es gut in den Körper eindringt und dort krampflösend wirkt. Darüber hinaus ist es auch noch abführend. Äußerlich wendet man ölige Wickel an, setzt den Kranken in ein lauwarmes Bad und bereitet ihm danach ölhaltige Umschläge.

Sobald der Höhepunkt der Kolik vorüber ist, gibt man Abführmittel mit Opium und Bilsenkrautextrakten, damit das Blei aus dem Körper ausgeleitet wird.

Opium und Bilsenkrautextrakt fügt man zu, damit sich der Krampf löst, der ja mit zur Verstopfung beiträgt. Ohne das vorbeugend gegebene Opium können die Abführmittel ihre Wirkung nicht entfalten, und auch die Wickel bleiben fruchtlos. Ganz im Gegenteil: Werden die Eingeweide nicht entkrampft, kommt es zu starkem Erbrechen. Häufig wirkt aber das Opium allein schon abführend und bedarf keiner weiteren Unterstützung.

Zu diesem Zweck löst man etwa eineinhalb Unzen Salz und Manna (Harz der Mannaesche, Fraxinus ornus; Süßstoff) mit einem Gran Opium und etwas Fruchtsaft in vier Unzen Wasser auf. Oder man nimmt Pillen aus Jalapaharz (Purgierwinde) und mischt sie mit Pillen aus Edinburgh (opiumhaltiges Präparat) – und zwar jeweils acht Gramm. Beides löst man in einem Scrupulum Öl auf und gibt feingehackte, kandierte Orangenschale zu.

Andere verlassen sich wieder auf Rhabarber mit Krebsaugen, Magnesium oder Soda. Beides soll sehr wirksam sein.

Wieder andere geben auf dem Höhepunkt der Kolik alle vier Stunden fünfzehn Gran Alaun pur.

Alle anderen im Zusammenhang mit einer Bleivergiftung auftretenden Krankheitserscheinungen wie etwa Lähmung der Gliedmaßen oder Krämpfe werden mit Nervenmitteln kuriert, sobald der Darm wieder seiner Aufgabe nachkommt. Am hilfreichsten sind hier zweifellos Kampfer (Cinnamomum cam-

392 Hexen und ihre Gifte

phora), Bibergeil, Asa foetida, Elektrizität, Dekokt vom Wald-
baldrian (Valeriana officinalis, wildwachsend) oder Chinarinde
(Cinchona pubescens) mit Sassafrasholz (Sassafras albidum)
und schwarzem Spießglanz (Antimonium crudum).

Auch milchige Getränke, kalte Bäder, Opium in geringen Gaben über den Tag verteilt, alkalines Salz, venezianische Seife mit
Rhabarber können längere Zeit eingenommen werden; alkalines oder eisenhaltiges Wasser, Diät mit Milchprodukten und
Mercurius vivus.

In den Sommermonaten kann man häufig beobachten, daß
zur Bleivergiftung noch bestimmte Komplikationen hinzutre-
ten, wie beispielsweise eine Verdauungsstörung, die von der
Galle ausgeht und starken Geruch aus dem Magen hervorruft.
In diesem Fall gibt man ein Mittel, das als Brech- und Abführmittel gleichermaßen wirkt. Im Winter hingegen kommt es oft
zu übermäßiger Blutfülle (Plethora) oder zu einer Entzündung
im Oberbauch. In diesen Fällen gibt man entzündungshem-
mende Mittel und läßt den Kranken zur Ader, bevor man
Opium verabreicht.

K. d. A.: Eine akute Bleivergiftung behandelt die moderne Wissenschaft mit Magenspülungen und Brechmitteln.

Man gibt die klassischen Antidote Dimercaptopropanol (IU-
PAC) oder Ethylendiamin-Tetraessigsäure (EDTA) oder Penicillamin nach Vorschrift.

Bei Wasser im Gehirn werden Mannit als Infusion und kor-
tisonhaltige Präparate als Injektion gegeben.

Krämpfe sollten unter ärztlicher Aufsicht mit den entsprechenden Krampflösern therapiert werden.

Das Ansteigen der Körpertemperatur hingegen versucht man
mit mechanischen Mitteln wie zum Beispiel der Kältedecke zu
verhindern.

Der Urinfluß muß auf hohem Niveau gehalten werden, mehr

als ein Liter pro Tag. Zu diesem Zweck verabreicht man Zuckerlösung ohne Natrium als Infusion.

Wenn die Nierenfunktion gestört ist, therapiert man mit einer Blutwäsche an der künstlichen Niere.

Bei Abdomenkoliken (Krampfschmerzen im Oberbauch) gibt man Glukoselösung mit Kalzium intravenös.

Die Behandlung einer chronischen Bleivergiftung ist – von der Magenspülung beziehungsweise dem Erbrechen einmal abgesehen – der eben beschriebenen ähnlich.

Ansonsten müssen die Lebensfunktionen aufrechterhalten und die Symptome bekämpft werden.

196. Prunus laurocerasus (Kirschlorbeer)

Die Blätter weisen fast keinen Geruch auf. Der Geschmack hingegen ist stark, streng, sehr herb wie von Bittermandeln, aber noch ein wenig stärker.

Schädliche Wirkung: Der Kirschlorbeer ist eine narkotische Pflanze. Sie wirkt harntreibend und verursacht Lähmungserscheinungen an Herz und Arterien. Tatsächlich verursacht sie den Tod ohne jedes äußere Zeichen wie Entzündungen oder Wunden. Die Venen, gerade im Oberbauch, sind dabei voller Blut, während die Arterien fast leer sind.

Am schwächsten wirken die Blätter, sehr stark hingegen ist ein wäßriges Destillat der Pflanze.

So geschah es beispielsweise, daß ein völlig gesundes Mädchen von gerade achtzehn Jahren zwei Eßlöffel von einem Kirschlorbeerdestillat einnahm und bereits eine halbe Stunde später schwere Krämpfe bekam. Innerhalb kürzester Zeit starb es elend mit Schaum vor dem Mund. Sein Leichnam blähte sich kaum auf.

Milch, die man zusammen mit ein oder zwei der obengenannten Blätter aufkocht, ruft mitunter bei dem, der sie trinkt, hochgradige Verwirrung hervor.

So ist beispielsweise ein Fall bekannt, in dem ein Mann zusammen mit seiner Frau jeden Morgen ein Gläschen Schnaps mit einer Abkochung aus den Beeren des Kirschlorbeers zu sich nahm. Die beiden verloren zunächst die Sprache und starben schließlich – vollständig gelähmt.

In Dublin verabreichte man einer Frau, die am Herzen erkrankt war, innerhalb einer Stunde zehn Quentchen Kirschlorbeerdestillat. Daraufhin bekam sie zuerst starke Magenschmerzen, konnte alsbald nicht mehr sprechen und starb schließlich, ohne Erbrechen, Stuhlgang oder Krämpfe. Eine andere Dame, der man zwei Eßlöffel davon gegeben hatte, setzte sich hin und verstarb ohne alle Krankheitserscheinungen und ohne ein Wort des Jammers.

Eine halbe Unze des Giftes beziehungsweise alle vorgenannten Dosierungen sind für Hunde tödlich, wenn man das Gift mit einer kleinen Spritze in ihren Magen oder den Anus einspritzt. Dies führt zunächst zu Erbrechen, dann zu Darmentleerungen und Harnlassen. Schließlich treten epileptische Krämpfe auf, und das Tier stirbt.

Drei Libra davon, auf einmal gegeben, können ein Pferd töten.

Wenn man von den Blättern ißt, ist dies nicht ganz so gefährlich. Gibt man nämlich einem Hund jeden Tag drei Unzen von diesen Blättern, so stirbt er davon nicht.

Im Bauch der toten Tiere finden sich keinerlei Anzeichen einer Entzündung. Nur die Organe sind von einer Art dickem Schleim bedeckt. Die Tiere sterben übrigens auf gleiche Weise, wenn man ihnen Bittermandeldestillat gibt.

So hat die Natur dieselbe schädliche Kraft sowohl in den Bittermandeln wie im Kirschlorbeer versteckt.

Antidote: Man gibt Brechmittel, Milch, Salmiakgeist und Öl.

K. d. A.: Der giftige Wirkstoff des Kirschlorbeers ist Blausäure (Cyanwasserstoff), die zum ersten Mal 1764 von Diesbach chemisch beschrieben wurde. Zur Zeit der Hexen oder zu der Zeit, als Plenck seinen Traktat über Gifte verfaßte (siehe Bibliographie), war der Wirkstoff also noch völlig unbekannt. Daß sie früher aus dem Pigment *Berliner* oder *Preußisch Blau* gewonnen wurde, verlieh der Blausäure ihren Namen.

Bei oraler Einnahme ist Blausäure das stärkste bekannte Gift überhaupt. Außer im Kirschlorbeer findet es sich noch in Bittermandeln und in anderen Kernen von Steinobst.

Die Beschreibung der schädlichen Wirkungen haben wir in diesem Fall dem Traktat von Plenck entnommen.

Eine Kirschlorbeervergiftung wird heute nach den Regeln für eine Vergiftung mit Blausäure behandelt. Der Kranke wird künstlich beatmet, nach Möglichlichkeit mit Überdruckbeatmung. Herz- und Kreislauffunktionen werden ständig beobachtet, und die Symptome, die dem Vergifteten das Leben kosten können, sofort bei Auftreten behandelt. Bei Herzstillstand beziehungsweise Kreislaufkollaps geht man zur Wiederbelebung durch Herzmassage oder Stromstoß über. Ein mögliches Ungleichgewicht im Elektrolythaushalt muß ebenfalls sofort korrigiert werden.

Eine Magenspülung hingegen ist nur in den seltensten Fällen von Nutzen, da Blausäure vom Organismus so schnell absorbiert wird, daß eine derartige Behandlung nur nützt, wenn sie unmittelbar nach der Einnahme erfolgt.

Es existieren ein paar spezifische Gegengifte wie zum Beispiel Natriumnitrit intravenös, gefolgt von Natriumthiosulfat; oder Hydroxocobalamin, das zu Cyano-Cobalamin wird oder Co-EDTA.

Diese Vergiftung ist sehr schwerwiegend und in den meisten Fällen tödlich.

197. *Ranunculus scelleratus (Ätzrauke, Giftrauke)*

Zerstößt man die jungen Blätter im Mörser, so geht ein schrecklicher Geruch davon aus, der die Nasenlöcher verätzt, die Schleimhäute reizt und in den Augen so beißend wirkt, daß die Tränen zu fließen beginnen.

Preßt man den Pflanzensaft aus, so genügt schon eine kleine Menge auf der Zungenspitze, um dort einen starken brennenden Schmerz zu erzeugen.

Schädliche Wirkung: Die Hälfte eines frischen Blattes oder eine der Blüten, die mit dem Essen eingenommen werden, verursachen bereits heftige Schmerzen im Oberbauch. Es folgen kurze Ohnmachten und starke Krämpfe im Bauch, die lange andauern. Dieselbe Wirkung wird vom ausgepreßten Saft hervorgerufen.

Man weiß vom Fall eines Hundes, der von der Giftrauke gefressen hatte und plötzlich anfing, sich zu erbrechen, ängstlich zu werden und in einem fort zu heulen. Man gab ihm Wasser zu trinken, und er nahm große Mengen davon zu sich, doch offensichtlich ohne Erleichterung zu verspüren. Die Unruhe des Hundes hielt die ganze Nacht über an.

Man tötete ihn mit einem Büchsenschuß. Als man den Kadaver öffnete, fand man den Magen zusammengezogen und an verschiedenen Stellen entzündet. Die Eingeweide waren angeschwollen, von roter Farbe mit bleichen Verfärbungen. Außerdem waren sie so zusammengeschnürt, daß fast nichts mehr hindurchging.

Schädliche Wirkung bei äußerlicher Anwendung: Schlaue und verschlagene Bettler, die auf den Märkten herumziehen, benutzen den Giftlattich, um sich selbst Geschwüre beizubringen, die bei ihren Mitmenschen Mitleid erregen sollen.

Ein Soldat holte sich von der Giftrauke ein Geschwür, das bis auf den Knochen reichte und starke Schmerzen verursachte. Er wurde dieses Geschwür monatelang nicht los.

Ein Kutscher, der in Giftrauke gefaßt hatte, holte sich davon einen blasigen Ausschlag am ganzen Arm mit Fieber, Delirium, Raserei und einer Art Tollwut, bis schließlich das Fleisch an dem entsprechenden Arm ganz abfaulte.

Antidote: Man gibt kaltes Wasser zu trinken. Die unreifen Blätter der roten Johannisbeere (die allerdings keine so starke Wirkung haben) und Perubalsam (Myroxylon balsamum) lindern die ätzende Wirkung der Rauke. Auch längeres Kochen macht sie genießbar. Bei den Schäfern aus Norlacchio wird auf diese Weise eine Beilage zu Nudeln bereitet. Bereits aufgetretene Geschwüre kann man mit dem obengenannten Balsam kurieren.

K. d. A.: Heutzutage würde man eine sofortige Magenspülung anordnen und die Schleimhäute durch erweichende, anti-entzündliche und säurebindende Mittel schützen.

Der Blutdruck ist ständig zu beobachten. Einen eventuellen Kreislaufkollaps verhindert man durch die Gabe von Kochsalzlösung als Infusion. Auf diese Weise wird auch das Austrocknen vermieden. Unter ärztlicher Aufsicht werden krampflösende Mittel eingesetzt.

Wenn nötig, kann die Atmung mit Sauerstoff unterstützt werden.

198. *Secale cornutum (Mutterkorn; wörtlich: gehörnter Roggen)*

Das Mutterkorn ist ein krankhafter Auswuchs des Roggens, bei dem die Ähren schwarz und lang werden und sich krümmen. Sie sind von einem mehligen Überzug bleicher Farbe befallen, der ranzig riecht und sie leicht brennbar macht.

Wenn man die Ähren im Mörser zerstößt, steigt ein strenger Geruch auf, der die Nase beleidigt, fast wie bei Tabak.

Sie schmecken mehlig, ranzig und rufen Übelkeit hervor. In Mund und Rachen hinterlassen sie ein brennendes und trockenes Gefühl, das sich lange hält und auch mit Wasser nicht wegzuspülen ist. Dieses Gefühl trotzt der Behandlung mit Kalk- und Essigwasser. Nur mit Milch ist es zu besiegen.

Ein wäßriges Destillat vom Mutterkorn hinterläßt auf der Zunge ganz dasselbe Gefühl.

Allerdings muß der »giftige gehörnte Roggen« vom »gesunden gehörnten Roggen« unterschieden werden, der nur einen einfachen weißen Überzug aufweist und unschädlich ist.

Den Roggenkörnchen, die nicht schädlich sind, fehlt ein ganz bestimmtes winziges Loch, welches das Insekt hinterläßt, das für den kranken Roggen verantwortlich ist. Die infizierten Körner keimen dann nicht mehr.

Der kranke Stiel bleibt klein und wird schneller strohig als gesundes Getreide.

Eine grundlegende Bedingung für das Auftreten der Krankheit scheint feuchtes Wetter zu sein, auf das einige sehr heiße Tage folgen.

Der eigentliche Grund für die Vergiftung der Roggenkörner scheint aber ein Insekt zu sein, das die Stärke aus den Körnern saugt und das restliche Mehl mit einem Gift infiziert. Daher findet sich an den infizierten Körnern immer ein kleines Loch.

Es ist nicht wahrscheinlich, daß die Schädigung des Getreides durch einen giftigen Tau erfolgt, da selten sämtliche Ähren einer Pflanze infiziert sind, sondern immer nur einige. Aus diesem Grund ist die These von den Insekten glaubwürdiger.

Schädliche Wirkung: Brot, das mit dem geschädigten Getreide angesetzt wird, fermentiert schlecht, so daß es beim Backen nicht richtig aufgeht. Es wird klebrig und erregt Übelkeit. Streut man Mehl von geschädigtem Getreide über eine Wunde, so wird davon das Blut dick. Zuerst spürt man einen Schmerz, dann wird die betroffene Körperstelle taub, die Finger versteifen mehr und mehr. Ißt man ein Brot wie das vorgenannte, so wird man davon müde und schwindlig. Arme und Beine werden taub, und die Haut kribbelt, als würden Ameisen darüberlaufen. Schließlich kommt es am ganzen Körper zum Schüttelkrampf und zu periodisch wiederkehrenden starken Schmerzen. Diese Krankheit nennt man »Raphanie«.

Andere Symptome sind: Steifheit der Glieder, epileptische Krämpfe, Katarrhe, große, körperliche Schwäche, Durst, Erbrechen und Durchfälle, purpurfarbener Ausschlag und Hautgeschwüre. Die Krankheit dauert zehn Tage bis drei Monate und länger.

Viele, die geheilt wurden, erleben einen Rückfall nach etwa einem Jahr, und zwar vorzugsweise in den Monaten Januar und Februar. Andere, die das Ameisenlaufen, die Taubheit in den Gliedern und die Schmerzen überstanden haben, erleben plötzlich, daß die Beine bis hinauf zum Schienbein beziehungsweise die Hände bis hoch zu den Armen auf einmal schwarz werden und eintrocknen, als seien sie geräuchert worden – trocken, tot, unempfindlich gegen Schmerzen und runzlig. Diese Erscheinungsformen der Krankheit nennt man cereale Nekrose, das heißt Gewebsverfall durch den Genuß infizierten Getreides. Diese Nekrose hört häufig an der Fußwurzel beziehungsweise am Schienbein oder am Knie auf. Dann geschieht folgendes:

Eine feuchte Linie trennt die gesunden von den erkrankten Körperteilen, die plötzlich ohne jede Blutung einfach abfallen. Manchmal bleiben die geschwärzten Körperteile auch einfach an den Sehnen oder Bändern hängen, die durch die Nekrose offensichtlich nicht zerstört werden.

Untersucht man dann das Blut, so zeigt es sich schwarz. Es zieht Fäden und wirkt fast wie getrocknet. Das Fleisch sieht aus wie schwarze Kohle, so verhärtet ist es. Anscheinend bringt die Vergiftung mit infiziertem Roggen in kaltem Klima eher die krampfartige »Raphanie« hervor, während in warmem Klima die nekrotische Form der Krankheit überwiegt.

Antidote: Wenn man Brot, das zu einem Neunzehntel aus schlechtem Roggen gemacht wurde, zusammen mit Milch reicht, so schadet es dem Menschen überhaupt nicht. Dasselbe gilt für Hunde. Also kann Milch als Antidot gegen »gehörnten Roggen« gelten.

Bei »Raphanie« sorgt man zunächst dafür, daß der Kranke mehrmals erbricht. Dadurch leert der Magen sich von der Teigmasse, die ihn schädigt. Die Eingeweide werden ebenfalls gereinigt, und zwar mit etwa zwei Unzen Bittersalz (Natrium sulfuricum).

Ist der Kranke von Würmern befallen, so verabreicht man mehrere Tage hintereinander morgens und abends zehn Gran Kalomel (Mercurius dulcis). Dem Schweiß rückt man mit Kampferessig zu Leibe, in dem man etwas Aronwurz (Aron italicum) verrührt hat. Man kann auch noch animalisches Öl nach dem Pharmakologen Duppelio (Öl aus Tierkörpern) geben und Hirschhornpulver oder eßlöffelweise flüssiges Laudanum.

Ein anhaltender Krampf in den Beinen wird durch Auftragen von Bläschen erzeugenden, ableitenden Mitteln an den Beinen bekämpft, Steifheit der Glieder verlangt das gleiche Vorgehen am Rücken, ein Abschnüren der Blutzirkulation wird durch

Einsatz von diesen Mitteln am Nacken bekämpft. Ein Aderlaß wäre in diesen Fällen eher schädlich, außer es kommt zu der Vergiftung noch eine drängende Blutfülle (Plethora) hinzu. Das Taubheitsgefühl und die Schmerzen werden durch Blutegel oder durch Skarifikation (Beibringen von kleinen Schnitten zum Zwecke der Beseitigung »schlechten« Blutes) gebessert.

Die Krämpfe der Gliedmaßen und das Ameisenlaufen bekämpft man mit kalten Abreibungen und dem Strecken der Glieder. Auch warme Bäder sowie Einreibungen mit Butterschmalz, Weingeist und Kampfer helfen.

Bei Auftreten der nekrotischen Form sorgt man zunächst für eine gute Verdauung. Danach reibt man die tauben Glieder mit Terpentinöl ein. Auf diese Weise kann ein Verfaulen des Fleisches meist verhindert werden. Wo aber die Haut ganz verfällt und nur ein stinkendes Geschwür zurückläßt, sollte man Salbe mit Bleiweiß anwenden. Auch Chinarinde hilft, äußerlich und innerlich angewandt, diesen trockenen Gewebsverfall zu verhindern. Man gibt sie innerlich mit Milch. Äußerlich macht man zusammen mit Kalkwasser und Ammoniaksalz einen dicken, warmen Umschlag. Damit läßt sich der Verfall des Gewebes schon nach ein bis zwei Tagen aufhalten.

Andere wiederum schwören auf einen warmen Umschlag aus vier Unzen Kalk-Kalomel und je drei Quentchen römischem Vitriol und Meersalz. Diese Mischung kocht man in drei Libra Wasser auf die Hälfte der Menge ein. Nach Auftragen dieses Heilmittels bildet sich sehr bald Schorf. Nach dessen Abfallen trägt man folgende Salbe auf:

Drei Libra Olivenöl, zwei Libra guten Wein, zwei Libra rohes Terpentinöl, ein halbes Libra Bienenwachs, zwei Unzen rotes Sandelholz.

Eine Amputation bis ins gesunde Gewebe hinein hilft kaum. Von zwanzig nekrotischen Fällen wird dabei nicht einmal einer gerettet.

K. d. A.: Das Mutterkorn (Secale cornutum beziehungsweise Claviceps purpurea) entsteht aufgrund eines parasitären Pilzes, nicht aufgrund eines Insektenstichs.

Giftig sind die Alkaloide dieses Pilzes. Die Therapie, die man heute bei Mutterkornvergiftung anwendet, ist daher auch ganz anders als die hier beschriebene, wenn man von Basistherapien wie Magenspülung, Erbrechen und Reinigung des Magen-Darm-Traktes einmal absieht. Kurz zusammengefaßt läßt sich dazu folgendes sagen: Bei akuten Fällen spült man den Magen aus und gibt Aktivkohle. Intravenös werden sodann gefäßerweiternde und Gefäßkrämpfe verhindernde Mittel verabreicht. Muskelkrämpfe hingegen werden unter ärztlicher Kontrolle mit Benzodiazepinen behandelt. Wird die Blutgerinnung zu stark, spritzt man Heparin. Außerdem wird, wenn nötig, eine spezifische Schockbehandlung vorgenommen.

Wenn bei chronischen Formen ein Gangrän (Gewebszersetzung) auftritt, wird amputiert, wobei natürlich durch Unterstützung von Antibiotika und anderen lebenserhaltenden Mitteln der modernen Medizin versucht wird, weiteren Schaden vom Kranken abzuwenden.

199. Giftige Körpersekrete des Menschen

Besorg dir folgende Körpersäfte von einem Mann, der noch nie krank war: Urin, Schweiß, Sperma. Vermisch sie, bevor du sie in eine Pastete oder ein Fladenbrot mischst und bäckst.

In einem geeigneten Augenblick gibst du deinem Feind davon zu essen, und er wird bald schwer krank werden.

K. d. A.: Diese Rezeptur hat keinerlei wissenschaftliche Basis. Möglicherweise wirken hier suggestive Kräfte zusammen mit der Symbolwirkung der Ingredienzen.

200. *Solanum dulcamara (Bittersüßer Nachtschatten)*

Die frischen Blätter riechen nach Verwesung. Der Geschmack ist allgemein krautig, nur Stengel und Wurzel schmecken zuerst leicht bitter und dann süßlich.

Schädliche Wirkung: Die Beeren des Bittersüßen Nachtschattens führen nur zu Erbrechen und starken Durchfällen. Ißt man jedoch von den Stielen größere Mengen, ohne den Magen vorher daran zu gewöhnen, so kommt es zu Übelkeit, Erbrechen, Bauchkrämpfen, Delirium und Lähmung der Zunge.

Antidote: Erbrechen und Anti-Narkotika (anregende Mittel).

K. d. A.: Heute löst man ebenfalls Erbrechen aus und achtet darauf, die Vitalfunktionen zu erhalten: Die Krämpfe werden mit krampflösenden Mitteln behandelt, Atemfunktionen und Kreislauf werden gestützt.
Der lebensbedrohende Wirkstoff heißt Solanin.

201. *Solanum nigrum (Schwarzer Nachtschatten)*

Die Blätter riechen abstoßend und schmecken krautig.

Schädliche Wirkung: Man erzählt, daß sein Duft den Schlaf herbeiführt.
Bekannt ist der Fall dreier Jungen, die von den Beeren des Schwarzen Nachtschattens aßen und danach unter Herzschmerzen, starken Gliederkrämpfen und Delirien litten.
Eine Mutter und ihre vier Kinder, die das Kraut für eßbar hielten, klagten bald darauf über starke Schmerzen. Gesicht und Extremitäten waren sehr stark geschwollen und neigten zu

Geschwüren mit Gewebszersetzung. Der Ehemann dieser Frau, der ebenfalls von dem Kraut gegessen hatte, blieb dagegen völlig gesund.

Außerdem berichten verschiedene Autoren, sie hätten von dem Saft des Schwarzen Nachtschattens drei Quentchen verabreicht, ohne daß Schäden aufgetreten wären.

Antidote: Anti-Narkotika.

K. d. A.: Die Therapie ist mehr oder weniger die gleiche wie beim Bittersüßen Nachtschatten. Gibt es Komplikationen, so müssen diese je nach den auftretenden Symptomen behandelt werden.

202. *Storax mit Menschenblut*

Laß Menschenblut in ein Gefäß aus Terrakotta laufen.

Nimm davon nur den Teil, der sich abgesetzt hat, also wenig von der wäßrigen Serumsflüssigkeit.

Stell dies zum Trocknen in einen Ofen. Danach mischst du Storax darunter.

Am Ende verbrennst du die Mischung, so daß der Raum sich mit dem Rauch füllt.

Storax erhältst du, indem du die Rinde des Orientalischen Amberbaumes (Liquidamar orientalis) in Wasser aufkochst und dann kräftig auswringst.

Die gewonnene Flüssigkeit ist klebrig, von der gleichen Konsistenz wie Honig, aber von grauer, bräunlicher oder grünlicher Farbe. Dem Harz haftet jedoch ein Übelkeit erregender Geruch an. Läßt man die Flüssigkeit nach dem Auskochen stehen, scheidet sie das Wasser ab, und übrigbleibt das dickere Harz, das auf dem Wasser schwimmt, weil es leichter ist.

Das Gas, das es ausströmt, kann tödlich sein, wenn man zuviel davon erwischt.

Daher solltest du, wenn du jemanden töten möchtest, versuchen, ihn den Rauch dieser Mischung einatmen zu lassen.

K. d. A.: Auch wenn der Rauch des Storax wirklich grauenhaft riecht, so glaube ich nicht, daß das Harz des Amberbaumes mit etwas Menschenblut vermischt jemandem schaden kann.

Hier handelt es sich um eines der zahlreichen auf Magie und Suggestivwirkung beruhenden Rezepte, das höchstens dann tödlich wirkt, wenn der Betroffene sich zu Tode fürchtet.

Storax ist ein natürlicher Balsam, besser gesagt ein flüssiges Harz, das man durch Einschneiden der Rinde des Liquidambar orientialis gewinnt. Die vielen therapeutischen Eigenschaften, die man ihm früher zusprach, konnten nie bewiesen werden.

203. *Datura stramonium (Stechapfel)*

Die frischen Blätter der Pflanze riechen angenehm, leicht narkotisch und haben eine leicht berauschende Wirkung. Der Geschmack ist eher bitter.

Schädliche Wirkung: Wirkt berauschend, trocknet den Schlund aus und vermindert die Sicht durch erhebliche Erweiterung der Pupillen. In höheren Dosen löst der Stechapfel ein starkes Delirium mit Gedächtnisverlust aus. Es folgen Bauchkrämpfe, kalter Schweiß, Lähmung und schließlich der Tod.

Antidote: Erbrechen und anti-narkotisch wirkende Mittel.

K. d. A.: Siehe die Behandlungsvorschläge bei Vergiftung mit Bilsenkraut und Tollkirsche.

204. Erbfolgepulver

Es handelt sich dabei um ein pulverförmiges Gift, das im letzten Jahrhundert vor allem in Frankreich recht gebräuchlich war.

Man nimmt an, daß dieses schreckliche Gift von einer Pariser Dame namens Madame de Biravilliers erfunden wurde.

Es scheint aus Bleizucker (Blei-II-Acetat) und ein wenig Arsenik zu bestehen, da es offenkundig süßlich schmeckte und einen sehr langsamen Tod herbeiführte.

Antidote: Es gibt keine sicheren Antidote gegen dieses Gift. Man versuche die bei Blei- beziehungsweise Arsenvergiftung üblichen Mittel.

K. d. A.: Siehe die unter dem Stichwort »Blei« beziehungsweise »Arsen« angegebenen Therapien.

205. Vitriolöl (Schwefelsäure)

Dies ist eine spezielle Säure, die aus Vitriol, Kalomel oder Schwefel gewonnen wird.

Sie hat einen spezifischen Geruch: sauer und beißend.

Schädliche Wirkung: Wird diese Säure oral eingenommen, zerfrißt sie den Mund, die Zunge, den Gaumen, die Speiseröhre, den Magen und die Gedärme. Die Säfte laufen zusammen, der Kranke hustet stark und windet sich in epileptischen Krämpfen. Der Magen löst sich häufig auf, was zum Tod führt.

Antidote: Ölig-schleimige Flüssigkeiten zu trinken geben, dazu Öl, Butterschmalz, alkalines Salz und Heilerden.

K. d. A.: Heute gibt man sofort milchige, eiweißhaltige Flüssigkeiten zu trinken.

Keinesfalls darf Erbrechen herbeigeführt werden. Auch die
Magenspülung oder der Versuch, die Säure mit Alkalien zu neutralisieren, sind strikt zu unterlassen.

Man geht gegen die Symptome vor. Wenn es zum Durch-
bruch der Eingeweide kommt, muß ein chirurgischer Eingriff
erfolgen. Schockzuständen begegnet man mit Wiederbelebungs-
maßnahmen. Außerdem gibt man schmerzstillende Mittel, Antibiotika und Kortison.

Wurde die Schwefelsäure inhaliert, so müssen augenblicklich
Sauerstoff und hustenstillende Mittel gegeben werden.

Bei einem Stimmritzenödem wird die Luftröhre intubiert
oder ein Luftröhrenschnitt vorgenommen, um die künstliche
Beatmung sicherzustellen.

Bei einer derartigen Vergiftung ist eine ständige Überwa-
chung des Brustraums mittels Röntgenaufnahmen angebracht.

Register der Zutaten

Semen colae 231
Senf 197, 247, 249, 250
–, wilder 218
Sesam 195, 218
– Öl 197, 235
Sesamum indicum 196, 218, 235
Siler montanum 194
Skorpion 298, 371
Smaragd 21, 371, 373
Smegma *siehe Vorhautsekret*
Smyrner Öl 140
Soda 391
Solanum dulcamara 403
Solanum nigrum 403
Sonnenblume 241, 247, 250
– Öl 319, 335
Sonnenwende 158
Spanische Fliege 140, 164, 190, 202, 241, 243, 282, 285, 302, 319, 366
Spargel 228, 264
– Samen 194
Spatz
– Blut 87
– Eier 179, 218
– Gehirn 238, 338
– Herz 308
– Leber 297
Speichel – Mensch 151, 316
Sperma
– Bock 284
– Hengst 225
– Hase 314
– Kalb 253
– Mensch 79, 192, 223, 228, 281, 316, 320, 321, 332, 401
– Tier 286
– Ziegenbock 308
Spießglanz, schwarzer 392
Spinne 211
Stachys officinalis 206
Stalaktiten 166, 167, 300
Stangenbohne 134

Stechapfel 81, 105, 132, 134, 135, 141, 143, 144, 160, 216, 405
Stechpalme 158
Sternanis 158
Stier
– Hoden 172, 338
– Urin 168
Stinkasant 238
Stinkkraut 253
Stinkmorchel 194, 200, 219, 246, 335, 338, 341
Storax 404
Strandkieferzapfen 199
Sumpfporstkraut 166, 175, 177, 216
Süßholz 220, 291, 329
Sylibum marianum 269
Syringa vulgaris 226

Tartarus emeticus 264, 334, 378, 386
Tau 290
Taube
– Herz 101, 287, 288, 297, 308
– Leber 223, 310
Tausendfüßler 284, 298
Tausendgüldenkraut 157
Taxus baccata 293
Terebinthina aetheroleum 251
Terpentinöl 251, 344, 401
Teufelsflucht *siehe Johanniskraut bzw. Hypericum perforatum*
Theriak 359, 371
Thymian 156, 209, 241
Thymus vulgaris 157, 209, 241
Tier
– Sperma 286
– Knochen 73
Tintenbeere *siehe Tollkirsche bzw. Atropa belladonna*
Tintenfisch 300, 317
Tollgerste 133, 138

Bibliographie

Historische Quellen

Albertus Magnus: *De Secretis,* Lungduni, Apud A. De Marsy, 1595.

Anonymus: *Medicus Romanus,* Lungduni, Apud A. De Marsy, 1591.

Baglivi, G.: *Opera Omnia,* Venedig, Tipografia Remondiniana, 1744.

Boerhaeve, H.: *Opera Omnia,* Neapel, S. Abbati Stamp., 1713.

Burnet, T.: *Thesaurus Medicinae Praticae,* Venedig, Tip. Gaspare Scotti, 1681.

Cardanus, H.: *Opera Omnia,* Basel, S. Henricpetrina Oficina Typographica, 1556.

Cardilucio, H.: *Tractat von den Vier Materien Apotheken,* Nürnberg, Endters/Geel ed., 1805.

Clais, P.: *Remedios fàciles para diferentes enfermes en Philipinas,* Manila, Compañia de Jesus ed., 1710.

Isabella Cortese: *Delli Secreti della Signora Isabella Cortese,* Venedig, Mortali Stamp. 1603 (dt.: *Verborgene heimliche Künste und Wunderwerck Frawen Isabellae Cortese in der Alchimia, Medicina, Chyrurgia,* Scherenberg, Hamburg 1596).

Dale, S.: *Pharmacologia,* London, S. Smith e B. Walford tipografi, 1693.

Deckers, F.: *Praxis Barbettiana,* Padua, Frambot Typ., 1602.

Della Porta, G. B.: *Magia Naturalis,* Neapel, S. Abbati Stamp., 1558.

Dioskurides: *De Medica materia Libri Tres,* Venedig, Aldo Ma-

nuzio Stamp., 1499 (dt.: *Arzneimittellehre,* Akadem. Druck-
u. Verlagsanstalt, Graz 1988).

Febure, N. L., Cardilucio, H.: *Chemische und Pharmakologische Tractate,* (2 Bände) Nürnberg Endters/Geel ed., 1805.

Fioravanti, L.: *Ce Capricci Medicinali,* (4 Bücher), Venedig,
Mortali Stamp., 1620.

Haen De, A.: *De Magia,* Neapel, Ursini ed., 1778.

Hoffmann, F.: *Consultationum et Responsorum Medicinalium
Centuriae Tres,* Venedig, Typ. Balleoniana ed., 1737.

–: *Consultationum et Responsorum Medicinalium,* Venedig,
Typ. Balleoniana, 1731.

–: *Opuscola Medico,* Venedig, Typ. Balleoniana, 1741.

Jachinl, Rasis Arabis: *De Rationali Curandi Arte,* Lugduni,
Apud A. De Marsy, 1577.

Jolyclerc, N.: *Principes Elementaires de Botanique,* Lyon,
Leclerc ed., 1795.

Lemery, N.: *Pharmacopée Universelle,* (2 Bände), Paris,
D'Houry ed., 1697.

Lisseto, B. Fraudes: *Pharmacapoerun,* Frankfurt, Apud justum
Racherum, 1671.

Martin, M.: *Medicina Sceptica,* Madrid, Rodriguez Stamp.,
1748.

Mather, C. U. J.: *The Wonders of the Invisible World,* Boston,
1693.

Mattioli, P. A.: *Erbarz,* Prag, Tip. Melantrica, 1562.

Mead, R.: *Poisons,* London, Brindley ed., 1745.

Orphiles, M. P.: *Means of Detecting Poisons,* Philadelphia,
Price ed., 1818.

Pereyra, G.: *Novae Veraeque Medicinae,* Madrid, Tipografia
Marin, 1739.

Plenck, J. C.: *Tossicologia,* Venedig, Tip. Pezzana, 1789.

Riverius, L.: *Opera Omnia,* Venedig, B. Vizzieri Stamp., 1713.

–: *Remedia,* Genf, Sumptibus Societatis, 1687.

Rodriguez, A. J.: *Palestra Critico Medica*, Saragossa, F. Moreno Stamp., 1741.

Rulandus, M.: *Curationum Empiricarum*, Basel, S. Henricpetrina Oficina Typographica, 1595.

Samonico, Q. S.: *De Medicina Praecepta Saluberrima*, Lugduni, Apud A. De Marsy, 1566.

Sprenger, J. u. Insistoris, H.: *Malleus Maleficarum*, Colonia Agrippensis, Dominicana Officina Typographica, 1486 (dt: *Der Hexenhammer*, dtv, München 1982).

Sydenha, M. T.: *Opera Medica*, Venedig, Tipografia Remondiniana, 1762.

Vidos (de) y Miro J.: *Antidotidario y Pharmacopea*, Saragossa, F. Moreno Stamp., 1699.

Vogler, H.: *Pharmaca Selecta*, Wien, Medizinische Bibliothek, 1810.

Weinhart, F. C.: *Medicus Officiosus Remediorum Formulis Instructus*, Venedig, Hertz Tip., 1724.

Manuskripte

Ad Coitum Expediendum, Handschriftliches Rezeptbuch eines unbekannten Autors (Über die Ausführung des Koitus), 1700.

Amatorium Pocula, Handschriftliches Rezeptbuch eines unbekannten Autors (Becher der Liebenden), 1732.

Calliditates ut Virginitatem a Cognoscere sive Coelare, Handschriftlich niedergelegte Methoden zur Erkennung der Jungfrauenschaft junger Mädchen, 1700.

De Frigiditatis et Impotentiae Coeundi Medendi Ars, Handschriftliches Rezeptbuch (Heilkunst zur Behandlung von Impotenz und Frigidität), 1700.

De Virilis Seminis Carmina, Handschriftliches Rezeptbuch

eines unbekannten Autors (Lehrgedicht über die männlichen Säfte), 1600.

Erotica Praescriptiones, Handschriftliches Rezeptbuch eines unbekannten Autors (Für die Fruchtbarkeit), 1700.

Libidinis Medicamenta, Handschriftliches Rezeptbuch unbekannter Autoren (Heilmittel zur Steigerung der Lust), 1700.

Maleficarum Carmina: Praescriptiones, Handschriftliches Rezeptbuch eines unbekannten Autors (Lehrgedicht über Hexen und ihre Rezepte), ca. 1600.

Maleficia ut Impotentiam sive Frigiditatem Causare, Handschriftliches Rezeptbuch eines unbekannten Autors (Verwünschungen, die Impotenz und Frigidität bewirken), o. J.

Medicamentorum Diaboli Compositiones, Handschriftliches Rezeptbuch eines unbekannten Autors (Traktat über die Teufelsmedizin), ca. 1500.

Praescriptiones ad Sexum Amplificandum, Handschriftliches Rezeptbuch eines unbekannten Autors (Anweisungen, das männliche »gemecht« zu vergrößern), 1645.

Sterilitatis Veneficia, Rezeptsammlung eines unbekannten Autors (Zaubertränke bei Unfruchtbarkeit), 1700.

Veneficia Maleficarum, Handschriftliches Rezeptbuch eines unbekannten Autors (Hexentränke), 1600.

Veneriarum Formularum Liber, Handschriftliches Rezeptbuch eines unbekannten Autors (Buch für Liebeszauber), 1562.

Voluptarii atque Diutim Amplexi Remedia, Handschriftliches Rezeptbuch eines unbekannten Autors (Heilmittel zur Verlängerung und Steigerung der Lust), 1600.

Zeitgenössische Literatur

Adriani, M.: *Italia magica,* a cura dell'Ente per la diffusione e l'educazione storica, Rom 1970.

Agrippa, Cornelius: *Il libro del comando,* Edizioni Mediterranee, Rom 1977.

Albergamo, F.: *Fenomenologia della superstizione,* Editori riumiti, Rom 1967.

Alder, Margot: *Drawing Down the Moon,* Viking Press, New York 1979.

Bachofen, Johann J.: *Das Mutterrecht,* Suhrkamp, Frankfurt/M. 1975.

Bell, Jessie Wicker: *The Grimoire of Lady Sheba,* Llewellyn Publications, St. Paul, Minnesota 1974.

Bergier, J. u. Pauwels L.: *Il mattino dei magi,* Mondadori, Mailand 1963.

Briggs, Katherine: *Pale Hecate's Team,* Routledge and Kegan Paul, London 1962.

Buckland, Raymond: *Witchcraft from the Inside,* Llewellyn Publications, St. Paul, Minnesota 1975.

Budapest, Zsuzsanna E.: *Herrin der Dunkelheit – Königin des Lichts,* Verlag Hermann Bauer, 5. Aufl. Freiburg 1999.

Burr, George Lincoln (Hrsg.): *Narratives of the Witchcraft Cases,* Charles Scribner's Sons, New York 1914.

Campbell, Joseph: *Die Masken Gottes,* dtv, München 1996.

Castaneda, Carlos: *Der zweite Ring der Kraft,* Fischer, Frankfurt/M., 15. Aufl. 1997.

–: *Die Lehren des Don Juan. Ein Yagui-Weg des Wissens,* Fischer, Frankfurt/M., 28. Aufl. 1998.

Culpeper, Nicholas: *Culpeper's Complete Herbal,* London, W. Foulsham Co., Ltd., o.J.

Daly, Mary: *Gyn/Ökologie, Die Metaethik des radikalen Feminismus,* Frauenoffensive, Erw. Neuaufl. München 1991.

De Martino, E.: *Il mondo magico*, Oringhieri, Turin 1958.

–: *Sud e magia*, Feltrinelli, Mailand 1959.

Dumas, F.: *Storia della Magia*, Edizioni Mediterranee, Rom 1970.

Economo, T.: *Unguenti e Sabba delle Streghe*, Tesi di laurea, Facoltà di lettere e filosofia, Rom Universität »La Sapienza«, 1988.

Ehrenreich, Barbara und English, Deidre: *Hexen, Hebammen und Krankenschwestern*, Frauenoffensive, München 1975.

Fisher, Elizabeth: *Woman's Creation*, Garden City, Doubleday, New York 1979.

Forbes, Thomas Rogers: *The Midwife and the Witch*, Yale University Press, New Haven 1966.

Frazer, James G.: *Der goldene Zweig, Das Geheimnis von Glauben und Sitten der Völker*, Rowohlt, Reinbek 1989.

Gardner, Gerald B.: *The Meaning of Witchcraft*, Aquarian Press, London 1959.

Ginzburg, Carlo: *Die Benandanti, Feldkulte und Hexenwesen im 16. und 17. Jahrhundert*, Europäische Verlags-Anstalt, Neuaufl. Hamburg 1993.

Glass, Justine: *La Sorcellerie, le Sixième Sens et Nos*, Payot, Paris 1971.

Gray, William Gordon: *The Rollright Ritual*, Helios Book Service Ltd., Cheltenham 1975.

Haining, Peter: *Stregoneria e magia nera*, Mondadori, Mailand 1972.

Hansen, Harold A.: *The Witch's Garden*, California, Unity Press, Santa Cruz 1978.

Harding, M. Esther: *Woman's Mysteries*, Harper and Row, New York 1976.

Harris, Marvin: *Cows, Pigs, Wars, Witches*, Random House, New York 1974.

Hole, C. A: *A Mirrow of Witchcraft*, Chatto Windus, London 1957.

Holmes, Ronald: *Witchcraft in History*, The Citadel Press, Secaucus (NJ) 1977.

Hoyle, Fred: *On Stonehenge,* W. H. Freeman and Co., San Francisco 1977.

Hughes Pennethorne: *Witchcraft,* Penguin, Middlesex 1952.

Huxley, Aldous: *Die Teufel von Loudun,* Piper, 2. Aufl. München 1993.

Introduzione alla magia, a cura del Gruppo di Ur, Edizioni Mediterranee, Rom 1970.

Jung, C. G.: *Synchronizität, Akausalität und Okkultismus,* dtv, München 1990.

King, F.: *Il cammino del serpente,* Ed. Mediterranee, Rom 1979.

Lethbridge T. C.: *Witches, Investigating an Ancient Religion,* Routledge and Kegan Paul, London 1962.

Lévi, Eliphas: *Geschichte der Magie. Bibliotheca Hermetica,* Scherz, München 1997.

Lorenzoni, P.: *Aphrodisiacs and Love Stimulants,* Lyle Stuart, New York 1966.

–: *Eros a tavola,* ed. Karta, Florenz 1987.

–: *Il fascino indiscreto della seduzione,* ed. Karta, Florenz 1987.

Mair, L.: *La stregoneria,* Il Seggiatore, Mailand 1969.

Malizia, E.: *Trattato di tossicologia sperimentale e clinica: Trattazioni su piante e funghi ad aszione famacologica e tossica e loro antidoti,* scritti vari, Vol. 1–23, Edizione Seu, Rom 1969–1991.

–: Droga ottanta, Edizioni Medico Scientifiche, Turin [1]1980, [3]1985.

–: *Le droghe,* Newton Compton Editore, Rom [1]1979, [3]1991.

–: *Il viaggio fantastico di Hieronymus Bosch,* CA. DI. GE Edizioni d'Arte, Rom 1990.

–: *La crack cocaina,* C. I. C. hrsg. Rom 1990.

–: *L'ecstasy,* C. I. C. International, im Druck.

Marwich, Max (Hrsg.): *Witchcraft and Sorcery,* Penguin Bocks Ltd., Middlesex 1975.

Mauss, Marcel: *Theorie der Magie. Soziale Morphologie. Einl. v. Lévi-Strauss, Claude,* Fischer, Frankfurt 1989.

Maxwell, J.: *La magia,* Materza, Bari 1939.

Mességué, Maurice: *Von Menschen und Pflanzen. Leben und Rezepte des berühmten Naturarztes,* Ullstein, Frankfurt 1989.

Michelet, Jules: *Die Hexe. Vorw. v. Barthes, Roland,* Promedia, Wien 1988.

Michell, John: *Sonne, Mond & Steine. Ein kleiner geschichtlicher Abriß der Astro-Archäologie.* Pieper's Medienexperimente, Löhrbach 1993.

Monter, E. William: *Witchcraft in France and Switzerland,* Cornell University Press, Ithaca (NY) 1976.

Murray, Margareth A.: *The God of the Witches,* Oxford University Press, London 1974.

Newell, Venetia (Hrsg.): *The Witch Figure,* Routledge and Kegan Paul, London/Boston 1973.

Notestein, Wallace: *History of Witchcraft in England from 1558 to 1718,* American Historical Association, Washington D. C. 1911.

Nulli, S. A.: *I processi delle strenghe,* Einaudi, Turin 1939.

Pagels, Elaine: *Versuchung durch Erkenntnis. Die gnostischen Evangelien,* Suhrkamp, Frankfurt 1987.

Papus: *Tarot der Zigeuner. Der absolute Schlüssel zur Geheimwissenschaft,* Scherz, München 1999.

Pepper, Elizabeth u. Wilcock, John: *Magical and Mystical Sites,* Harper and Row, New York 1977.

Ponti, Hilde: »Smile« in: *Playmen* 17, p. 105, 1983.

–: »La donna ideale? È avida e spregiudiciata«, in: *Epoca* 35, p. 98, 1983.

–: »Due risate sull'Italia che conta«, in: *Epoca* 35, p. 128, 1984.

–: »Zavattini: Ho schiaffeggiato Mussolini«, in: *Epoca* 35, p. 125, 1984.

–: »Love's lovers«, in: *Playmen* 19, p. 107, 1985.

–: »Il fascino discreto del raccontare e dell'in cantare«, in: *Avanti!* 89, p. 9, 1985.

–: »Bellonci privata e segreta«, in: *Epoca* 37, p. 44, 1986.

–: *Strass,* Firenze, Editoriale Sette, 1986.

–: »Cinzia dei desideri«, in: *Paese Sera* 39, p. 16, 1988.

–: »Il caldo agosto del camaleonte«, in: *Avanti!* 92, suppl. 120, p. 19, 1988.

–: »Icaro alla conquista del Partenone«, in: *Avanti!* 92, suppl. 284, p. 25, 1988.

–: »Cinzia nena Venezia del Cristalli«, in: *Avanti!* 92, suppl. 48, p. 25, 1989.

–: »Via Meravigli«, in: *Avanti!* 93, suppl. 284, p. 25, 1989.

–: »Un giocattolo per Amadeus«, in: *Magico Mozart,* Edizioni internazionali del Grillo, Rom 1992.

Rachewiltz, B.: *Egitto magico-religioso,* Boringhieri, Turin 1961.

Ranke-Graves, Robert von: *Die Weiße Göttin. Sprache des Mythos,* Rowohlt, Reinbek 1985.

Rätsch, Christian: *Pflanzen der Liebe. Aphrodisiaka in Mythos und Geschichte,* AT Verlag, Aarau 1995.

Robbins, Jeffrey B.: *A History of Witchcraft,* Thames and Hudson, London 1980.

Scott, Reginald: *Discoveries of Witchcraft,* Centaur Press, Arundel 1964.

Seth, Ronald: *Witches and their Craft,* Odhams Books Ltd., London 1967.

Stone, Merlin: *Als Gott eine Frau war,* Schwinghammer, Schiltach, 1998.

Summers, Montague: *The History of Witchcraft and Demono-logy,* Alfred A. Knopf, New York 1926.

Thomas, Keith: *Religion and the Cecline of Magic,* Charles Scribner's Sons, New York 1971.

Topfer, P.: *Les messes noires,* Belfond, Paris 1980.

Williams, Selma R. u. Williams, Pamela J.: *Riding the Nightmare,* Atheneum, New York 1978.

Wilson, Colin: *Das Okkulte,* Fourier, 2. Aufl. Wiesbaden 1995.

Woods, Williams: *A Casebook of Witchcraft,* G. P. Putnam's Sons, New York 1974.